MONDES ANCIENS

Collection dirigée

par

Jean-Michel David & François de Polignac

CLÉOPÂTRE L'ÉGYPTIENNE

DANS LA MÊME COLLECTION

YANN BERTHELET
Gouverner avec les dieux.
Autorité, auspices et pouvoir
sous la République romaine et sous Auguste

FRANÇOIS CADIOU
L'Armée imaginaire.
Les soldats prolétaires dans les légions romaines
au dernier siècle de la République

CLAUDE CALAME
Tragédie chorale : poésie grecque et rituel musical

JEAN-MICHEL DAVID
Au service de l'honneur.
Les appariteurs de magistrats romains

ALAIN DUPLOUY
Construire la cité.
Essai de sociologie historique sur les communautés de l'archaïsme grec

CHARLES GUÉRIN
La Voix de la vérité.
Témoin et témoignage dans les tribunaux romains du Ier siècle avant J.-C.

IRAD MALKIN
Un tout petit monde.
Les réseaux grecs dans l'Antiquité

VINCIANE PIRENNE-DELFORGE & GABRIELLA PIRONTI
L'Héra de Zeus.
Ennemie intime, épouse définitive

JEAN-NOËL ALLARD
La Cité du rire.
Politique et dérision dans l'Athènes classique

BERNARD LEGRAS

CLÉOPÂTRE L'ÉGYPTIENNE

PARIS

LES BELLES LETTRES

2021

www.lesbelleslettres.com
Retrouvez les Belles Lettres sur Facebook et Twitter

95, boulevard Raspail, 75006 Paris

ISBN : 978-2-251-45213-5

Pour Stéphanie, mon épouse,
Pour Martin, Apolline et Constantin, mes enfants,

Remerciements

Il m'est agréable de remercier en premier lieu les collègues et amis qui m'ont apporté leur aide dans cette recherche, en particulier Sophie Adam, Damien Agut, Christophe Chandezon, Marion Claude, Jean-Christophe Couvenhes, Daniele Foraboschi, Catherine Grandjean, Andréas Helmis, Stavros Pérentidis, François Queyrel, Lucia Rossi, Christian Schwentzel, Hélène et Jean-Alain Akilian-Strapélias, Françoise et Jean-Joseph Tayer-Joffé.

Je dois aussi dire que cette recherche a bénéficié de la stimulation intellectuelle apportée par mes étudiants de master ou de thèse, qui ont vu naître le livre dans mon séminaire de l'université Paris 1 Panthéon-Sorbonne, salle Pierre-Jean Mariette (Institut national d'histoire de l'art).

J'exprime aussi ma reconnaissance aux bibliothèques qui m'ont permis de travailler dans les meilleures conditions, la bibliothèque Gernet-Glotz de l'UMR 8210 ANHIMA, la bibliothèque d'égyptologie du Collège de France, l'institut de papyrologie de la Sorbonne, la bibliothèque interuniversitaire de la Sorbonne, la Bibliothèque nationale de France, la bibliothèque de l'université de Genève, et enfin la bibliothèque de l'École française d'Athènes qui m'a généreusement accueilli lors de deux séjours de recherche.

L'université Paris 1 Panthéon-Sorbonne a contribué à me donner le temps d'écrire ce livre en m'accordant en 2016/2017 un congé dit sabbatique. Que le président Georges Haddad et les conseils centraux en soient chaleureusement remerciés.

J'exprime aussi ma gratitude à l'éditeur Les Belles Lettres, qui a rendu la préparation du manuscrit si efficace et si agréable, et au Centre national du livre, qui a aidé à sa parution.

Mes remerciements s'adressent enfin à mes collègues Jean-Michel David et François de Polignac qui ont accueilli ce livre dans la collection Mondes anciens. Les échanges avec Jean-Michel David, historien de la Rome républicaine, ont été particulièrement précieux sur le plan scientifique. Ses lectures ont grandement contribué à l'enrichissement du livre. Mais la responsabilité du manuscrit publié est totalement mienne.

Saint-Florent, août 2021.

Liste des abréviations

1. Sources documentaires et dictionnaires

Les abréviations des publications épigraphiques sont celles du *Guide de l'épigraphiste*, Paris, Presses de l'École normale supérieure, 4e éd., 2010 :

https://www.antiquite.ens.fr/IMG/file/pdf_guide_epi/abreviations_guide.pdf

Les sigles papyrologiques sont donnés par la *Checklist of Greek, Latin, Demotic and Coptic Papyri, Ostraca and Tablets*, John F. Oates, Roger S. Bagnall, Sarah J. Clackson, Alexandra A. O'Brien, Joshua D. Sosin, Terry G. Wilfong, et Klaas A. Worp (éd.) :

http://scriptorium.lib.duke.edu/papyrus/texts/clist.html

AE = *L'Année épigraphique*, Paris, depuis 1888.

BGU = *Aegyptische Urkunden aus den Königlichen* (puis : *Staatlichen*) *Museen zu Berlin, Griechischen Urkunden*, Berlin, depuis 1895, 20 volumes à ce jour.

BMC 6 = *Ptolemaic Kings of Egypt, British Museum Catalogue of Greeks Coins*, t. 6, Reginald Stuart Poole (éd.), Londres, 1883.

BMC 20 = *Galatia, Cappadocia, Syria. British Museum Catalogue of Greeks Coins*, t. 20, Warwick William Wroth (éd.), Londres, 1899.

Bucheum = *The Bucheum*, t. II, *The Inscriptions*, t. III, *The Plates*, Robert Mond et Oliver H. Myers (éd.), Londres, 1934.

C. Ord. Ptol. = *Corpus des ordonnances des Ptolémées*, 2e éd., Marie-Thérèse Lenger (éd.), Académie royale de Belgique, Bruxelles, 1980.

C. PAP. *Hengstl* = *Griechische Papyri aus Ägypten als Zeugnisse des öffentlichen und privaten Lebens*, Joachim Hengstl avec Günther Häge et Hanno Kühnert (éd.), Munich, 1978.

C. PAP. *Jud.* = *Corpus Papyrorum Judaicarum*, 3 vol., Victor A. Tcherikover, Alexander Fuks et Menahem Stern (éd.), Cambridge, Mass., 1957-1964.

C. PTOL. *Sklav.* = *Corpus der ptolemäischen Sklaventexte*, 3 vol., Reinhold Scholl (éd.), Stuttgart, 1990.

C. ZEN. *Palestine* = *Des Grecs en Palestine au* IIIe *siècle avant Jésus-Christ. Le dossier syrien des archives de Zénon de Caunos (261-252)*, Xavier Durand (éd.), Paris, J. Gabalda, 1997.

CHICAGO *Demotic Dictionary* = *The Chicago Demotic Dictionary of the Oriental Institute of the University of Chicago*, Janet H. Johnson (éd.), The University of Chicago, 2001.

CIL = *Corpus Inscriptionum Latinarum, consilio et auctoritate Academiae litterarum regiae Borussicae editum*, Berlin, depuis 1863.

COPTOS = Claude Traunecker, *Coptos. Hommes et dieux sur le parvis de Geb*, Orientalia Lovaniensia Analecta 43, Leuven, Peeters, 1992.

CPR = *Corpus Papyrorum Raineri*, Vienne, depuis 1895, 31 volumes à ce jour.

DEMOTISCHES *Glossar* = *Demotisches Glossar*, Wolja Erichsen (éd.), Copenhague, 1954.

DENDARA VI = *Le temple de Dendara* VI, Émile Chassinat et François Daumas (éd.), Le Caire, Institut français d'archéologie orientale, 1965.

DENDARA V-VI, *Traduction* = *Dendara* V-VI, *Traduction. Les cryptes du temple d'Hathor*, vol. I, Sylvie Cauville (éd.), Orientalia Lovaniensia Analecta 131, Leuven, Peeters, 2004.

DENDARA XII = *Le temple de Dendara* XII, 2 vol., 1-*Texte*, 2-*Planches*, Sylvie Cauville (éd.), Le Caire, Institut français d'archéologie orientale, 2007.

HORBURY et Noy = William Horbury et David Noy, *Jewish Inscriptions of Graeco-Roman Egypt*, Cambridge, Cambridge University Press, 1992.

I. ALEX. *Imp.* = *Recueil des inscriptions grecques et latines (non funéraires) d'Alexandrie impériale :* Ier-IIIe *s. apr. J.-C.*, François Kayser (éd.), Le Caire, Institut français d'archéologie orientale, 1994.

I. ALEX. *Ptol.* = *Inscriptions grecques d'Alexandrie ptolémaïque*, Étienne Bernand (éd.), Le Caire, Institut français d'archéologie orientale, 2001.

I. ASYLIA = *Asylia. Territorial Inviolability in the Hellenistic World*, Kent J. Rigsby (éd.), Berkeley, University of California Press, 1996.

I. PHILAE = *Les inscriptions grecques de Philae*, 2 vol., t. I : *Époque ptolémaïque*, André Bernand (éd.) ; t. II : *Haut et Bas Empire*, Étienne Bernand (éd.), Paris, éd. du CNRS, 1969.

I. PROSE = *La prose sur pierre dans l'Égypte hellénistique et romaine*, 2 vol., André Bernand (éd.), éd. du CNRS, Paris, 1992.

IG II² = *Inscriptiones Atticae Euclidis anno posteriores*, J. Kirchner (éd.), Berlin, 1913-1940.

IG Fay. = *Recueil des inscriptions grecques du Fayoum*, 3 vol., Étienne Bernand (éd.), t. I : Leyde, E.J. Brill, 1975 ; t. II et III : Le Caire, Institut français d'archéologie orientale, 1981.

IGR = *Inscriptiones Graecae ad res Romanas pertinentes*, 3 vol., René Cagnat *et al.*, (éd.), Paris, 1906-1927.

LEPSIUS, *Denkmaeler* = Karl R. Lepsius, *Denkmaeler aus Aegypten und Aethiopien, nach den Zeichnungen der von Seiner Majestaet dem Koenige von Preussen Friedrich Wilhelm IV nach diesen Ländern gesendeten und in den Jahren 1842-1845 ausgeführten wissenschaftlichen Expedition*, Berlin, Nicolai, 1841-1859.

LSJ = *A Greek-English Lexicon. With a Supplement 1968*, Henry George Liddell, Robert Scott, Henry Stuart Jones *et al.*, Oxford, Clarendon Press, 1968.

LSJ Suppl. = *A Greek-English Lexicon. Revised Supplement*, Henry George Liddell, Robert Scott, Henry Stuart Jones *et al.*, Oxford, Clarendon Press, 1996.

OGIS = *Orientis graeci inscriptiones selectae*, 2 vol., Wilhelm Dittenberger (éd.), Leipzig, 1903-1905.

ONOMTHRAC = *Onomasticon Thracicum. Répertoire des noms indigènes de Thrace, Macédoine orientale, Mésies, Dacie et Bithynie*, Dan Dana (éd.) Athènes, Paris, diff. de Boccard, 2014.

P. BERL. Salmen. = *Cartonnage Papyri in Context. New Ptolemaic Documents from Abu Sir al* Malaq, Erja Salmenkivi (éd.), Helsinki, 2002.

P. BINGEN = *Papyri in Honorem Johannis Bingen* Octogenarii, Henri Melaerts (éd.), Leuven, Peeters, 2000.

P. CAIR. = *Service des antiquités de l'Égypte, Catalogue général des antiquités égyptiennes du musée du Caire. Die demotischen Denkmäler*, 3 vol., Wilhelm Spiegelberg (éd.), t. I : *Die Demotischen Inschriften*, Leipzig, 1904 ; t. II : *Die Demotischen Papyrus*, 1, Textes, Strasbourg, 1908, 2, Planches, Strasbourg, 1906 ; t. III : *Demotische Inschriften und Papyri*, Berlin, 1932.

P. CAIR. Zen. = *Zenon Papyri. Catalogue général des antiquités égyptiennes du musée du Caire*, 5 vol., C.C. Edgar (éd.), Le Caire, 1925-1940.

P. ENTEUX. = *Enteuxeis. Requêtes et plaintes adressées au Roi d'Égypte au IIIe siècle av. J.-C.*, Octave Guéraud (éd.), Le Caire, 1931-1932.

P. FAY. = *Fayum Towns and their Papyri*, Bernard P. Grenfell, Arthur S. Hunt et David G. Hogarth (éd.), Londres, 1900.

P. Köln = *Kölner Papyri*, Bärbel Kramer, Robert Hübner, Dieter Hagedorn *et al.* (éd.), Opladen, Padeborn, depuis 1976, 15 volumes à ce jour.

P. Kroll = *Eine ptolemäische Königsurkunde*, Ludwig Koenen (éd.), Wiesbaden, 1957.

P. Lond. = *Greek Papyri in the British Museum*, 7 volumes, Frederic G. Kenyon, Harold I. Bell, Walter Crum *et al.* (éd.), Londres, 1893-1974.

P. Oxy. = *The Oxyrhynchus Papyri*, Bernard P. Grenfell, Arthur S. Hunt *et al.* (éd.), Londres, depuis 1998, 83 volumes à ce jour.

P. Polit. Jud. = *Urkunden des Politeuma der Juden von Herakleopolis (144/3, 133/2 v. Chr.)*, Klaus Maresch et James M.S. Cowey (éd.), Wiesbaden, 2001.

P. Rev. = *Revenue Laws of Ptolemy Philadelphus*, Bernard P. Grenfell, (éd.), Oxford, 1896. Rééd. Jean Bingen dans *SB* Beiheft 1, 1952.

P. Tebt. = *The Tebtunis Papyri*, 5 vol., Bernard P. Grenfell, Arthur S. Hunt *et al.* (éd.), Londres, 1902-2005.

P. Tor. Amen. = *L'Archivio di Amenothes figlio di Horos. Testi demotici e greci relativi ad una famiglia di imbalsamatori del secondo sec. a.C.*, Pieter W. Pestman (éd.), Milan, 1981.

PSI = *Papiri greci e latini. Pubblicazioni della Società Italiana per la ricerca dei Papiri greci e latini in Egitto*, Girolamo Vitelli, Medea Norsa *et al.* (éd.), Florence, depuis 1912, 16 volumes à ce jour.

RPC I = *Roman Provincial Coinage*, t. I, *From the Death of Caesar to the Death of Vitellius*, Andrew Burnett, Pierre Amandry et Pere Pau Ripollès (éd.), Londres-Paris, British Museum Press-Bibliothèque nationale, 1992.

RRC = *Roman Republican Coinage*, Michael Crawford (éd.), Londres, New York, Cambridge University Press, 1974.

SB = *Sammelbuch griechischer Urkunden aus Aegypten,* Friedrich Preisigke *et al.*, Strasbourg, puis Berlin, Leipzig, Heidelberg, Wiesbaden, depuis 1915, 28 volumes à ce jour.

SEG = *Supplementum epigraphicum graecum*, Leyde, depuis 1923, 64 volumes à ce jour.

UPZ = *Urkunden der Ptolemäerzeit (ältere Funde)*, 2 vol., Ulrich Wilcken (éd.), t. I : *Papyri aus Unterägypten*, Berlin, Leipzig, 1927 ; t. II : *Papyri aus Oberägypten*, Berlin, 1935-1957.

W. Chr. = *Grundzüge und Chrestomathie der Papyruskunde*, 2 vol., Ludwig Mitteis et Ulrich Wilcken (éd.), t. I : *Historischer Teil* ; t. II *Chrestomathie*, Leipzig, Berlin, 1912.

2. Périodiques

Les abréviations de périodiques sont conformes aux règles de *L'Année philologique*.

Aegyptus = *Aegyptus : Rivista Italiana di Egittologia e di Papirologia*, Milan.

AJA = *American Journal of Archaeology*, Boston.

AJN = *American Journal of Numismatics*, New York.

AJPh = *American Journal of Philology*, Baltimore.

AncSoc = *Ancient Society*, Leuven.

Athenaeum = *Athenaeum : Studi di Letteratura e Storia dell'Antichità*, Côme.

BASP = *The Bulletin of the American Society of Papyrologists*, Cincinnati (Ohio).

BCH = *Bulletin de correspondance hellénique*, Athènes, Paris.

BICS = *Bulletin of the Institute of Classical Studies*, Londres.

BSFN = *Bulletin de la Société française de numismatique*, Paris.

Byrsa = *Byrsa. Scritti sull'antico Oriente mediterraneo*, Lugano.

CCG = *Cahiers du Centre Gustave-Glotz*, Paris.

CE = *Chronique d'Égypte*, Bruxelles.

CENiM = *Cahiers Égypte nilotique et méditerranéenne*, Montpellier.

CRAI = *Comptes-rendus/Académie des inscriptions et belles-lettres*, Paris.

DHA = *Dialogues d'histoire ancienne*, Besançon.

Enchoria = *Enchoria : Zeitschrift für Demotistik und Koptologie*, Wiesbaden.

GöttMisz = *Göttinger Miszellen : Beiträge zur ägyptologischen Diskussion*, Göttingen.

Hermes = *Hermes : Zeitschrift für Klassische Philologie*, Stuttgart.

Historia = *Historia : Zeitschrift für Alte Geschichte*, Stuttgart.

INR = *Israel Numismatic Research*, Jérusalem.

IstMitt = *Istanbuler Mitteilungen*, Istanbul.

JDAI = *Jahrbuch des Deutschen Archäologischen Instituts*, Berlin.

JEA = *The Journal of Egyptian Archaeology*, Londres.

JJP = *The Journal of Juristic Papyrology*, Varsovie.

JÖAI = *Jahreshefte des Österreischischen Archäologischen Institutes in Wien*, Vienne.

JRS = *The Journal of Roman Studies*, Londres.

Kemet = *Kemet*, Berlin.

Kleio = *Kleio*, Anvers, Leuven.

Ktema = *Ktema : Civilisations de l'Orient, de la Grèce et de Rome antiques*, Strasbourg.

Latomus = *Latomus : Revue d'études latines*, Bruxelles.

Orientalia = *Orientalia*, Rome.

Phoenix = *Phoenix*, Toronto.

PP = *La Parola del Passato : Rivista di Studi Antichi*, Naples.

RA = *Revue archéologique*, Paris.

REG = *Revue des études grecques*, Paris.

RH = *Revue historique*, Paris.

RhM = *Rheinisches Museum für Philologie*, Francfort/Main.

RSO = *Rivista degli Studi Orientali*, Pise.

SCI = *Scripta Classica Israelica*, Jérusalem.

TAPhA = *Transactions of the American Philological Society*, Baltimore.

ZPE = *Zeitschrift für Papyrologie und Epigraphik*, Bonn.

Introduction

Αἰγυπτία, « Égyptienne » était l'identité dont la propagande romaine affublait la reine Cléopâtre VII pour l'insulter. Cette propagande était celle des vainqueurs, celle d'Octavien-Auguste qui annexa l'Égypte après la mort de la reine le 12 août 30 av. J.-C. Chez les auteurs écrivant sous l'Empire romain l'adjectif pouvait aussi résulter d'un emploi anachronique puisque tous les pérégrins non citoyens de l'Égypte, province romaine impériale, étaient regroupés dans une même « nation égyptienne » (*peregrini Aegyptii*-Αἰγύπτιοι), qu'ils fussent de culture grecque ou de culture égyptienne[1]. Or Cléopâtre n'a jamais porté ce qualificatif : reine grecque (βασίλισσα) ou pharaon féminin (*pr-ʿꜣ.t, per-âat*), ses qualificatifs royaux étaient *Philopatôr* (« Qui aime son père »), puis *Philopatris* (« Qui aime sa patrie »). Elle était aussi la « Reine des rois », lors de l'apogée de son alliance avec Antoine. Issue de l'aristocratie venue de Macédoine avec Alexandre le Grand, elle était avant tout Macédonienne, et donc membre de la communauté juridique et culturelle de l'élite des Grecs installés en Égypte. Reconnue comme pharaon par le clergé des temples égyptiens, elle était l'intercesseur momentané entre les dieux traditionnels, le peuple et la terre d'Égypte. Mais elle restait un pharaon alexandrin, étranger, même si elle revendiquait comme ses prédécesseurs l'héritage idéologique de la monarchie théocratique égyptienne[2].

Cléopâtre, qui se voulait la restauratrice de l'empire ptolémaïque, voire de l'empire mondial d'Alexandre, entendait utiliser toutes les ressources du Pays, l'Égypte, la vallée du Nil, pour atteindre cet ambitieux objectif. Sa politique imposait de reconstruire sa puissance économique, et donc

1. Mélèze-Modrzejewski 1982, p. 257.
2. Bingen 1999, p. 121.

de faire de l'Égypte proprement dite la base et le moyen de ses ambitions méditerranéennes. Cléopâtre offrait plusieurs visages, macédonien comme fille de Ptolémée XII et de ses ancêtres Ptolémées, hellénistique comme héritière affirmée d'Alexandre dans son alliance avec Antoine, pharaonique aux yeux du clergé égyptien. Le marqueur constitué par l'adjectif considéré comme péjoratif par les Romains d'« Égyptienne » permet d'évaluer la nature d'un règne singulier, en montrant les limites de ce qualificatif, et de dégager la grandeur d'un règne dont Pascal avait compris (en usant de la métaphore du nez de la reine) que l'issue pouvait changer la face du monde antique, en la faisant basculer du côté de Rome ou d'Alexandrie.

Je vais donc m'interroger sur le rapport de la reine à l'Égypte en tant que territoire doté d'une histoire multimillénaire, un espace marqué par plus de trois siècles d'hellénisation, et pièce maîtresse du pouvoir ptolémaïque qui contrôlait l'ensemble mouvant d'un empire méditerranéen qui n'a jamais été réduit à la seule vallée du Nil et aux oasis.

Il est bien connu que l'essentiel des études concernant le règne de Cléopâtre se fonde sur des sources littéraires grecques et latines, nombreuses et variées[3]. Il est possible de les regrouper en quatre blocs, les textes en prose émanant de ses contemporains, les œuvres écrites par les poètes d'époque augustéenne, les œuvres des poètes postérieurs, et enfin les travaux des historiens antiques. Les principaux contemporains écrivant une œuvre en prose furent Jules César, Cicéron, Hirtius, Nicolas de Damas, Strabon, Tite-Live et Trogue Pompée. Pour les poètes d'époque augustéenne, il s'agissait principalement d'Horace, d'Ovide, de Properce et de Virgile. Les principaux poètes postérieurs au règne augustéen furent Juvénal (vers 60-vers 130 apr. J.-C.), Lucain (39-69 apr. J.-C.) et Martial (vers 40-vers 104 apr. J.-C.). Les historiens postérieurs les plus notables furent Appien (90-161 apr. J.-C.), Dion Cassius (163-après 243 apr. J.-C.), Flavius Josèphe (vers 37/38-vers 100 apr. J.-C.), Florus (vers 78-vers 140 apr. J.-C.), Plutarque, qui était avant tout un moraliste (vers 46-125 apr. J.-C.), Suétone (vers 77-entre 140 et 160 apr. J.-C.), Tacite (vers 55-vers 120 apr. J.-C.), Valère Maxime (sous Tibère) et Velleius Paterculus (20/19 av. J.-C.-30 apr. J.-C.).

Certains de ces auteurs contemporains ont connu Cléopâtre, ainsi Cicéron, qui disait la « haïr » et qui la mentionnait à plusieurs reprises dans sa correspondance, Jules César, son amant, qui en fit l'un des acteurs de l'histoire de son temps dans la *Guerre civile*, et peut-être le continuateur pseudo-césarien

3. Les sources littéraires sont réunies par Becher 1966. Pour une analyse générale, cf. en dernier lieu Aufrère 2018 ; sur Plutarque, Polychronis 2018.

Hirtius de la *Guerre d'Alexandrie*. Toutes ces sources littéraires doivent être utilisées avec la plus grande prudence. La propagande du vainqueur la peignait en « Égyptienne », en usant d'une série de lieux communs : une femme barbare, séductrice, manipulatrice, cruelle, ensorceleuse, prostituée. La tradition poétique au service de la propagande augustéenne en faisait tout particulièrement son miel : Horace dénonçait le « monstre fatal » (*fatale monstrum*)[4] ; Properce la définissait comme la « courtisane, reine de l'incestueuse Canope » (*regina meretrix Canopi incesti*)[5] ; Lucain la caractérisait comme l'« opprobre de l'Égypte » (*dedecus Aegypti*) dont la beauté fit le malheur de Rome au même titre qu'Hélène de Sparte dont « la beauté malfaisante bouleversa les demeures d'Argos et d'Ilion[6] ».

Dans une monographie de 2014, l'helléniste Christian-Georges Schwentzel soulignait, après d'autres, que ce type de sources avait orienté le travail des historiens modernes : « Elle a durement pâti dans l'historiographie de son statut de dominée, dont la politique est particulièrement dénigrée par les sources littéraires grecques et latines, qui reproduisent toutes plus ou moins le discours du vainqueur[7]. » L'extrême dépendance des historiens envers ces sources a parfois transformé l'historien de l'Antiquité en historien d'une propagande pro-romaine et anti-ptolémaïque. Il lui faut aussi résister à l'image véhiculée durant les siècles par la littérature, la peinture, les arts figuratifs et graphiques, le théâtre, l'opéra ou le cinéma[8]. Le résultat des très nombreuses biographies de Cléopâtre est souvent une redondance du propos qui reproduit de près ou de loin le « roman de Cléopâtre » élaboré par ces auteurs antiques. Ces sources littéraires sont en fait « suspectes » pour reprendre un mot du démotisant Michel Chauveau dans sa monographie de 1998 concernant la reine : « Les seuls témoignages au-dessus de tout soupçon sont bien les documents contemporains[9]. » Herwig Maehler et Linda Ricketts avaient montré, dans les années 1980, le renouvellement possible de l'histoire de Cléopâtre grâce aux papyrus conservés à Berlin et grâce à son iconographie[10]. Anaïs Michel avait de même constaté dans ses recherches sur l'île de Chypre qu'il est « difficile de saisir une véritable action politique de la reine Cléopâtre [...] à la lecture des sources littéraires

4. Hor., *Od.*, 1, 37, 21.
5. Prop., *Eleg.*, 3, 11, 39.
6. Luc., *Bell. civ.*, 10, 59-61.
7. Schwentzel 2014, p. 14. Cf. aussi Capponi 2021.
8. De Callataÿ 2015.
9. Chauveau 1998, p. 113.
10. Maehler 1983 ; Ricketts 1984. Cf. aussi Ricketts 1982.

antiques », et qu'il fallait impérativement se tourner vers les sources archéologiques en particulier les monnaies et l'épigraphie[11].

Mon objectif dans ce livre est précisément de faire appel de manière privilégiée et systématique aux documents issus d'Égypte ou de l'empire de Cléopâtre, relevant de diverses spécialités historiques, la papyrologie grecque, la papyrologie démotique, l'épigraphie, la numismatique et l'iconographie, pour offrir une histoire de Cléopâtre d'après les sources documentaires contemporaines. L'ambition est de renverser la méthode traditionnelle des historiens de Cléopâtre qui fondent essentiellement leur récit sur les sources littéraires postérieures au règne, en n'utilisant les sources documentaires contemporaines que de manière secondaire. Le projet trouve sa pertinence dans la publication ces vingt dernières années de documents nouveaux qui renouvellent nos connaissances. Le plus important est sans conteste le *P. Bingen* 45 dit « papyrus de Cléopâtre » publié en 2000 qui fit connaître une ordonnance royale, où la reine accordait des privilèges économiques à des Romains influents de l'entourage d'Antoine. Le papyrus a défrayé la chronique médiatique, car d'aucuns ont cru y reconnaître la signature manuscrite de Cléopâtre, alors que l'important réside dans la nature de ce beau document issu de la chancellerie royale d'Alexandrie. Depuis la première édition du *Corpus des ordonnances des Ptolémées* de 1964, ce sont sept ou huit documents majeurs qui enrichissent notre connaissance des ordonnances royales (προστάγματα) de Cléopâtre : deux inscriptions réattribuées à la reine[12], un papyrus réunissant quatre ordonnances également réattribuées à la reine[13], et deux papyrus publiés respectivement en 2000 et en 2008[14].

Les découvertes archéologiques de l'Alexandrie ptolémaïque menées depuis les années 1990 par deux équipes françaises, l'une conduite par Jean-Yves Empereur, l'autre par Franck Goddio, permettent de mieux préciser la géographie de la ville sous Cléopâtre, en particulier pour les palais royaux et le port royal[15], ou les monuments liés à son règne comme le Kaisareion[16].

11. Michel 2018.

12. *C. Ord. Ptol.* 67 = *I. Prose* 36 = *I. Asylia* 226 (inscription grecque, Ptolémaïs, 7 mars 46) ; *I. Asylia* 228 (inscription bilingue grecque/latine, Delta ? règne de Cléopâtre VII et Césarion).

13. *BGU* VI, 1212 = *C. Ord. Ptol.* 80-83 (papyrus grecs, provenance inconnue, après le 9 juin 46).

14. *P. Bingen* 45 (papyrus grec, Hérakléopolis, 23 février 33) ; *CPR* XXVIII, 14 (papyrus grec, provenance inconnue, début du règne de Cléopâtre ?).

15. Goddio *et alii* 1998, p. 43.

16. Empereur 1997 ; Empereur 1998, p. 111-123.

Le catalogue des représentations plastiques, sculptures et camées, est constamment revisité. Cette iconographie offre des portraits répondant aux canons de l'art grec, de l'art égyptien, ou d'un art syncrétiste. L'image de Cléopâtre VII sur les reliefs des temples égyptiens insérait la reine dans la succession multimillénaire des pharaons. Les inscriptions hiéroglyphiques sont une clé déterminante pour son identification. Il en va différemment pour les documents iconographiques anépigraphes.

Le corpus des portraits ne compterait – selon Giovanni Gentili – que sept pièces principales en marbre ou sur camée, issues pour la plupart de découvertes publiées au XXIe siècle[17]. La proposition d'attribution de la tête Fetzer à Cléopâtre VII, et non plus à Octavie, sa rivale, n'a été formulée qu'en 2013[18]. L'attribution d'un portrait de marbre à Cléopâtre, et non plus à une simple princesse ptolémaïque, a concerné également la tête dite de Turin (Figure 1[19]). La tête féminine de la maison du

Figure 1. Cléopâtre. Tête de Turin.

17. Gentili 2014, p. 24 : camée de verre du Cabinet des médailles de la BnF, inv. Camée 307 ; tête Clarence Day (collection Gandur pour l'art, Genève, inv. FGA-ARCH-GR 54) ; tête du Vatican (Museo Gregoriano Profano ex Lateranense, inv. 38511) ; tête de Turin (musée des Antiquités, inv. 4685) ; tête du Louvre dite tête Guimet (musée du Louvre, inv. Ma 3500) ; tête Fetzer (collection privée Franz Kurt Fetzer, Allemagne) et tête Nahman (collection privée, ancienne collection cairote Maurice Nahman).

18. Weill Goudchaux 2013.

19. Gentili 2014, p. 24.

Diadumène à Délos est désormais considérée comme une pseudo-Cléopâtre[20]. La seule statue retrouvée à Alexandrie, survivante des destructions de monuments et de statues ordonnées par le vainqueur Octavien, a vu son identité sérieusement discutée[21]. Deux statues particulièrement célèbres sont soumises à débat quant à leur attribution. La tête de marbre acquise en 1976 par l'Altes Museum de Berlin serait en fait une œuvre néoclassique d'un artiste suiveur de Bartolomeo Cavaceppi ou Antonio Canova, inspirée du buste conservé au Vatican, bien authentique, découvert à Rome en 1784 (Figure 2[22]). Sur ce portrait sans doute exécuté à Rome pendant son séjour avec Jules César, entre 46 et 44 av. J.-C.[23], la reine portait le diadème, tête nue, les cheveux

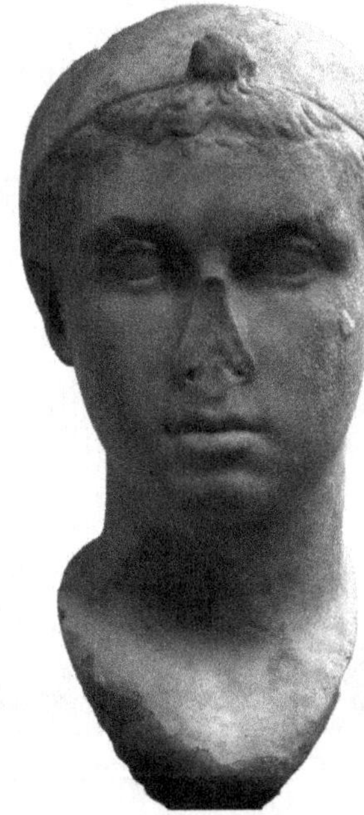

Figure 2. Portrait de Cléopâtre VII.

20. Queyrel 2008.

21. Morlanwelz, musée royal de Mariemont, inv. B.505.1 Cf. Bruwier 2014, p. 21-26. La statue serait issue du groupe statuaire *dit* de Cléopâtre et Antoine.

22. Berlin, Altes Museum, inv. 1976.10. Tête du Vatican : Museo Gregoriano Profano ex Lateranense, inv. 38511. Sur le buste de Berlin : Gentili 2014, p. 24. Sur la tête du Vatican : Gentili 2014, p. 208, n° 124 ; Queyrel 2019, p. 218 (et Fig. 8.20).

23. Queyrel 2019, p. 219-220.

coiffés en côtes de melon et réunis en chignon. La statue de basalte du musée de l'Ermitage de Saint-Pétersbourg pourrait être en réalité une statue d'Arsinoè II en raison de la présence d'une corne d'abondance (Figure 3[24]). Cette reine ptolémaïque était vêtue d'une robe fourreau

Figure 3. Une reine ptolémaïque.
Cléopâtre VII ou Arsinoé II ?

24. Saint-Pétersbourg, musée de l'Ermitage, inv. 39.36. Sally Ann Ashton 2000, p. 119, n° II, 4, et *Ead.* 2001, p. 114-115, n° 63, Fig. 63, l'identifie à Cléopâtre VII. Mais François Queyrel 2001, p. 77 (1) et 2019, p. 212 (56) suggère plutôt Arsinoè II en raison de la présence de la corne d'abondance.

dont les pieds sont placés à l'égyptienne, le gauche en avant. Elle était ceinte d'une couronne portant un triple cobra (*uraeus*). Son bras gauche soutenait une corne d'abondance à la grecque.

Les études des historiens tournés vers la numismatique ont précisé les conditions de fiabilité des bustes figurant sur les monnaies, qui conservent une image idéalisée et politique de la reine[25]. Ces portraits monétaires se répartissent en trois grands groupes, les monnaies d'argent et de bronze émises à Alexandrie et dans certaines cités de Syrie-Phénicie, en particulier à Ascalon où le modèle apparut en 50/49 av. J.-C. ; le deuxième fut frappé sur des tétradrachmes et des deniers frappés en Orient, qui posent des problèmes de datation ; le troisième, un type émis à Chypre, représentait Cléopâtre avec Césarion. Ces portraits obéissaient cependant à des conventions, qui impliquaient une idéalisation, fondée de plus sur une vue de trois quarts. Il existait ainsi un portrait alexandrin, sans doute le plus réaliste, où la reine présentait un nez assez proéminent, un long cou et un menton pointu (Figure 4[26]) – et une image syro-romaine où elle empruntait une partie de ses traits au triumvir Antoine, avec une physionomie plus carrée et un menton en galoche (Figure 5[27]). Tous ces portraits représentaient la reine grecque portant le diadème, les cheveux coiffés à la grecque (en côtes de melon sur le crâne et chignon), un vêtement grec (l'*himation* ou un manteau), des bijoux grecs

Figure 4. Monnaie de bronze de Cléopâtre valant 80 drachmes. Monnaie d'Alexandrie (env. 51-30 av. J.-C.).

25. Sur les portraits monétaires cf. Queyrel 2006, Queyrel 2008, p. 199-200 ; de Callataÿ 2015, p. 23-29.

26. *BMC* 6, p. 123, n° 4-5. Cf. de Callataÿ 2015, p. 26, Figure 6.

27. *BMC* 20, p. 158, n° 53, *RPC* I, 4094. Cf. de Callataÿ 2015, p. 25, Figure 5.

Figure 5. Tétradrachme de Cléopâtre et d'Antoine.
Antioche, vers 36 av. J.-C.

(un ou deux colliers). L'un des modèles de Cléopâtre était Arsinoè II à laquelle elle reprenait la mode de la coiffure en côtes de melon[28].

Certains aspects de l'apparence physique de Cléopâtre ne peuvent être précisés par ces images, par exemple la couleur de ses cheveux, de ses yeux et de sa peau. Sa physionomie ne peut guère être un critère d'hellénisme ou d'égyptianité. Les portraits peints du Fayoum qui représentaient des Grecs de l'élite dans l'Égypte romaine montraient assez la diversité des types physiques parmi les Grecs immigrés dans le Pays[29], cette pluralité des apparences physiques étant également attestée dans des descriptions tirées des papyrus documentaires[30].

Ce livre propose de construire « la véritable histoire » de la reine[31], son « histoire rationnelle[32] », en s'appuyant sur ce corpus documentaire renouvelé. Seule cette méthode semble susceptible d'apporter véritablement du neuf

28. Queyrel 2006, p. 59.

29. Bussi 2014 analyse les portraits non d'après les caractéristiques physiques des défunts mais par les éléments culturels représentés (vêtements, coiffures, bijoux, symboles).

30. Hübsch 1968, p. 20. Les descriptions peuvent préciser des éléments comme la taille, la couleur de la peau et des cheveux, la forme du visage et du nez, des signes particuliers comme les cicatrices (très fréquentes, οὐλή) ou des boutons/verrues (φακός). La couleur de peau la plus fréquente est « couleur de miel » (μελίχρως), qui traduit bien l'effet du bronzage au soleil sans être une caractéristique d'origine.

31. J'emprunte l'expression à Luciano Canfora 1988 qui l'utilise comme titre de son livre *La Véritable Histoire de la bibliothèque d'Alexandrie.*

32. L'expression « *rationale Kleopatra* » est utilisée par Christoph Schäfer 2006, p. 9.

et une image revisitée du dernier souverain ptolémaïque. L'un des enjeux est de déterminer la part « grecque » et la part « égyptienne » dans l'action politique du dernier souverain lagide. Le thème était déjà au cœur de la littérature antique sur Cléopâtre, où elle était fondamentalement présentée comme une Barbare incarnant l'*hybris* (ὕβρις : démesure, excès) qui était depuis Homère la faute morale par excellence dans la civilisation grecque[33]. La propagande octavienne est allée jusqu'à la déshumaniser en la considérant comme un « monstre fatal » (*fatale monstrum*)[34]. Or les Ptolémées étaient fondamentalement des rois hellénistiques revendiquant le double héritage du *basileus* macédonien et du pharaon.

Ma problématique s'articulera autour de l'enracinement pluriséculaire de la dynastie gréco-macédonienne et de la nécessité de mobiliser toutes les forces du royaume pour faire face à la poussée romaine en Méditerranée orientale. Cléopâtre VII s'est appuyée sur toutes les composantes du royaume, grecque, égyptienne et juive. L'effort pour mobiliser les ressources économiques du pays pour financer le nécessaire effort de guerre s'est concrétisé par une ambitieuse politique de réformes exprimées dans une série d'ordonnances conservées sur papyrus et sur des inscriptions. Cet effort de guerre s'est manifesté par le souci de maintenir une armée ptolémaïque forte tout en renforçant la flotte indispensable pour assurer la domination ptolémaïque dans les territoires extérieurs à l'Égypte. L'enquête s'intéresse aussi à la femme politique, puissante et habile, soucieuse de sa popularité, dans un royaume où s'est développée, dès le règne des deux premières Cléopâtre[35], l'invention du pouvoir féminin dans le monde hellénistique.

Dans l'exercice du pouvoir, Cléopâtre a utilisé toutes les ressources que lui offrait institutionnellement son statut de reine-déesse, tant auprès des Grecs que des Égyptiens, en se présentant comme l'incarnation d'Aphrodite, d'Isis, de Sélénè ou d'Hathor. Le livre se conclut par une étude des conditions de la mort de la reine le 12 août 31 av. J.-C., une mort théâtralisée par Plutarque et la tradition artistique et littéraire qui faisaient intervenir le fameux serpent[36], mais qui était sans doute le résultat d'une injection de poison, qui provoqua une mort plus conforme aux réalités médicales alexandrines ainsi qu'aux suicides héroïques antiques.

33. Aufrère 2018.
34. Hor., *Od.*, 1, 37, 21.
35. Bielman-Sánchez et Lonzo 2015.
36. Ritschard et Morehead 2004.

Chapitre 1

Une jeunesse royale

La question d'une identité grecque ou égyptienne, ou bien d'une identité double, de Cléopâtre VII se pose dès l'étude de ses premières années, comme enfant, puis adolescente. La première partie de sa vie, dix-huit années marquées par l'exil de son père à Rome, puis à Éphèse, lui fit découvrir un autre monde que le royaume ptolémaïque, Alexandrie, la vallée du Nil et les oasis. Cette époque d'affrontements politiques et militaires, où son père Ptolémée XII œuvrait pour maintenir l'indépendance du royaume de ses ancêtres, ne pouvait qu'avoir marqué profondément la future souveraine, en lui offrant un apprentissage fondé sur l'observation et l'analyse de son époque. Elle vivait alors un temps de crise, de violence, et de totale incertitude sur son futur, celui de sa famille, et l'avenir du dernier royaume hellénistique. La première interrogation, primordiale, porte sur l'identification de la mère de Cléopâtre.

1.1 L'héritage familial

La naissance royale

La venue au monde de la future reine offre d'emblée à l'historien une double incertitude, sur la date de sa naissance, sur l'identité de sa mère, et par voie de conséquence sur sa part d'égyptianité. Plutarque est la seule source ancienne permettant de calculer l'année de sa naissance, puisqu'il écrit que la reine mourut à l'âge de trente-neuf ans[1]. Son décès étant intervenu le 12 août 30 av. J.-C., elle serait donc née en 69 av. J.-C.[2].

Cléopâtre naquit au sein d'une fratrie composée au total de cinq enfants, deux sœurs et deux frères[3]. L'aînée, Bérénice IV, née entre 79 et 74 av. J.-C., fut assassinée en 55 par son père, lorsqu'il fut réinstallé à Alexandrie par les Romains. Il éliminait ainsi cette fille qui avait usurpé son pouvoir de 58 à 55[4]. Quand Ptolémée XII mourut en 51, il laissait quatre enfants, Cléopâtre, devenue l'aînée, qui avait alors dix-huit ans, Arsinoè (IV), née sans doute entre 68 et 65, Ptolémée (XIII) en 61 et Ptolémée (XIV) vers 59. L'identification des parents de cette fratrie de cinq enfants pose des difficultés plus évidentes. Il faut admettre que leur père est bien Ptolémée XII, dont la titulature officielle était *Néos Dionysos* (« Nouveau Dionysos »), mais qui était appelé familièrement Aulète (« Joueur de flûte »). La tradition historique et historiographique ne conteste pas ces paternités de Ptolémée XII, même si l'on ne peut s'empêcher de rappeler, avec malice, l'adage *Mater certa, pater semper incertus*.

Il en va tout autrement pour ses propres origines qui étaient discutées. Il serait un bâtard pour deux sources latines, Trogue Pompée et Cicéron. Le débat constituait un parallèle exact de celui formulé pour Cléopâtre. Trogue Pompée le désignait comme « *Nothus* », qui transcrit en latin le grec « *Nothos* » (νόθος), c'est-à-dire « bâtard[5] ». Cicéron écrivait « qu'on s'accorde presque universellement à reconnaître qu'il n'est ni de sang ni de caractère royal (*neque genere neque animo regno esse*)[6] ».

Sur la base de ces témoignages, les Modernes ont construit des hypothèses, en le considérant soit comme le fils d'une femme issue d'une bonne famille du monde grec[7], soit comme celui d'une concubine[8], soit comme l'enfant d'une « princesse » égyptienne[9]. L'opinion dominante est que cette bâtardise était une réalité, même si certains historiens renoncent

1. Plut., *Ant.*, 86, 8.
2. Schäfer 2006, p. 17 : décembre 69-janvier 68.
3. Bennett 1997, p. 60.
4. Strab., 17, 1, 11 ; Dio Cass., 39, 57, 1 ; 58, 3.
5. Trog. Pomp., 39, *Prol.*
6. Cic., *De leg. agr.*, 2, 42. Cf. aussi Cic., *Dom.*, 8, 20, où il affirme que son frère, Ptolémée de Chypre, avait des droits égaux pour prendre la succession de Ptolémée IX.
7. Bevan 1927, p. 344, qui écarte l'idée d'une femme égyptienne ou d'une « *dancing girl* » d'origine plébéienne.
8. Bouché-Leclercq 1903-1907, t. II, p. 114.
9. Reymond et Barns 1977, p. 27, suivis par Sullivan 1990, p. 87 et 367.

à proposer un nom maternel[10]. Mais l'idée d'une naissance légitime garde aussi ses adeptes : Ptolémée XII serait alors le fils de la première épouse de Ptolémée IX, Cléopâtre IV[11].

La mère de Bérénice IV est identifiée avec certitude. Il s'agit de Cléopâtre VI *Tryphaina*, que Ptolémée XII épousa entre la fin 80 et le mois de janvier 79. Le lien familial de Tryphaina avec Ptolémée XII n'est pas clair. Elle pourrait bien être sa sœur, s'ils avaient bien le même père et la même mère, à savoir Ptolémée IX et Cléopâtre IV. Mais l'hypothèse a été formulée qu'elle ne serait que sa demi-sœur, ou seulement une cousine[12]. La dernière mention de Tryphaina figure sur une inscription grecque datée du 17 août 69[13]. L'absence de toute mention ultérieure permet d'admettre qu'elle mourut durant la seconde moitié de l'année 69. Les causes et les conditions de sa disparition sont inconnues : mort naturelle, mort violente, empoisonnement ? Elle n'était plus mentionnée sur une autre inscription grecque datée du 25 février 68[14].

Le roi régnait désormais seul, sans mention d'une quelconque épouse ou corégente, jusqu'à son association avec Cléopâtre VII. Il avait reconnu après la disparition de Tryphaina quatre enfants, dont la mère n'est pas donnée par les sources anciennes. L'absence d'épouse légitime était connue des contemporains de Cléopâtre. Strabon constatait que « des trois filles qu'il (Ptolémée XII) avait, l'aînée (Cléopâtre) était la seule légitime (γνησία)[15] ». Il ne disait rien des origines des deux fils, les futurs Ptolémée XIII et Ptolémée XIV, car son propos était centré, pour l'année 51, sur le choix de Cléopâtre comme reine pour lui succéder car « ses deux fils encore enfants furent mis totalement à l'écart des affaires ». Il est vraisemblable qu'ils eurent la même mère que les deux filles. Reste à déterminer l'identité de cette femme inconnue.

On ne peut qu'être frappé par le silence des sources anciennes hostiles à la reine, qui n'ont pas cherché à utiliser l'argument d'une naissance hors mariage légitime. Si l'on réfute le témoignage de Strabon sur l'illégitimité

10. Huß 2001, p. 672.

11. Bennett 1997, p. 52. La date de naissance de Ptolémée XII est inconnue (entre 115 et 107 av. J.-C.).

12. Ogden 1999, p. 100 et Huß 2001, p. 674-675, soutiennent l'hypothèse d'une sœur de même père et de même mère ; Bennett 1997, p. 54-56, propose de la considérer comme issue de l'union de Ptolémée X et de Bérénice III.

13. *I. Philae* I, 50a.

14. *IG Fay.* III, 204.

15. Strab., 17, 1, 11.

de Cléopâtre et de sa jeune sœur Arsinoè IV, l'hypothèse d'une maternité de Tryphaina reste théoriquement possible compte tenu de l'incertitude sur le mois de naissance de Cléopâtre : naissance en 69 ; disparition de la reine entre août 69 et février 68[16].

Le témoignage de Strabon conduit à enquêter sur cette mère inconnue. Deux solutions ont été proposées, une mère grecque et une mère égyptienne. Aucune d'entre elles ne se fonde sur des preuves irréfutables. Jean Bingen proposait de voir comme mère de la reine « une dame de bonne aristocratie macédonienne » avec laquelle le roi aurait eu une relation stable dans le cadre d'« un jardin probablement fort peu secret[17] ». Les deux filles et les deux fils étaient incontestablement présentés par le roi comme sa descendance légitime. Une inscription grecque datée du vivant de Ptolémée XII[18], le 31 mai 52, mentionnait ainsi « ses enfants » en les qualifiant de « Nouveaux dieux Philadelphes[19] ». Un Égyptien, Néphérôs fils de Babaus, y dédiait un édifice sacré à Isis et à Sarapis. Il doit s'agir de ses quatre enfants encore en vie, réunis par une épiclèse programmatique, « Qui aime son frère/Qui aime sa sœur ». La divinisation des enfants royaux sous cette épiclèse collective pouvait procéder de la volonté de leur père de conjurer le risque de futurs affrontements fratricides, et d'annoncer le retour à l'ancienne prospérité du royaume de Ptolémée II et d'Arsinoè II[20].

L'hypothèse d'une mère égyptienne pour Cléopâtre conserve des adeptes[21]. Si l'on ajoute que la mère de Ptolémée XII serait

16. Cf. Bouché-Leclercq 1903-1907, II, p. 145 (1) : « Il faudrait que Strabon fût infaillible, et il est précisément fort suspect en cet endroit de s'être trompé de Bérénice » ; Schwentzel 2014, p. 38 : « Cléopâtre est la fille de Ptolémée XII Néos Dionysos et, selon toute vraisemblance, de la reine Cléopâtre VI Tryphaïna » ; Sartre 2018, p. 22 : « Si elle n'est pas la fille de Tryphaina, elle est née d'une autre épouse de Ptolémée XII, peut-être avant qu'il ne l'épouse officiellement, mais cela n'entache en rien sa légitimité. »

17. Bingen 1999, p. 52, formule l'hypothèse en indiquant « selon moi ».

18. *I. Alex. Ptol* 34 (= *OGIS* II, 741).

19. La stèle est exceptionnelle. Étienne Bernand, *I. Alex. Ptol.*, p. 97-98, ne met pas en doute son origine alexandrine, mais constate qu'elle est une « rareté » pour Alexandrie du fait de sa facture égyptienne pour les représentations figurées, et de l'identité du dédicant, « à coup sûr », un Égyptien.

20. Chauveau 1998, p. 24-25. Bingen 1999, p. 52, se demande si cette épiclèse collective est vraiment officielle, mais il admet qu'elle révèle le désir de conjurer « un pressentiment », celui d'affrontements sanglants, qui se produiront bien, puisque « seule Cléopâtre, en fin de compte, survivra ».

21. Will 1982, p. 529-530 ; Huß 1990, p. 202 ; Huß 2001, p. 705 (2).

une Égyptienne pour certains Modernes, les origines égyptiennes de la reine en seraient renforcées, avec une mère et une grand-mère paternelle égyptiennes. Cette mère serait à chercher dans la famille des grands prêtres de Memphis. Ce point de vue se fonde sur deux sources : une inscription hiéroglyphique conservée au British Museum et un passage de Plutarque.

Une stèle égyptienne conserve la confession du grand prêtre Psenptah (Psenptais) III gravée sur son monument funéraire. Le texte mentionnait la venue du roi Ptolémée XII à Memphis « avec ses courtisans, ses femmes et les enfants royaux[22] ». Les enfants royaux (*msw njswt*) seraient issus de ces « femmes » qui pourraient être au moins pour l'une d'entre elles égyptienne[23], ce qui apporterait une preuve de la polygamie de Ptolémée XII. L'hypothèse de l'appartenance d'au moins l'une de ses épouses à la famille des grands prêtres memphites repose sur leur prestige et leurs liens établis avec la dynastie ptolémaïque. Trois objections doivent être apportées à cette théorie. La première est que la date de la visite royale était intervenue en 76/75 av. J.-C., à un moment où les quatre enfants n'étaient pas encore nés. La deuxième souligne que ce texte hiéroglyphique répondait à une phraséologie pharaonique décrivant le monde du harem. Les « belles femmes du harem » du grand prêtre étaient de fait explicitement citées dans l'inscription[24]. Il n'existe enfin aucune preuve d'alliances matrimoniales entre les familles des Ptolémées et les grands prêtres memphites[25].

Le talent de Cléopâtre pour les langues a été avancé comme un indice de la langue maternelle, l'égyptien. Plutarque écrit en effet qu'elle parlait la plupart des langues « barbares » de son temps[26]. Son niveau de pratique et de compréhension lui permettait donc de se passer d'interprète. Elle serait le premier des Ptolémées à manier une autre langue que le grec, les premiers souverains parlant également le dialecte macédonien. Plutarque insiste sur sa singularité car « ses prédécesseurs n'avaient pas pris la peine d'apprendre l'égyptien ».

Les propositions contemporaines d'identification à caractère ethnique d'après l'iconographie semblent des entreprises hasardeuses. François de

22. Stèle *British Museum* 886 (= Reymond 1981, n° 18), ligne 11.

23. Reymond et Barns 1977, p. 13. Cf. Roller 2010, p. 166.

24. Huß 2001, p. 705 (2).

25. Le nom grec, Bérénice, de l'épouse du grand prêtre Psenptah (Psenptais) II (fin du IIe siècle av. J.-C.) ne peut être raisonnablement invoqué. Reymond 1981, p. 51 et Roller 2010, p. 166, la considèrent, sans s'appuyer sur des documents, comme la fille de Ptolémée VIII Évergète II.

26. Plut., *Ant.*, 27, 4-5.

Callataÿ estime que seules les monnaies, en particulier celles de bronze qui circulaient en Égypte, permettent de dresser un portrait physionomique, les autres documents iconographiques de facture grecque, en particulier les bustes de marbre, étant trop marqués par une volonté d'idéalisation[27]. Les tentatives contemporaines de proposer son effigie en 3D ont parfois été imprudentes, car le matériel antique utilisé pour arriver à ce résultat peut être contestable. La reconstruction numérique de son effigie en 3D réalisée par une association bâloise utilisait de fait un buste de facture grecque réalisé au XVIIIe siècle… (Figure 6)[28]. Les sources iconographiques la représentant en pharaon ne peuvent guère renseigner sur sa physionomie tant elles s'intègrent dans un art canonique, ainsi pour cette statue du musée du Louvre, qui représente peut-être Cléopâtre VII, dont le front était orné des trois cobras (uraeus), qui pourraient être les symboles des trois royaumes, après les donations d'Antoine en 34 (Figure 7)[29].

Figure 6. Reconstruction du Verein Cultura Romana Vivat (VCRC), Bâle.

27. De Callataÿ 2015, p. 23-29. Cf. Introduction (en particulier Figures 1, 2, 3, 4).

28. Verein Cultura Romana Vivat (VCRC). Cf. de Callataÿ 2015, p. 28, Fig. 12. La reconstruction est faite d'après des bronzes d'Alexandrie et le buste de Berlin, Altes Museum, inv. 1976.10.

29. Musée du Louvre, inv. E 13102. Pour l'attribution à Cléopâtre VII : Walker et Ashton 2003, p. 163, n° 162, et Ashton 2008, p. 70-71. Stanwick 2002, p. 112, D 26, propose plutôt Cléopâtre III.

Figure 7. Statue en stéatite représentant Cléopâtre VII ?

L'éducation d'une princesse

Les sources anciennes sont muettes sur l'éducation, sur les actes ou les pensées propres à Cléopâtre avant qu'elle ne devienne reine. Son statut d'aînée des enfants de Ptolémée XII imposait un soin particulier pour sa *paideia.* L'éducation des enfants royaux était structurée à la cour d'Alexandrie autour de précepteurs issus de l'élite intellectuelle formée par les savants du Musée d'Alexandrie. La présence de savants et de philosophes assurant le rôle de conseillers et d'experts royaux était une caractéristique essentielle de la cour des rois hellénistiques qui recherchaient pour leur dynastie la plus grande efficience. Ptolémée Ier avait inauguré cette pratique, conforme au modèle d'Alexandre formé par Aristote, en donnant au futur Ptolémée II comme maître Philétas de Kos, auteur du premier lexique grec[30]. Cette communauté d'érudits installée au cœur du quartier royal, qui disposait des ressources de sa bibliothèque d'État, devait en effet enseigner aux enfants royaux, tout en continuant à dialoguer avec les souverains quand ils arrivaient au pouvoir.

30. Préaux 1978, p. 212-220.

Cette bibliothèque encyclopédique et l'universalité des disciplines maîtrisées par les chercheurs du Musée permettaient une éducation dans tous les domaines du savoir, la poétique, la philosophie, les lettres, l'histoire et les sciences. Le Musée et sa bibliothèque, fondés par Ptolémée Ier Sôter, connurent un déclin à partir du règne de Ptolémée VIII, qui persécuta, à partir de 145 av. J.-C., certaines catégories de la population alexandrine qui s'étaient opposées à lui, les Juifs, les anciens éphèbes et les intellectuels. Ils étaient en effet favorables à sa sœur-épouse Cléopâtre II, avec laquelle il était en conflit politique. Mais la guerre qui opposa le roi du Pont Mithridate VI aux Romains en Asie Mineure, puis la prise d'Athènes par Sylla, avaient provoqué l'afflux vers Alexandrie, à partir de 86 av. J.-C., de nombreux intellectuels, qui lui donnèrent un nouvel éclat[31]. La jeune Cléopâtre pouvait donc bénéficier de cet environnement favorable. Elle en a tiré un grand profit intellectuel, qui s'exprime dans l'image de la femme lettrée transmise par la tradition.

Elle a de fait eu accès à l'éducation fondamentale, apprendre à lire, écrire et compter, comme toutes les filles issues de la classe supérieure, et à l'éducation secondaire, qui était ouverte seulement à une minorité issue des plus hautes classes sociales. Les documents de la pratique sur papyrus ou sur tessons de poterie, et des terres cuites, attestent clairement de cet accès à l'école grecque[32]. Le « papyrus de Cléopâtre » daté du 23 février 33 av. J.-C.[33], conserverait selon certains papyrologues une signature manuscrite de la reine (Figure 8)[34]. Ce document grec, une ordonnance royale, fut écrit par un scribe de la chancellerie royale, et la reine en aurait approuvé et rendu officiel le contenu par l'apposition, en souscription, du mot γινέσθωι, « Fais que cela soit ». Cette identification est cependant contestable, car un haut fonctionnaire ptolémaïque pourrait tout autant avoir approuvé le décret. Une telle mention était en effet typique des souscriptions de décrets de la fin de l'époque ptolémaïque[35].

Plutarque note que ses compétences en langues étaient exceptionnelles. Il n'entendait pas donner une liste complète donnant, « pour l'exemple », outre l'égyptien, seulement sept langues, l'éthiopien, la langue des Troglodytes, l'hébreu, l'arabe, l'araméen, le mède, le parthe, mais

31. Legras 2002, p. 125.

32. Cribiore 2001, p. 74-101.

33. *P. Bingen* 45.

34. Van Minnen 2000 ; Van Minnen 2000-2001 ; Van Minnen 2001 ; Höber-Kamel 2001 ; Zimmermann 2002, p. 139.

35. Sous le règne de Cléopâtre VII, cf. *C. Ord. Ptol.* 67 = *I. Prose* 36 = *I. Asylia* 226, l. 10 ; *C. Ord. Ptol.* 75, l. 8 ; *C. Ord. Ptol.* 76, l. 34. Cf. Cuvigny 2006 ; Straus 2009.

ajoutant qu'elle parlait aussi « plusieurs autres langues[36] ». Elle était donc – si l'on suit le moraliste – une polyglotte active. Ce passage ne disait rien de leurs conditions d'apprentissage par une femme dont la « langue était comme un instrument à plusieurs cordes ». Il faut évidemment se poser la question de la valeur de ce témoignage[37].

Figure 8. Le « Papyrus de Cléopâtre ».
Papyrus Berolinensis P 25 239. Berlin

36. Plut., *Ant.*, 27, 4-5.
37. Wasserstein 2014.

La maîtrise de l'égyptien par des Grecs de culture était exceptionnelle, et était limitée à la volonté de maîtriser les domaines où ils reconnaissaient l'étendue du savoir égyptien, ainsi la médecine[38]. Le bilinguisme gréco-égyptien était essentiellement le fait de l'élite cultivée des prêtres égyptiens et de membres de familles mixtes[39]. Cléopâtre était certes en contact avec des Égyptiens durant toute la partie de sa vie en Égypte. Aurait-elle été séduite par les cérémonies cultuelles égyptiennes comme la fondation du temple d'Hathor de Dendara par son père, où sa qualité de fille du pharaon, alors âgée d'une quinzaine d'années, lui permettait de jouer le rôle de la « fille de Rê », de fille du « Soleil des hommes », de fille du « Soleil d'Égypte »[40] ? Une curiosité ou un intérêt personnel l'ont-ils conduite à faire un effort qu'aucun de ses prédécesseurs n'avait consenti ?

Il est étonnant que Plutarque ne dise rien du latin. Ses séjours à Rome lui avaient sans doute permis d'apprendre au moins des rudiments, même si l'élite romaine avec laquelle elle était en contact était bilingue, latin-grec. On ne peut qu'être frappé par le caractère hétérogène et exotique de ces langues, qui dessinaient en fait un espace périphérique à l'Égypte. Le géographe Strabon voyait dans les Éthiopiens les Nubiens vivant autour de Méroé, et citait les Troglodytes avec d'autres peuples, également éthiopiens, en amont de Syène, les Blemmyes, les Noubai et les Mégabares[41]. La qualification d'éthiopien renvoyait en fait à un vaste espace, l'Afrique noire, où les langues parlées étaient nombreuses, de l'Éthiopie au Maroc actuels. La seconde partie de la liste mentionnait des langues parlées dans le Proche-Orient et l'Orient de son époque, mais avec un choix qui interroge. Pourquoi ne pas mentionner le phénicien, autre langue sémitique, ou même l'arménien, alors que la campagne d'Arménie de 35-34 constituait l'un des grands succès militaires d'Antoine et de Cléopâtre, bien que celle-ci n'y ait participé que jusqu'à l'Euphrate ?

Plutarque aura en fait ici voulu embellir son « roman de Cléopâtre » d'une touche exotique qui répondait à un *topos* pour désigner des espaces

38. Cf. cette lettre où une femme félicitait son fils d'apprendre l'égyptien pour pouvoir apprendre la médecine égyptienne (*UPZ* I, 148), cf. Chauveau 1999, p. 38, et Ricciardetto 2020 ; cf. aussi les reclus grecs du Sarapieion de Memphis : Legras 2011, p. 231-239.

39. Sur le milieu sacerdotal : Clarysse 1999, p. 53-54 ; sur le bilinguisme dans la vallée du Nil, cf. les archives bilingues de la famille de Dryton, de sa femme Apollonia et de sa fille Senmouthis : Vandorpe 2002.

40. Cauville 2018, p. 177.

41. Strab., 17, 1, 53.

avec lesquels le royaume est en contact. Mithridate VI aurait maîtrisé vingt-deux ou vingt-cinq langues[42], c'est-à-dire celles parlées par les peuples de son vaste empire. Cléopâtre pouvait parler le grec avec toutes les élites non grecques de son époque, puisqu'il était alors la langue universelle de communication.

La tradition attribue à Cléopâtre VII des écrits conservés en grec, de cosmétologie, de métrologie, d'alchimie sur la fabrication d'or, ainsi que des écrits conservés en latin, de gynécologie, et la mention de *priapées*. La discussion se poursuit sur l'authenticité du traité de cosmétologie, le *Kosmètikon*, alors que les autres traités sont généralement considérés comme apocryphes, car correspondant très exactement à l'image d'une femme tournée vers le luxe et la séduction féminine[43]. Ann Ellis Hanson a ainsi montré comment le Suisse Melchior Goldast (1578-1635) avait forgé de toutes pièces une pseudo-correspondance, en latin, entre Soranos, médecin grec présent à Rome sous les règnes des empereurs Trajan (98-117 apr. J.-C.) et Hadrien (117-138 apr. J.-C.), Antoine et Cléopâtre, au sujet de la libido excessive de la reine. L'ensemble constitué de huit lettres fut publié en 1606 à Francfort-sur-le-Main sous le titre « Sur le priapisme de la reine Cléopâtre et de ses remèdes » (*De priapismo Cleopatrae Reginae eiusque remediis*)[44].

Le *Kosmètikon*, l'ouvrage qui a pu être interprété comme un traité frivole sur la beauté féminine, pourrait bien être en revanche un traité médical sur les maladies du cuir chevelu. Il était très sérieusement cité par le médecin Galien (129-vers 213 apr. J.-C.) dans son traité *La Composition des médicaments selon les lieux*[45]. Il y donnait trois recettes pour soigner l'alopécie, pour faire accroître la longueur des cheveux, et pour éliminer les acores, une maladie du cuir chevelu. Galien estimait que ces recettes de Cléopâtre avaient été auparavant compilées par Criton, médecin de Trajan. Il est probable que la source de Galien ait précisément été l'œuvre de ce médecin. Le débat sur l'authenticité de ce traité reste ouvert.

La discussion a été enrichie par la publication par Peter J. Parsons, en 2007, d'un papyrus d'Oxyrhynchos (Moyenne-Égypte)[46], qui apporta

42. Vingt-deux langues : Plin., *n.h.*, 7, 24 ; 25, 3, 2 ; Aur. Vict., *De vir. ill.*, *s.v.* Mithridates ; Val. Max., 8, 7, 16 ; vingt-cinq langues : A. Gell., 17, 17. Cf. Rochette 2021.

43. Marasco 1998.

44. Hanson 2008. Les huit lettres sont republiées et traduites en Appendice, p. 88-103.

45. Gal., 12, p. 403 ; p. 432 ; p. 446 ; p. 492 (Kühn).

46. *P. Oxy.* LXXI, 4809.

un témoignage nouveau sur le *Kosmètikon*. Daté pour des raisons paléographiques du IIIe siècle apr. J.-C., ce fragment de papyrus (15,5 cm sur 17,5 cm) provient d'un rouleau qui contenait, au recto, un écrit consacré à plusieurs rois hellénistiques, à leur production littéraire, et à la question de leur authenticité. L'auteur pourrait en être un certain Timagène. Le papyrus, très lacunaire, conserve la phrase suivante[47] : « Car le (traité) intitulé comme *Kosmètikon* de Cléopâtre n'est pas de la reine elle-même, mais de quelqu'un qui a répertorié ce dont celle-là se servait pour ses soins. Alors (lacune). »

Pour Timagène, Cléopâtre ne serait donc pas l'auteur du *Kosmètikon*. Si Ilse Becher considérait comme imaginaire l'attribution d'un tel traité à Cléopâtre[48], Gabriele Marasco se voulait plus prudent : « Les assertions de ceux qui nient sans la moindre discussion l'attribution à Cléopâtre même de l'écrit témoigné par Galien me paraissent excessives[49]. » Elle se fondait sur l'autorité de Criton et l'intérêt d'autres souverains hellénistiques pour la médecine, en particulier Mithridate VI, Attale III de Pergame, Nicomède de Bithynie, ainsi que le roi Juba II de Maurétanie. L'entourage de Cléopâtre comptait plusieurs médecins, dont l'Alexandrin Dioscoridès (surnommé Phakas) et Olympos, qui joua un rôle important dans la fin de la dynastie[50]. Pour Marie-Hélène Marganne, il est impossible de trancher. L'intérêt des spécialistes devrait en fait se tourner, non pas vers le souci de déterminer une éventuelle authenticité de la production scientifique de la reine, mais sur la construction de son image à travers le temps[51].

L'association au pouvoir et le testament de Ptolémée XII

L'enfance et la jeunesse de Cléopâtre furent marquées par des expériences qui ont contribué à forger son caractère et sa vision du monde. L'exil de son père à Rome de 57 au printemps 55 av. J.-C. lui permettait de découvrir la Ville et la puissance de l'État, dont l'impérialisme menaçait désormais l'indépendance et la souveraineté du royaume ptolémaïque. L'adolescente de douze-quatorze ans pouvait observer la situation personnelle et politique de son père, qui faisait alors tout pour chasser Bérénice IV, sa

47. *P. Oxy.* LXXI, 4809, l. 12-20.
48. Becher 1966, p. 141-142.
49. Marasco 1998, p. 50-51.
50. Marasco 1996, p. 453-456.
51. Marganne 2011.

sœur aînée qui s'était emparée du pouvoir, et pour retourner en roi à Alexandrie. Les sources anciennes ne disent rien de son rôle auprès de son père, mais un fait majeur montre que la solidarité entre Ptolémée XII et Cléopâtre s'était alors nouée à un niveau très étroit : son association précoce au trône royal.

L'année de cette association est connue grâce à une inscription hiéroglyphique d'Hermonthis (Haute-Égypte), la stèle *Bucheum* 13 (Figure 9)[52]. Elle conserve l'épitaphe d'un taureau sacré Boukhis, qui mourut en l'an 30/29 av. J.-C., durant la première année du règne d'Auguste en Égypte. Sur la stèle, au-dessus du texte, était représenté Auguste

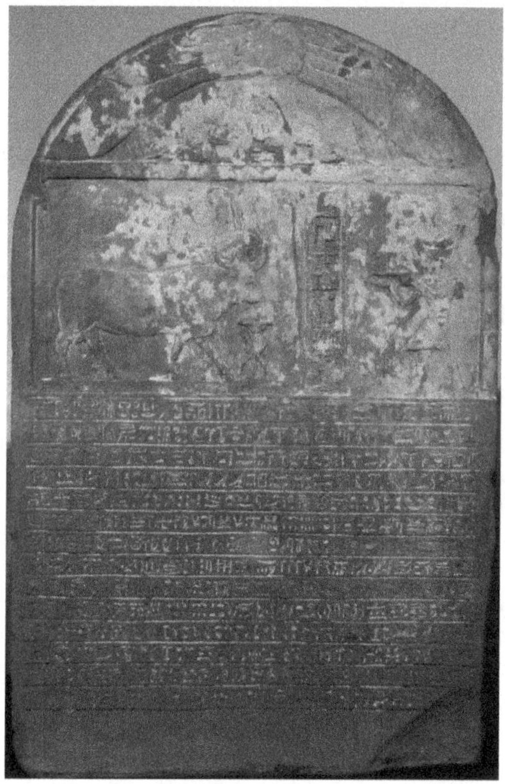

Figure 9. Épitaphe d'un taureau sacré Boukhis.
Stèle hiéroglyphique *Bucheum* 13.

52. Stèle Ny Carlsberg Glyptothèque 1681 = *Bucheum* 13 (Mond et Myers 1934, vol. III, planches XLIIIA-XLIII).

présentant, en pharaon, des offrandes à Boukhis. Les Boukhis, incarnations du dieu solaire Amon-Montou-Rê, se succédaient, entretenus comme les taureaux Apis de Memphis. À leur mort, les Boukhis d'Hermonthis devenaient des Osiris-Boukhis, de même que les Apis memphites se métamorphosaient en Osiris-Apis. Les Boukhis étaient inhumés dans le désert voisin dans une catacombe nommée Bucheion (en égyptien le « Château d'Atoum »), les Apis de Memphis étant ensevelis de leur côté dans les catacombes du Sarapieion (Saqqarah). Les Boukhis étaient choisis parmi les veaux de la région d'Hermonthis et intronisés solennellement à Karnak, avant de rejoindre Hermonthis, promue du nom prestigieux d'« Héliopolis-du-Sud ».

La stèle *Bucheum* 13 donne les trois dates capitales rythmant la vie d'un taureau Boukhis, ses dates de naissance, d'installation et de mort. Le passage capital concernant ce taureau, qui vécut vingt-quatre ans, un mois et huit jours, présentait l'installation faite par « le Roi en personne » et « la souveraine » :

« Il (Boukhis) s'est rendu à Thèbes, son lieu d'installation, qui vint à l'existence au commencement, auprès de son père le Grand Océan. Il a été installé par le Roi en personne en l'an I, le 19 Phaménoth, et c'est la souveraine, la Dame des Deux Terres (cartouches vides), la *Philopatôr* qui le fit naviguer sur la barque d'Amon, en compagnie de la flotte du roi, tous les gens de Thèbes et d'Héliopolis-du-Sud en état de pureté (?) étant avec lui[53]. »

La stèle *Bucheum* 14[54], trouvée également dans le cimetière des Boukhis, concerne un successeur du taureau sacré né en 23 et mort en 6 av. J.-C. ; et la stèle *Bucheum* 15[55], un taureau né en 6 et intronisé en 2 av. J.-C. Ces deux stèles portaient dans les cartouches la mention du pharaon régnant : *Autokrator Kaisar* (Auguste). Ces stèles faisaient apparaître une interruption dans la succession des Boukhis entre 29 et 23 av. J.-C., sans que l'on puisse déterminer si la cause se trouvait dans une lacune de nos sources (une stèle perdue ?) ou dans des difficultés liées à la mise en place du nouveau pouvoir[56].

53. Traduction Jean Yoyotte, in Yoyotte, Charvet et Gompertz 1997, p. 258-259.

54. *Bucheum* 14 (Mond et Myers 1934, vol. III, planches XLIIIA-XLIII).

55. *Bucheum* 15 (Mond et Myers 1934, vol. III, planches XLIVA-XLIV).

56. Strab., 17, 1, 47, mentionne le taureau sacré Boukhis d'Hermonthis, mais la question se pose de savoir s'il était bien installé lors de son voyage : Yoyotte, Charvet et Gompertz 1997, p. 178.

La stèle 13 précisait la date d'installation du taureau sacré en l'an 1, le 19 Phaménoth, du Roi et de la Souveraine, qualifiée de « Dame des Deux Terres (vide), la *Philopatôr* », c'est-à-dire le 22 mars 51 av. J.-C. La date de sa mort était donnée au début de la stèle : « L'an I, le 21 Pharmouthi de la prise du pouvoir par César, l'aimé d'Osiris Boukhis, le Grand Dieu, Seigneur du Château d'Atoum[57]. » La datation de sa mort (le 16 avril 29 av. J.-C.) révélait le caractère perturbé de l'époque, puisque la prise de pouvoir (κράτησις) du nouveau maître du pays, Auguste, était bien actée. Mais son nom n'était pas entouré dans le traditionnel cartouche royal[58]. La mort du Boukhis intervenait de fait la veille de la gravure (le 20 Pharmouthi, an 1 d'Auguste) de la stèle trilingue de Philae où Caius Cornelius Gallus[59], le premier préfet d'Égypte, affirmait une volonté de puissance, qui avait pu être interprétée par Auguste comme une marque d'irrespect, d'insolence et d'*hybris* conduisant à sa disgrâce[60].

La formule de datation de son installation pose la question des souverains mentionnés lors de l'installation du taureau sacré à Thèbes, en 51 av. J.-C., et lors de son accompagnement par bateau de Boukhis vers Hermonthis. La mention de Cléopâtre VII était incontestable, car la reine qualifiée de *Philopatôr* ne pouvait être que la fille de Ptolémée XII. L'identification du roi a suscité des questions. On a songé à son frère cadet Ptolémée XIII alors âgé d'environ dix ans[61], avec lequel elle était associée au début de son règne ou bien à la reine elle-même désignée d'un titre masculin. Il est impossible de retenir cette dernière hypothèse, car ce roi n'était pas qualifié de l'épiclèse « Qui aime son père » (*Philopatôr*), qui ne s'appliquait dans l'inscription qu'à la seule souveraine.

L'hypothèse que ce roi (au masculin) désignât en fait Cléopâtre en tant que pharaon serait une attestation précoce de l'acceptation de

57. Traduction Jean Yoyotte, in Yoyotte, Charvet et Gompertz 1997, p. 258-259.

58. Sur la nouvelle ère établissant la Καίσαρος κράτησις θεοῦ υἱοῦ (*dominium* ou *potestas* de *Caesar* (Auguste) *divi filius*), cf. Geraci 1983, p. 162 ; Capponi 2005, p. 28.

59. Textes grec et latin : *I. Philae* II, 128 ; texte hiéroglyphique : Hoffmann, Minas-Nerpel et Pfeiffer 2009, p. 46-50.

60. Présentation du débat historiographique par Hoffmann, Minas-Nerpel et Pfeiffer 2009, p. 8-10. Sur la thèse de l'*hybris*, cf. Boucher 1966. Mais Hoffmann, Minas-Nerpel et Pfeiffer 2009, p. 176, considèrent que C. Cornelius Gallus n'était pas allé jusqu'à se présenter en pharaon sur la stèle, et qu'il était resté loyal à Auguste.

61. App., *Bell. civ.*, 2, 71 ; 2, 84.

Cléopâtre comme pharaon féminin[62]. Or cette lecture est incompatible avec le texte de l'inscription qui nommait bien deux personnes, le roi et la reine. Ce roi ne pouvait donc être que Ptolémée XII, le père de Cléopâtre. Le fait que les cartouches destinés à accueillir les noms de Ptolémée XII et de Cléopâtre VII dans la stèle gravée en 29 av. J.-C. soient restés vides s'expliquerait par la période de transition née de la victoire augustéenne[63]. L'absence d'épiclèse pour désigner Ptolémée XII s'expliquerait par l'évolution de sa dénomination durant son règne. Les documents officiels ont abandonné en effet à la fin des années 60, ou au début des années 50 av. J.-C., ses épiclèses de début de règne, *Néos Dionysos Philopatôr Philadelphos* (« Nouveau Dionysos, Qui aime son père, Qui aime sa sœur »), pour adopter les expressions « Maître et roi » (ὁ κύριος βασιλεύς), ou « Dieu et maître et roi » (ὁ θεὸς καὶ κύριος βασιλεύς). Ce changement révélait sa volonté d'affirmer son pouvoir royal et soulignait le désir d'affirmer la dimension absolutiste de sa royauté. Cette titulature grecque avait son équivalent en égyptien avec l'utilisation du terme « Maître » (*nb*)[64].

L'association au pouvoir de Cléopâtre était renforcée par le testament où il entendait protéger sa fille et son fils aîné comme futurs souverains[65]. En faisant de Rome son exécuteur testamentaire, Ptolémée XII voulait l'empêcher d'annexer son royaume. Il enlevait ainsi toute légitimité au testament de Ptolémée X Alexandre II[66]. Un exemplaire du testament était conservé à Rome dans la maison de Pompée et non dans l'*aerarium*[67]. Ce choix s'expliquait par les liens d'*hospitium* entre les deux hommes, des relations qui remontaient à l'année 64 av. J.-C. quand Ptolémée XII lui fit des dons personnels, et finança ensuite ses troupes en s'endettant lui-même de manière importante. Ptolémée XII comptait sur le respect par les Romains « du nom des dieux et des traités liant Rome et la dynastie ptolémaïque[68] ». Rome se trouvait donc dans la situation d'un tuteur (*tutor*) garant de l'exécution de la volonté royale.

62. Cf. Quaegebeur 1983, p. 271 : « *De aanduiding van Kleopatra als 'koning' is niet ondenkbaar* » ; Bussi 2016-2017, p. 16-20.

63. Yoyotte, Charvet et Gompertz 1997, p. 258.

64. Huß 2001, p. 702.

65. Heinen 1966, p. 26.

66. Badian 1967.

67. Caes., *Bell. civ.*, 3, 108, 6, Ps. Caes., *Bell. Alex.*, 33.

68. Caes., *Bell. civ.*, 3, 108, 5 : *Per omnes deos perque foedera quae Romae fecisset.*

La date exacte du début de cette association entre Ptolémée XII et sa fille est inconnue. La stèle *Bucheum* 14 permet de postuler la fin 52 ou le début de l'année 51 av. J.-C. (en tout cas avant le 22 mars). Elle a perduré jusqu'à la mort du roi, qui intervint avant le 28 juin 51, à un moment qui ne peut être plus exactement déterminé[69]. C'est du moins ce que permet d'inférer une lettre écrite à Rome par C. Caelius Rufus à Cicéron, alors gouverneur de Cilicie :

« Autre chose : on m'a annoncé, et l'on donne dès maintenant pour certain, que le roi d'Alexandrie est mort ; que me conseilles-tu ? Quel est l'état du royaume ? Qui exerce la régence ? Réponds-moi, je te prie, soigneusement là-dessus[70]. »

L'interrogation de Caelius s'expliquait peut-être par le fait qu'il avait des créances sur Ptolémée XII. L'information transmise par navire mettant environ dix jours pour parvenir d'Alexandrie à Rome, le décès du roi a dû intervenir début juin. Caelius demandait une confirmation à Cicéron, car il connaissait cette nouvelle, capitale pour le pouvoir et les élites romaines, probablement sous la forme d'une simple rumeur. Strabon affirme que Ptolémée était mort de maladie[71], sans préciser la nature de son mal. L'association de Cléopâtre était peut-être liée à un état de santé devenu vacillant.

1.2 Quelle place pour l'Égypte dans le monde ?

Le recul ptolémaïque en Méditerranée

Ptolémée XII héritait à son avènement, en 80 av. J.-C., d'un royaume qui était le seul État indépendant du Bassin méditerranéen face à l'expansion romaine. En se faisant attribuer l'Égypte à la mort d'Alexandre le Grand en 323, puis en prenant le titre royal en 306 ou en 305/304[72], le Macédonien Ptolémée, fils de Lagos, avait compris que l'indépendance du pays

69. La documentation papyrologique grecque et démotique ne permet pas de préciser la date : cf. Huß 2001, p. 697 (19).

70. Cic., *Fam.*, 8, 4, 5 : *Praeterea nuntiatum nobis et pro certo iam habetur regem Alexandrinum mortuum ; quid mihi suadeas, quomodo regnum illud se habeat, quis procuret, diligenter mihi perscribas.*

71. Strab., 17, 1, 11.

72. Sur la date de la proclamation de la royauté par le satrape Ptolémée, cf. Huß 2001, p. 191.

imposait le contrôle de territoires hors d'Égypte[73]. L'empire ptolémaïque reposait durant la guerre contre les Diadoques, puis dans les guerres contre les Séleucides, sur une thalassocratie ouverte sur la Méditerranée et la mer Rouge, et sur le contrôle de territoires : la Cyrénaïque, des espaces côtiers entre Péluse et le nord du Liban, des parties de la côte sud de l'Asie Mineure, et l'île de Chypre.

Ces possessions assuraient un glacis de défense stratégique tout en procurant au maître de la vallée du Nil un complément de ressources indispensables : le bois, le cuivre et la poix nécessaires à la construction des navires, des équipages recrutés parmi les gens de mer de ces terres maritimes, des pays riches de tradition monétaire qui pouvaient abonder le trésor ptolémaïque. L'empire ptolémaïque était aussi un espace de recrutement de colons grecs pour helléniser l'Égypte, un débouché pour la carrière des fonctionnaires ptolémaïques, un réseau de ports sécurisant le commerce alexandrin, et le moyen d'enraciner le royaume dans l'espace de la Méditerranée grecque[74].

Depuis l'apogée que représentait durant la quatrième guerre de Syrie la bataille de Raphia en 217 av. J.-C., où Ptolémée IV *Philopatôr* avait défait le roi séleucide Antiochos III, les Ptolémées avaient progressivement perdu ces possessions extérieures. Entre 200 et 198, Antiochos III annexait l'ensemble de la Syrie du Sud, y compris la Judée, puis mettait la main en 197-195 sur le sud de l'Asie Mineure, la Cilicie, la Pamphylie et la Lycie. En 200, Philippe V de Macédoine contrôlait désormais la totalité de la Thrace. L'empire ptolémaïque se réduisait à l'Égypte, à la Cyrénaïque et à Chypre. Les troubles provoqués par deux dynastes égyptiens de Haute-Égypte, Haronnophris et Anchonnophris (ou Chaonnophris), commencèrent en 206 av. J.-C et continuèrent au début du règne de Ptolémée V, vers 186. C'était l'amorce de la crise du IIe siècle, une période de reflux de la puissance et de la richesse lagides. La révolte de Dionysios Pétosarapis, un homme de la cour sans doute d'origine grecque, avait défié le pouvoir royal en 165-164 av. J.-C. par une insurrection qui prit rapidement un caractère nationaliste égyptien[75].

Rome amorçait, dans les années 220, la série d'interventions dans les affaires grecques qui conduisit inexorablement à la disparition des États hellénistiques. Polybe datait de la 140e olympiade (220-216

73. Will 1979-1982, t. I, p. 168-170.
74. Cf. Bagnall 1976.
75. Huß 2001, p. 563-576.

av. J.-C.) la naissance d'une histoire « mondiale » née de la conquête du Bassin méditerranéen. La provincialisation de la Macédoine (148), puis de la Grèce balkanique (146) marquaient alors la fin de l'histoire d'une Grèce d'Europe indépendante. Le legs d'Attale III de Pergame permettait la création d'une province romaine d'Asie en 129. L'échec final du roi du Pont Mithridate VI *Eupatôr*, en 63 av. J.-C., sonnait le glas de l'histoire indépendante de l'Asie Mineure hellénistique.

La disparition de l'État séleucide, dont le dernier représentant, Antiochos XIII, fut mis à mort par un chef local, Sampsikéramos, dynaste d'Émèse, auprès duquel il s'était réfugié, faisait naître la province romaine de Syrie en 64-63 av. J.-C. En la créant, Pompée redonnait un poids politique à un territoire miné par le désordre entre la Cilicie et l'Euphrate. Sa constitution était un signal envoyé au roi des Parthes, Phraatès III, tenté par une poussée vers l'ouest, afin d'imposer la frontière de l'Euphrate. L'affirmation de la présence romaine en Syrie était aussi un avertissement lancé au roi d'Arménie, qui avait profité en 69 de son alliance avec Mithridate *Eupatôr* pour constituer un éphémère empire syrien et mésopotamien, ruiné par la prise de sa capitale Tigranocerte par Lucullus. Elle était aussi un moyen pour Pompée de renforcer sa gloire par la création d'une province héritière d'un royaume hellénistique puissant à l'époque d'Antiochos III ou d'Antiochos IV.

Le royaume ptolémaïque avait donc tout à redouter de l'affirmation sur son flanc oriental d'une présence romaine, qui pourrait devenir menaçante. L'Orient ainsi réorganisé par Pompée laissait cependant des États-clients tampons entre l'Égypte et la province romaine de Syrie : ainsi la Judée hasmonéenne flanquée au nord de la principauté libanaise de l'Ituréen Ptolémée, et à l'est et au sud par le royaume nabatéen. La frontière orientale de l'Égypte était contrôlée par la royauté nabatéenne s'étendant de la mer Rouge à la mer Morte, avec Pétra pour capitale[76]. Les Ptolémées se trouvaient désormais les seuls dépositaires de l'héritage d'Alexandre le Grand.

L'influence croissante de Rome en Égypte

Les premiers contacts entre le royaume des Ptolémées et Rome étaient intervenus au IIIe siècle av. J.-C.[77]. Ptolémée II Philadelphe avait envoyé en 273 une ambassade à Rome, qui fut immédiatement suivie d'une

76. Schmid 2009 ; Schwentzel 2013, p. 183.
77. Heilporn, 2010 ; Foraboschi, 2014.

ambassade romaine à Alexandrie. Cet échange diplomatique déboucha sur l'établissement de relations amicales entre les deux puissances. Il eut des conséquences économiques, car les premières émissions monétaires romaines en argent, en 269, étaient directement inspirées de celles d'Arsinoè II Philadelphe. Le plus ancien papyrus documentaire mentionnant un Romain en Égypte demeure un contrat de crédit rédigé à Alexandrie et daté de 252, où apparaissait un témoin nommé Dinnus, qui appartenait à un corps de mercenaires de l'armée ptolémaïque commandé par Automédon[78]. L'influence diplomatique romaine s'affirma à partir de la première moitié du IIe siècle av. J.-C.

Une première intervention romaine dans les affaires ptolémaïques eut lieu quand Rome somma Philippe V de Macédoine et le Séleucide Antiochos III d'évacuer des possessions lagides envahies[79]. En juillet 168, une ambassade romaine conduite par Caius Popilius Laenas exigeait et obtenait, dans le faubourg alexandrin d'Éleusis, le retrait d'Égypte des troupes d'invasion séleucide d'Antiochos IV. M. Aemilius Lepidus, ambassadeur à Alexandrie en 200, n'était cependant sans doute jamais devenu le tuteur du jeune roi Ptolémée V Épiphane, comme l'affirmaient trois auteurs anciens, Valère Maxime, Tacite et Justin[80]. Ptolémée VIII Évergète II a cherché et obtenu l'appui du Sénat romain dans la guerre civile qui l'opposait à son frère Ptolémée VI *Philomètôr*. Il avait légué la Cyrénaïque par testament au peuple romain, en 156/155, au cas où il mourrait sans héritiers, afin d'obtenir un appui militaire significatif[81]. Le testament fut rendu caduc par la réconciliation des deux frères et l'envoi de son fils Ptolémée Apion pour maintenir le contrôle ptolémaïque sur la Cyrénaïque.

L'épisode était cependant révélateur de la permanence de Rome dans les luttes internes et le jeu international des Ptolémées. Ptolémée Apion avait lui-même légué, en 96 av. J.-C., la Cyrénaïque par testament à Rome, mais Rome décidait de proclamer la liberté de Cyrène, et attendait l'année 74 pour provincialiser la région. L'accueil fastueux que Ptolémée VIII avait réservé en 140/139 à l'ambassade romaine conduite par Scipion Émilien suscita critiques et incompréhensions des Romains

78. *P. Lond.* VII, 1986.

79. Val. Max., 6, 6, 1 ; Tac., *Ann.*, 2, 67, 2 ; Iust. 30, 2, 8-3, 4 ; 31, 1, 2. Cf. Huß 2001, p. 497. Sur le problématique traité macédono-séleucide de partage de l'empire ptolémaïque en 203-202 av. J.-C., cf. Will 1979-1982, t. II, p. 114-118.

80. Huß 2001, p. 421.

81. *SEG* IX, 7.

face au luxe exhibé par le roi[82]. La mise en valeur de la *tryphè* hellénistique, cette manifestation ostentatoire de luxe et de richesse, ne fut pas mieux comprise durant le règne de Cléopâtre.

Les diplomates romains en visite à Alexandrie pouvaient en profiter pour visiter le pays. Ce fut le cas en 112 av. J.-C. pour le sénateur Lucius Memmius dont le voyage « touristique » est connu par une circulaire envoyée par un haut fonctionnaire alexandrin aux autorités du nome Arsinoïte, l'une des grandes divisions administratives du pays[83], correspondant à l'oasis du Fayoum, pour qu'elles lui préparent une réception digne de l'illustre visiteur[84]. Les autorités locales étaient incitées à lui montrer le Labyrinthe et les crocodiles sacrés. Mais la grande période du tourisme en Égypte datait en fait de l'époque romaine[85].

Des intellectuels s'intéressaient au pays. L'historien Diodore effectua un voyage d'études lors de la 180e olympiade (60-56 av. J.-C.[86]). Parallèlement aux données recueillies dans ses déplacements, il travaillait probablement dans la riche bibliothèque du Sarapieion d'Alexandrie (42 800 volumes à l'époque de Callimaque, au IIIe siècle av. J.-C.). Les matériaux rassemblés lui servaient pour l'écriture de la *Bibliothèque historique*.

Dans une lettre de la première moitié d'avril 59 av. J.-C., Cicéron exprimait son désir de visiter « Alexandrie et le reste de l'Égypte », en usant d'une intéressante expression qui le plaçait parmi ceux qui estimaient qu'Alexandrie était « en Égypte » (*in Aegypto*) et non « à côté de l'Égypte » (*ad Aegyptum*)[87].

« J'ai envie, vraiment, de visiter Alexandrie et le reste de l'Égypte, et c'est une envie qui ne date pas d'hier ; en même temps, je serais bien aise de m'éloigner d'ici, où l'on est las de moi, et d'y rentrer après avoir fait regretter mon absence. Faible caractère que le mien, n'est-ce pas ? Mais que m'importe cette ambition, quand je désire renoncer à toutes et me consacrer entièrement, de toute mon âme, à la philosophie ? Oui, tel est mon dessein ; que ne l'ai-je formé dès

82. Heinen 1978, p. 188-192.

83. Les nomes (« provinces » ou « régions ») étaient au nombre d'une quarantaine durant l'époque ptolémaïque.

84. *P. Tebt.* I, 33, l. 3 (= *W. Chr.* 3).

85. Sur le tourisme en Égypte : Milne 1916 et Hohlwein 1940.

86. Diod. Sic., 1, 44, 1 ; 1, 46, 7 ; 1, 83, 8. Cf. aussi des allusions à ce voyage : Diod. Sic., 3, 11, 3 ; 3, 38, 1.

87. Cic., *Att.*, 2, 5.

le début ! Mais enfin, puisque ces biens que j'ai crus si précieux, j'en ai éprouvé maintenant la vanité, je ne veux plus avoir de commerce qu'avec toutes les Muses[88]. »

Cette envie était liée à l'espoir de voir aboutir sa nomination comme ambassadeur des triumvirs. Cette ambassade aurait en effet pour but de faire reconnaître les droits au trône d'Égypte de Ptolémée XII qui venait d'être reconnu par César et Pompée comme « ami et allié du peuple romain » contre la somme de 6 000 talents. Il écrivait cependant vouloir renoncer à toute ambition politique et donnait l'impression de vouloir faire un voyage d'études. Cicéron était parfaitement conscient des richesses du royaume et des convoitises qu'elles suscitaient. Dans son discours *Sur la loi agraire*, il définissait Alexandrie comme « la plus riche des villes », l'espace égyptien comme « les plus magnifiques territoires », et l'Égypte comme « le plus opulent des royaumes[89] ».

Le géographe grec Strabon d'Amasée, admirateur d'Octavien, avait séjourné au moins cinq années en Égypte sous la préfecture de son ami Aelius Gallus (27-25 av. J.-C.), le successeur de Caius Cornelius Gallus, et sous la préfecture de C. Petronius (25-20 av. J.-C.). Sa présence à Alexandrie et dans la *chôra*, c'est-à-dire dans les campagnes et les villes égyptiennes, lui offrait une connaissance directe du pays pour écrire sa description de l'Égypte du livre XVII de sa *Géographie historique*[90]. Son témoignage portait cependant la marque d'erreurs ou de banalités livresques révélant sa moindre connaissance de certaines régions, ainsi pour les villes de Basse-Égypte, ou celles de Moyenne-Égypte ou de Thébaïde qu'il avait seulement aperçues lors de sa navigation sur le Nil jusqu'à Syène. Le parti qu'il a tiré – comme Strabon – des descriptions d'Agatharchide de Cnide, d'Artémidore, et d'auteurs d'*Aegyptiaca*, était la marque d'un écrivain travaillant surtout en bibliothèque[91].

88. Cic., *Att.*, 2, 5, 1-2 : *Cupio equidem et iam pridem cupio Alexandriam reliquamque Aegyptum uisere et simul ab hac hominum satietate nostri discedere et cum aliquo desiderion reuerti* [...]. *Vide levitatem meam. Sed quid ego haec, quae cupio deponere et toto animo atque omni cura* φιλοσοφεῖν ? *Sic, inquam, in animost ; vellem ab initio, nunc uero, quoniam quae putaui esse praeclara expertus sum quam essent inania, cum omnibus Musis rationem habere cogito.*

89. Cic., *De leg. agr.*, 2, 43. Pour le regard de Cicéron sur l'Égypte : Legras 2014, p. 275-277.

90. Yoyotte, Charvet et Gompertz 1997, p. 15-57.

91. Yoyotte, Charvet et Gompertz 1997, p. 27-30.

L'existence d'une communauté italienne à Alexandrie avant la conquête reste problématique[92]. Elle était certainement non négligeable dans cet *emporion* que Strabon définissait comme « le plus grand de l'œcoumène[93] ». Les noms latins que l'on voit apparaître dans les papyrus pouvaient en fait concerner des *negotiatores* de passage, des soldats ou des vétérans[94]. Il est frappant de constater que dans sa défense de Rabirius Postumus, Cicéron ne mentionnait pas un seul *negotiator* d'Alexandrie. Dans le récit de la *Guerre d'Alexandrie* du pseudo-César, les *negotiatores* sont totalement absents.

L'historien avance sur un terrain plus assuré dans les domaines religieux et culturels. Le 28 mars de l'an 32 av. J.-C., le commandant Caius Iulius Papius, accompagné de son fils, d'amis et de huit centurions, avait consacré un proscynème, c'est-à-dire un acte d'adoration, à Isis dans le temple de Philae[95]. Des esclaves originaires d'Égypte avaient été ramenés par des voyageurs illustres après un séjour dans le pays, ce qui aurait contribué à la diffusion des cultes isiaques[96]. Rabirius Postumus serait revenu à Rome avec Hermodorus, un affranchi, dont la fille était prêtresse d'Isis[97]. Cicéron avait un esclave, qu'il jugeait cultivé, nommé Aegypta. Son entourage comptait aussi un Isidorus et un Sérapion, qui n'étaient cependant pas obligatoirement des Égyptiens adeptes de cultes isiaques[98]. Il mentionnait également les nombreux eunuques venus d'Égypte[99]. Des médecins égyptiens s'établirent probablement à Rome, quand César leur fit donner la *civitas romana* pour les attirer dans la Ville[100]. Des artistes et des devins s'y installèrent aussi. Antoine était suivi en Italie, après sa réconciliation avec Octavien, par son astrologue égyptien[101].

92. Cf. Malaise 1972, p. 319-320.

93. Strab., 17, 1, 13.

94. Sur les lacunes de la papyrologie concernant Alexandrie, cf. Łukaszewicz 1998.

95. *I. Philae* I, 63. L'incertitude règne sur l'identité familiale de Caius Iulius Papius, dans lequel Letronne voulait voir le fils de Caius Papius, tribun de la plèbe, auteur de la *Lex Papia*. Son titre d'ἔπαρχος fait aussi débat : André Bernand, *I. Philae*, p. 337 juge « hasardeux » de voir en lui le préfet d'une légion d'Antoine, car il pourrait « tout aussi bien laisser penser que le personnage était préfet de cohorte ou préfet d'une aile de cavalerie ».

96. Malaise 1972, p. 317-318.

97. *CIL* VI, 2246 = *ILS* 4404. Cf. Dessau 1911, p. 618.

98. Aegypta *apud* Cic., *Fam.*, 16, 15, 1-2 ; *Att.*, 8, 15, 1 ; 12, 37, 1 ; 13, 3, 2 ; Isidorus *apud* Cic., *Att.*, 11, 4a et 4 ; Sérapion *apud* Cic., *Att.*, 10, 17, 1.

99. Cic., *Or.*, 232.

100. Suet., *Div. Iul.*, 42, 2.

101. Plut., *Ant.*, 33, 2.

Ptolémée XII, client de Rome

Ptolémée XII n'eut de cesse qu'il obtînt le soutien de Rome depuis son accession au pouvoir en 80 av. J.-C. Son accession au pouvoir était elle-même une conséquence imprévue de la politique de Sylla, dictateur depuis 82 av. J.-C. Après la mort de son père Ptolémée IX Sôter II dit *Lathyros* (« Pois chiche »), sa fille, Cléopâtre V-Bérénice III, associée au pouvoir royal sans doute avant avril 81, se trouvait être le seul souverain du pays (cf. Illustrations, Arbre généalogique des Ptolémées). Sylla lui avait imposé d'épouser le fils de Ptolémée X Alexandre Ier *Philomètôr*, frère cadet de Ptolémée IX, qui était son protégé. Le nouveau roi se nommait Ptolémée XI Alexandre II. Sylla considérait en effet que le pouvoir royal ptolémaïque ne pouvait résider uniquement entre les mains d'une reine. Ptolémée XI, qui était placé en second dans le protocole royal officiel[102], assassina son épouse au bout de dix-huit ou dix-neuf jours[103].

Les Alexandrins, fermes soutiens de la reine, fomentèrent alors une émeute où le roi fut tué par un groupe de soldats[104], ce qui laissait la place à son cousin, Ptolémée XII. La pression romaine sur son royaume, et sur ce qui restait de l'empire ptolémaïque, était en effet très forte. Aux portes de l'Égypte, la Cyrénaïque passée sous le contrôle de Rome en 88 av. J.-C. fut provincialisée en 74. Le testament de Ptolémée X Alexandre II, qui instituait les Romains comme héritiers du royaume, fut l'objet de débat à Rome sur les conditions de son exécution, et même sur son authenticité[105]. Il ne fut en tout cas pas utilisé par les Romains en 81, qui avaient alors préféré installer Ptolémée XI à Alexandrie. Une controverse était lancée sur l'ascendance de Ptolémée XII, et un soupçon d'illégitimité fragilisait sa position[106].

La reconnaissance de son pouvoir royal ne fut acquise qu'en 59, à la suite des efforts de César et de Pompée[107]. Un pot-de-vin de 6 000 talents, que les deux triumvirs devaient se partager, lui permettait en effet d'être

102. *P. Cair.* II, 30752.

103. Dix-huit jours : *P. Oxy* XIX, 2222 ; dix-neuf jours : App., *Bell. civ.*, 1, 102, et *FGrHist* 260 Porph., F2, 10.

104. *FGrHist* 260 Porph., F2, 11.

105. Cic., *De leg. agr.*, 1, 1 ; 2, 41-42.

106. Cic., *De leg. agr.*, 2, 42 ; Paus., 1, 9, 3.

107. Christmann 2005.

déclaré par le Sénat « ami et allié du peuple romain » (*socius et amicus populi Romani*), en vertu de la signature d'un traité officiellement purement défensif. La somme lui avait été prêtée en partie par le publicain Caius Rabirius Postumus[108]. La question du maintien de l'indépendance de l'Égypte était donc devenue un enjeu de la politique romaine, avec d'un côté, les *populares* enclins à l'annexion pour offrir des terres à leurs partisans, de l'autre les *optimates*, dont l'orateur Cicéron était le meilleur représentant. En 65 av. J.-C., un projet d'annexion du royaume avait été déposé par Crassus, alors censeur[109]. Mais l'autre censeur, Lutatius Catulus, s'y opposa. Cicéron combattit aussi ce projet dans son discours perdu *Sur la royauté alexandrine*. Il avançait dans son discours *Sur la loi agraire* deux arguments, tout d'abord que le fondement juridique lié au testament de Ptolémée X était invalidé par le fait que celui-ci était un faux (« On dit que le testament n'existe pas »), et ensuite qu'il fallait limiter les annexions (« Le peuple romain ne doit pas se montrer si avide d'annexer tous les royaumes[110] »).

L'annexion par Rome de l'île de Chypre en 58, sans que Ptolémée XII n'eût émis la moindre protestation, provoqua la colère des Alexandrins. L'annexion était la conséquence de l'action du tribun du peuple P. Clodius Pulcher, adversaire de Cicéron, qui avait réussi à faire voter une loi (*lex Clodia de Cypro*) en dépit d'une forte opposition, en particulier celle de M. Porcius Cato (Caton d'Utique), qui était chargé de l'appliquer à Chypre. Ptolémée XII dut fuir Alexandrie pour se réfugier à Rome. Le pouvoir royal était désormais assuré par sa sœur-épouse Cléopâtre VI *Tryphaina* qui s'associa leur fille Bérénice IV. Après la mort de Cléopâtre *Tryphaina*, avant 57 av. J.-C., Bérénice IV restait la seule souveraine. Mais elle régnait avec un époux. Une ambassade alexandrine avait été envoyée, probablement encore du vivant de sa mère[111], à la cour séleucide pour qu'elle contracte un mariage qui renforcerait la dynastie. Pour les Alexandrins, la double tradition grecque et pharaonique rendait inconcevable le règne d'une femme seule[112]. Son pouvoir gagnait aussi en crédibilité au niveau des relations internationales, en particulier vis-à-vis de Rome[113].

108. Cic., *Pro Rab. Post.*, 4.

109. Plut., *Crass.*, 13, 2, qualifie la motion de Crassus comme « redoutable et violente ».

110. Cic., *De leg. agr.*, 2, 42 : *Dicitur contra nullum esse testamentum, non oportere populum Romanum omnium regnorum appetendem uideri.*

111. *FGrHist* 260 Porph., F 32, 28.

112. Strab., 17, 1, 11 ; Dio Cass., 39, 57, 1-2 ; *FGrHist* 260 Porph., F 2, 14.

113. Dio Cass., 39, 57, 1.

Bérénice fit un premier mariage avec un Séleucide, Séleucos VII *Philomètôr* (« Qui aime sa mère »), fils d'Antiochos X et de Cléopâtre *Sélénè*, que les Alexandrins affublèrent du surnom de « Marchand de thon salé » (*Kybiosaktès*)[114]. Elle le fit étrangler en raison de sa grossièreté et de sa vulgarité. Elle se tourna ensuite vers Archélaos, qui se présentait comme le fils du roi pontique Mithridate, mais qui était sans doute seulement un jeune noble du Pont, fils d'un autre Mithridate, qui fut nommé prêtre du temple de Ma à Comana par Pompée. Ce personnage ambitieux appartenait à l'entourage d'Aulus Gabinius, proconsul de Syrie depuis 57, et espérait faire campagne avec lui contre les Parthes. Le mariage fut conclu au printemps 56. Les tractations de mariage firent apparaître les Alexandrins qui envoyèrent des émissaires chez les Séleucides en Syrie, et Gabinius qui mit un veto au mariage avec le prince séleucide Philippe II, un fils de Philippe Ier, qui était lui-même un fils de Cléopâtre *Tryphaina*. Au printemps de cette même année, les Alexandrins mandatèrent une ambassade de 100 membres conduite par le philosophe Dion, pour défendre le point de vue des Alexandrins, soutiens de Bérénice IV, contre Ptolémée XII. La majorité d'entre eux fut assassinée avant d'atteindre Rome depuis le port de Pouzzoles. Les survivants furent payés pour se taire. Le crime était imputable aux soutiens romains de Ptolémée XII. À la fin 57, Ptolémée XII quitta Rome pour s'installer à Éphèse. Ses intérêts y furent alors défendus par ses partisans, ainsi Cicéron, Pompée ou Crassus. La restauration de Ptolémée XII Aulète sur son trône fut possible par une intervention militaire romaine en Égypte[115].

En 55 av. J.-C., Gabinius, lié à Pompée[116], et stipendié par Ptolémée XII, qui lui promit 10 000 talents en cas de rétablissement[117], lança depuis la Syrie une expédition soutenue par Hyrcan II, l'ethnarque à la tête de la Judée tributaire de Rome, dont le principal conseiller était l'Iduméen Antipater, le père du futur Hérode le Grand. Archéalos opposa une véritable résistance armée, mais fut d'abord défait dans une bataille près de Péluse, puis

114. Sur son identité, cf. Heinen 1968. Sur les mariages de Bérénice IV, cf. Hölbl 1994, p. 201 ; Huß 2001, p. 692-693.

115. Strab., 12, 3, 34 ; Plut., *Ant.*, 3, 5-10 ; Joseph, *Bell. Iud.*, 1, 176-178 ; Joseph, *Ant. Iud.*, 14, 99-100 ; Dio Cass., 39, 58, 1-3. Cf. Huß 2001, p. 693-695, qui souligne qu'elle ne fut pas une « promenade » militaire.

116. Sur les liens d'amitié entre les deux hommes, cf. Williams 1978.

117. Plut., *Ant.*, 3, 4 ; Dio Cass., 39, 55, 2, et 56, 3 ; Cic., *Pro Rab. Post.*, 21 ; 30. Sur la corruption pratiquée systématiquement par Ptolémée XII, cf. Bloedow 1963, p. 32-33. Cf. aussi Schäfer 2006, p. 27.

dans une bataille finale près de la bouche tanitique du Delta, où il fut tué. Le 19 mars 55, Cicéron écrivait à Atticus que Ptolémée XII était restauré[118]. L'expédition de Gabinius n'avait cependant aucune base légale, un oracle sibyllin ayant opportunément interdit l'emploi de la force pour restaurer un roi, et Gabinius ayant déjà été rappelé de son proconsulat syrien. Elle représentait le premier contact avec l'Égypte du *praefectus equitum* (chef de la cavalerie) de Gabinius, Antoine. Un corps d'occupation romaine formé de 500 mercenaires gaulois et germains, les Gabiniens (*Gabiniani*), restait à Alexandrie pour protéger Aulète[119]. D'après Dion Cassius, ces mercenaires auraient ensuite adopté les mœurs du pays durant leur long stationnement en Égypte[120]. Dion fait ainsi allusion à la violence de leur comportement : ils tuèrent en effet en 50 les deux fils de M. Calpurnius Bibulus, proconsul de Syrie, porteurs de leur ordre de départ[121].

Un événement, que l'on peut fixer au début de la 180e olympiade, en 60/59 av. J.-C., quand Ptolémée XII n'avait pas encore été reconnu officiellement par le Sénat romain comme souverain légitime, illustra les incompréhensions des Romains face au monde égyptien, et l'hostilité latente d'une partie de la population égyptienne envers eux. Il s'agit des conséquences désastreuses du meurtre d'un chat sacré par un visiteur romain. Diodore[122] rapporte en effet que le coupable fut mis à mort : « La foule (égyptienne) se précipita vers la demeure du coupable et ni les magistrats envoyés par le roi pour le protéger, ni la peur inspirée par Rome n'eurent assez de force pour empêcher le châtiment de l'homme, bien que son acte ait été involontaire. » Cette mise à mort était conforme aux règles de droit égyptien données par d'autres sources gréco-romaines[123], mais aussi par les sources démotiques, en particulier le Manuel de droit égyptien de Berlin provenant sans doute d'Akhmin (Haute-Égypte) et datable d'après 245 av. J.-C.[124]. La peine prévue pour celui qui maltraitait un animal sacré était la « prison ». Ce voyageur romain était probablement totalement ignorant en droit égyptien, en particulier du châtiment infligé aux meurtriers d'animaux sacrés comme les chats ou les ibis.

118. Cic., *Att.*, 4, 10, 1.
119. Caes., *Bell. civ.*, 3, 4, 4.
120. Dio Cass., 42, 38, 1.
121. Caes., *Bell. civ.*, 3, 110, 6 ; Cic., *Att.*, 6, 5, 3 ; Val. Max., 4, 1, 15 ; Sen., *Ad Marc.*, 14, 2.
122. Diod. Sic., 1, 83, 8-9.
123. Herod., 2, 65 ; Cic., *Tusc.*, 5, 27, 78.
124. *P. Berlin* P 23757 recto, colonne 2, lignes 25-28 (éd. et commentaire Lippert 2004, p. 23-24).

1.3 L'état du royaume

Le programme politique de Ptolémée XII *Néos Dionysos*

Le jugement des historiens sur Ptolémée XII est généralement négatif, dans la continuité des auteurs antiques le décrivant comme un dilettante[125], mais il a évolué depuis le tournant des années 2000. Son premier biographe scientifique, Edmund Bloedow, mettait en avant la pâleur d'un règne, qui ne méritait d'être étudié que pour dresser un bilan du royaume avant la conquête romaine, car il estimait qu'il ne marquait aucun tournant dans l'histoire mondiale ou dans l'histoire hellénistique[126]. Une réévaluation de ce règne est cependant possible. Jean Bingen a ainsi jugé que sa politique était celle d'un « vieux renard », qui avait manœuvré avec réflexion et habileté dans un contexte très difficile[127]. Les épiclèses qu'il avait adoptées en 80 av. J.-C., en devenant roi, exprimaient une volonté de s'insérer dans la lignée des Ptolémées régnant à l'époque de la plus grande puissance du royaume. Elles étaient au nombre de trois : « Nouveau Dionysos » (*Néos Dionysos*), « Qui aime son père » (*Philopatôr*), et « Qui aime sa sœur » (*Philadelphos*). L'épithète cultuelle *Philopatôr* lui permettait d'affirmer la légitimité d'un pouvoir royal dynastique et de rappeler le règne glorieux de Ptolémée IV ; et celle de *Philadelphos* de se placer sous les auspices de Ptolémée II et d'Arsinoè II, qui parachevèrent l'œuvre de construction des institutions du royaume, également roi frère et sœur. Cette épithète affirmait également une volonté d'harmonie dans le couple et la famille royale afin d'éloigner les luttes dynastiques[128].

L'épithète *Néos Dionysos* traduisait sa dévotion envers un dieu qui inspirait une idéologie, le dionysisme, qui jouait le rôle d'un programme

125. Cf. Strab., 17, 1, 11 qui dénonce « ses mœurs dissolues », sa passion pour l'accompagnement des chœurs à la flûte et pour l'organisation de concours au palais royal, dans lesquels il se produisait lui-même.

126. Bloedow 1963, p. IV (Première phrase de l'introduction) : « *Die Herrschaft des Vaters der berühmten Kleopatra ist – um dies vorwegzunehmen – durch keinen Wendepunkt weder in der Weltgeschichte noch in der hellenistischen Geschichte markiert. Dennoch bietet das hellenistische Ägypten am Vorabend der Annexion durch Rom ein interessantes Bild, das hier dargestellt soll.* »

127. Bingen 1999, p. 53. Sartre 2018, p. 42, estime que « l'essentiel de son activité est consacré au moyen de trouver de l'argent pour corrompre ceux qui peuvent servir ses intérêts ».

128. Chauveau 1998a, p. 1267.

politique depuis Ptolémée II. Intimement lié au mythe d'Alexandre le Grand divinisé comme « Nouveau Dionysos », le dieu était honoré par des associations dionysiaques au service du pouvoir royal[129]. Il était vu comme le fondateur mythique (ἀρχηγέτης) de la dynastie ptolémaïque, selon l'information donnée par l'historien Satyros (IIIe/IIe siècle). Ptolémée IV et Ptolémée VIII étaient l'un et l'autre de fervents fidèles du dieu et de l'idéologie dionysiaque. L'ordonnance sur le culte dionysiaque, conservée sur papyrus[130], portant la trace d'une convocation à Alexandrie des prêtres initiant aux mystères dionysiaques dans la *chôra*, attestait la volonté de Ptolémée IV d'encadrer et de réglementer ce culte, en particulier sur le plan fiscal[131]. Il n'est cependant pas certain que Ptolémée XII ait voulu se faire également considérer par ses sujets égyptiens comme un Nouvel Osiris[132]. Les Alexandrins hostiles au roi l'affublèrent du sobriquet de « Joueur de flûte », « Aulète », l'*aulos* (la flûte) étant un instrument de musique caractéristique du culte dionysiaque. L'adoption par sa sœur-épouse Cléopâtre, Tryphaina, d'une épiclèse formée sur la *tryphè*, qui est aussi l'idéal de vie de bonheur mystique dionysiaque, souvent seulement identifié aux charmes d'une vie luxueuse, renforçait singulièrement cette identification dynastique aux valeurs dionysiaques.

Ptolémée XII avait établi des liens étroits avec le clergé memphite, soutien traditionnel de la dynastie ptolémaïque. Son couronnement comme pharaon eut lieu le 26 mars 76 av. J.-C. Sa titulature exprimait sans ambiguïté sa légitimité aux yeux du clergé égyptien, ainsi à Philae où il était désigné comme « Horus », « fils de Rê », et comme « le Combattant (des ennemis des dieux et des temples) et le Prêtre[133] ». Son soutien au clergé et au temple égyptiens s'était exprimé par la décoration de pylônes à Edfou, Philae, Kôm Ombo, et par la construction à Dendara d'un temple dédié à Hathor, fille de Rê[134].

129. Dunand 1986.
130. *BGU* VI, 1211 = *C. Ord. Ptol.* 29.
131. Mélèze-Modrzejewski 2008, p. 94-96.
132. Huß 2001, p. 675 (20).
133. Huß 1999, p. 122 (14).
134. Cauville 2018.

Il faut que l'Égypte rapporte

Les sources papyrologiques décrivent la gravité d'une situation qui semblait au bord du chaos et du désastre[135]. Mais l'État ptolémaïque tenait encore. Les ordonnances prises par Ptolémée XII éclairaient les différentes facettes de son action.

De 60 à 51, le corpus des ordonnances des Ptolémées n'est documenté que par un seul document, qui conserve la décision de la reine Bérénice IV d'accorder, le 22 octobre 57, le droit d'asile (l'asylie) au temple du dieu crocodile Pnéphéros à Théadelphie (nome Arsinoïte)[136].

De 70 à 60, les trois ordonnances conservées concernaient la concession du droit d'asile. Elles étaient gravées sur des inscriptions qui en assuraient la publicité. L'ordonnance du 29 juillet 70 accordait l'asylie aux temples d'Isis Ésérempphis et d'Héraclès Kallinikos de Théadelphie[137] ; celle du 5 mai 69 au temple des dieux crocodiles à Evhéméria (nome Arsinoïte[138]), et celle datée de l'an 69/68 au temple d'Ammon également à Evhéméria[139]. Ces ordonnances qui concernaient exclusivement le Fayoum (nome Arsinoïte) montraient que la procédure traditionnelle de demande d'asylie était strictement respectée. Les requérants s'adressaient dans les deux premiers cas au roi Ptolémée XII et à la reine Cléopâtre VI *Tryphaina*, dans le troisième au seul roi Ptolémée XII, Tryphaina étant décédée.

La qualité de ces requérants indiquait des milieux d'élite, un membre de la garde royale, Philippos fils de Timokratès[140], un autre membre de la garde royale, Apollophanès fils de Biôn[141], et Dionysodôros fils d'Athènodôros, dont l'ethnique (c'est-à-dire le lieu d'origine de ses ancêtres paternels) était prestigieux, car il était athénien[142]. L'administration ptolémaïque jouait pleinement son rôle pour la transmission et l'affichage du privilège accordé. Cette dernière ordonnance conserve ainsi la demande de cet Athénien, qui priait le roi d'ordonner

135. Huß 2001, p. 699 : « *Ägypten drohte im Chaos zu versinken.* »
136. *C. Ord. Ptol.* 72 = *I. Asylia* 223.
137. *C. Ord. Ptol.* 68 = *I. Asylia* 222.
138. *C. Ord. Ptol.* 69 = *I. Asylia* 224.
139. *C. Ord. Ptol.* 70 = *I. Asylia* 225.
140. *C. Ord. Ptol.* 68.
141. *C. Ord. Ptol.* 69.
142. *C. Ord. Ptol.* 70.

à l'hypomnématographe (un fonctionnaire de l'administration centrale alexandrine) Thèris de transmettre à qui de droit, singulièrement au stratège (c'est-à-dire au gouverneur civil et militaire) du nome Arsinoïte, les instructions requises[143].

La quatrième ordonnance, conservée sur papyrus et datée d'environ 60 av. J.-C., annonçait une amnistie en faveur des cavaliers catoeques, des soldats d'élite installés dans le nome Hérakléopolite (Moyenne-Égypte) et dotés d'une tenure dont ils tiraient leurs revenus. Elle attestait de la capacité du roi à répondre à une situation de crise[144]. Le document conserve trois dispositions favorables à ces cavaliers catoeques[145]. L'exposé des motifs mentionnait leur loyauté irréprochable dans des « circonstances critiques » où ils avaient observé « l'attitude de dévouement (εὔνοια) adoptée par leurs ancêtres à l'égard du pouvoir[146] ». Ces décisions royales s'inséraient dans une série d'ordonnances qui reconnaissaient à ces soldats des droits croissants tendant à constituer leurs tenures en biens quasiment privés, une évolution qui s'acheva dans le cadre de la province romaine[147].

La première disposition instaurait une amnistie pénale et fiscale qui associait les catoeques, leurs femmes, leurs enfants et tous leurs héritiers. Elle comportait les éléments caractéristiques des amnisties ptolémaïques : une exemption de contributions extraordinaires, une exonération d'amendes, et une remise d'arriérés dus au trésor royal. La deuxième disposition reconnaissait aux catoeques la possession héréditaire de leur tenure et de leur logement (σταθμός). La troisième disposition, absolument nouvelle, décrétait la règle de dévolution légale au profit du plus proche parent en cas de décès *ab intestat*.

Ces trois dispositions n'avaient pas été prises au même moment. Les mesures d'amnistie dataient de l'an 19, c'est-à-dire de 63/62 av. J.-C. Elles résultaient d'une situation de crise économique et sociale, au moins locale, qui avait provoqué de la part des catoeques des délits énoncés comme des « infractions involontaires et intentionnelles ». Ces infractions (ἁμάρτηματα) n'étaient nullement exceptionnelles. Elles figuraient dans nombre de documents de même nature : des violences contre

143. *C. Ord. Ptol.* 70.
144. *C. Ord. Ptol.* 71 = *BGU* IV, 1185.
145. Cf. Legras 2015.
146. *C. Ord. Ptol.* 71, Colonne I, l. 2-3.
147. Couvenhes et Legras 2019.

les agents du fisc, et la fuite (ἀναχώρησις) vers les temples ou la grande ville, Alexandrie[148].

En dépit de la « démilitarisation » de la clérouquie, les cavaliers catoeques remplissaient alors une double fonction économique comme « *gentlemen-farmers*[149] », mais aussi comme militaires. Ils contribuaient ainsi tant à la bonne marche de l'économie agricole du pays, qu'au maintien de l'ordre et de la sécurité dans le royaume. La dimension militaire était ainsi manifeste pour les 408 *makhimoi* clérouques dotés de lots de cinq aroures (une aroure représente 27,56 ares) transférés de Thébaïde vers le nome Hérakléopolite. Les documents qui les concernaient, deux papyrus datés du 17 août 63 av. J.-C.[150], mentionnaient en effet la solde qu'ils recevraient durant dix mois, à savoir deux artabes (une artabe correspond à une mesure de capacité de 30 à 40 litres) de blé et 3 000 drachmes de cuivre[151]. Leur arrivée pourrait avoir été liée aux troubles évoqués par le décret d'amnistie, ce contingent venant renforcer les soldats fidèles au roi.

L'effort de l'État ptolémaïque portait aussi sur des réorganisations administratives au niveau local. Il est attesté dans le nome Hérakléopolite, qui est bien documenté. Les districts (toparchies), subdivisions du nome, étaient désormais dirigés par des « chefs de districts » (hypostratèges)[152]. L'objectif était de toute évidence de mieux contrôler la population, l'hypostratège ayant surtout des fonctions de police[153].

La violence politique, qui avait accompagné le rétablissement de Ptolémée XII en 55, devait aboutir à la disparition de toute opposition. Ptolémée XII avait fait mettre à mort dès son retour à Alexandrie, par décapitation, sa fille Bérénice IV[154]. Dion Cassius indique que l'épuration avait touché une partie de ses soutiens qu'il désigne comme les « premiers » (πρῶτοι) c'est-à-dire les plus influents et les « plus riches » (πλουσιωτάτοι)

148. Sur la violence dans les campagnes ptolémaïques, cf. Dunand 1980, p. 142-143.

149. Sur l'exploitation agricole du nome Hérakléopolite, cf. Scheuble-Reiter 2012, p. 265-266.

150. *BGU* VIII, 1749 et 1750. Les *makhimoi* ne sont plus considérés aujourd'hui comme des soldats exclusivement de statut égyptien. Des Grecs d'Égypte pouvaient aussi être intégrés. Cf. Fischer-Bovet 2014, p. 255-261.

151. Fischer-Bovet 2014, p. 236 et 260. Cf. aussi Capponi 2005, p. 93.

152. *BGU* VIII, 1778 ; 1780 ; 1783 ; 1797 ; 1827. Cf. W. Schubart et D. Schäfer, *BGU* VIII, p. 5.

153. Bloedow 1963, p. 31.

154. Strab., 17, 1, 11 ; Dio Cass., 39, 58, 3 ; *FGrHist* 260 Porph., F 2, 14.

des Alexandrins[155]. Une grande partie de l'élite alexandrine était donc éliminée, si l'on compte aussi la centaine d'Alexandrins assassinés en Italie lors de l'ambassade de 56 av. J.-C. Dion Cassius ne s'étonnait pas de cette violence qui, pour lui, était enracinée dans la vie alexandrine car « dans les discordes civiles » (στάσεις), les Alexandrins « en viennent constamment au meurtre (et) n'accordent aucun prix à la vie au regard de leurs querelles du moment et cherchent à faire périr comme si c'était ce qu'il y a de meilleur (et de) nécessaire[156] ».

Les Romains à l'affût

Caius Rabirius Postumus, qui avait prêté d'importantes sommes d'argent à Ptolémée XII afin qu'il puisse acheter des soutiens, fut nommé dioecète (ministre de l'économie et des finances) en 55 av. J.-C.[157]. Il s'agissait du ministre le plus influent auprès du roi, dont la responsabilité s'étendait à toute l'administration du royaume et à la direction de toute son économie. Il procédait en particulier à la nomination des fonctionnaires de rang inférieur[158]. Cette charge, qu'il assuma jusqu'en octobre 54, devait lui permettre de récupérer les sommes qu'il avait prêtées à Aulète, en puisant dans le Trésor ptolémaïque[159]. L'un et l'autre n'en tirèrent finalement pas profit.

Gabinius fut jugé dans une série de procès, qui débutèrent à l'automne 54, sur une triple accusation *de maiestate* (*Sur le crime d'État*)[160], *de repetundis* (*Sur la concussion*)[161], et *de ambitu* (*Sur la brigue*)[162]. Il fut disculpé de l'accusation *de maiestate* qui mettait en cause son rôle dans la restauration de Ptolémée XII[163]. Mais il fut condamné pour l'accusation *de repetundis*

155. Dio Cass., 39, 58, 3, explique ces massacres par l'avidité de Ptolémée XII désireux de confisquer leurs biens. Ils ont très certainement d'abord une raison politique. Cf. Huß 2001, p. 695 (118).

156. Dio Cass., 39, 58, 2.

157. Sur Rabirius, Guiraud 1905, p. 204-240 ; Dessau 1911 ; Boulanger 1949, Introduction ; Alexander 1990, n° 305 ; Klodt 1992 ; David 1992, p. 871 ; Siani-Davies 2001, p. 38-65 ; Huß 2001, p. 696-697 ; Heilporn 2010, p. 105-107 ; Rodriguez 2010.

158. Cf. Thomas 1978, p. 189-191.

159. Cic., *Pro Rab. Post.*, 28 : « En fait dès son arrivée à Alexandrie [...] le roi lui proposa comme unique moyen de sauver son argent l'administration et comme le maniement des finances royales. »

160. Alexander 1990, n° 296.

161. Alexander 1990, n° 303.

162. Alexander 1990, n° 304.

163. Sur cet acquittement Dio Cass., 39, 62, 3 ; Cic., *Q. fr.*, 3, 4, 1.

reposant sur son acceptation de subsides versés par Ptolémée XII alors qu'il était gouverneur de Syrie[164]. L'accusation dans cette dernière affaire était menée par C. Memmius, alors tribun de la plèbe[165]. Cicéron avait accepté de le défendre sous la pression de Pompée en dépit de la haine qu'il vouait à Gabinius, un homme qui avait fait preuve d'ingratitude à son égard et qui était l'un des responsables de son exil[166]. Gabinius s'exila après sa condamnation[167]. Ce procès était un grave échec pour Cicéron qui avait mobilisé les témoignages des Alexandrins et de Ptolémée XII pour les besoins de la défense. Rabirius dut, quant à lui, quitter l'Égypte sous la pression des Alexandrins, qui ne supportaient plus ses exactions, Aulète l'ayant fait emprisonner peut-être pour le protéger de la vindicte et lui permettre de fuir le pays.

La publication d'un papyrus de Florence par Carla Balconi[168] doit très probablement être considérée comme une source importante sur le regard que les Alexandrins portaient sur le dioecète Rabirius Postumus[169]. Le texte très fragmentaire conservé au recto précisait les raisons qui avaient poussé à un soulèvement alexandrin contre le dioecète, une hypothèse qui ne reposait jusqu'en 1992 que sur le seul témoignage de Cicéron.

164. Cic., *Pro. Rab. Post.*, 8 ; 21 ; 30 ; 34 ; 38 ; Cic., *Q. fr.*, 3, 1, 15 ; Cic., *Q. fr.*, 3, 2, 2 ; Val. Max., 4, 2, 8 ; Val. Max., 8, 1, *abs.* 3 ; Quint., *Inst. or.*, 11, 1, 73 ; Plut., *Ant.*, 3, 2 ; App., *Bell. civ.*, 2, 24 ; Dio Cass., 39, 63 ; Dio Cass., 46, 8, 1 ; Schol. Bob., p. 168, p. 177 (Stangl). Cf. Alexander 1990 n° 303, p. 148 : « *Charge : lex Iulia de repetundis (accepting bribes from Ptolemy while gov. Syria 57-54* »).

165. David 1992, p. 871. C. Memmius mena également, après son succès dans l'accusation *de repetundis*, celle *de ambitu* en tant que *subscriptor* de son beau-père P. Cornelius Sylla (sur P. Cornelius Sylla : David 1992, p. 785-786).

166. David 1992, p. 146-147, et p. 237-241.

167. Cicéron s'indigna en 49 de le voir siéger au Sénat : Cic., *Att.*, 10, 8, 3.

168. *P. Med. inv.* 68.53 = *SB* XXII, 15203 recto. Cf. Balconi 1993 et 1994. De provenance inconnue, il peut être daté, selon l'éditrice, entre le milieu du Ier siècle av. J.-C. et le milieu du Ier siècle apr. J.-C.

169. L'identification du Postumus du papyrus reste débattue. Je suis les auteurs qui l'identifient, à la suite de Carla Balconi, avec C. Rabirius Postumus (Siani-Davies 1997, p. 334-335, et Jördens 2005, p. 382). Harker 2008, p. 74 (122), et Rodriguez 2010 défendent l'hypothèse d'une identification avec le préfet Gaius Iulius Postumus (règne de Claude) et d'une intégration du papyrus aux *Acta Alexandrinorum*. Sur ce point Carla Balconi 1993, p. 18, concluait prudemment que les « *caratteristiche comuni al nostro frammento e alle copie degli "Atti" possono essere indice di un medesimo livello sociale e culturale* ». Sans trancher, Capponi 2005, p. 188 (8), se demande s'il ne s'agit pas plutôt de M. Claudius Postumus, épistratège de Thébaïde en l'an 1 apr. J.-C. (*OGIS* II, 659).

« [...] Postumus ; en effet, dès sa prise de commandement, il démit ceux qui étaient établis depuis les origines et ceux qui avaient succédé à leurs pères et à leurs grands-pères dans leurs charges ; il nomma des gens incompétents et désespérés, en vendant les biens qui avaient été tout le temps préservés. Suite à cela, après avoir ordonné le remplacement de ceux des dioecètes qui étaient aptes et les plus utiles, en les accusant de vol (?)[170]. »

Rentré en Italie, il fut accusé par C. Memmius et défendu par Cicéron dans une action qui suivit la condamnation de Gabinius. Le plaidoyer de Cicéron est conservé dans le *Pour C. Rabirius Postumus.* Dans ce procès, qui eut lieu vers 53-52 av. J.-C., Rabirius devait faire face à une accusation principale, celle de concussion[171], et à des accusations secondaires comme le port du costume grec ou une participation indirecte à la corruption du Sénat romain par Aulète. Cicéron se fit l'écho d'accusation de tyrannie à Alexandrie[172], une accusation mentionnée sur le papyrus de Florence où l'on lit qu'il reçut l'*arkhè* (ἀρχή), un terme désignant un pouvoir autocratique[173]. On est en droit de penser que sa position lui avait offert une connaissance précise de l'armée, de l'administration, et l'économie et des finances ptolémaïques. Cicéron mentionnait ainsi les exportations de rouleaux de papyrus, de lin et de verre réalisées sur des navires de Rabirius navigant vers Pouzzoles[174]. Il affirmait de même que Rabirius, qui détestait porter le costume de dioecète, ne l'acceptait que pour en « conserver le titre (*nomen*) et la fonction (*munus*)[175] ». Porter ce costume « lui donnait l'espoir de récupérer un jour sa fortune[176] ». Le papyrus de Florence permet de se faire une idée des reproches que lui faisaient les Alexandrins : révocation arbitraire de fonctionnaires

170. *SB* XXII, 15203 recto, col. I, l. 1-11 : [-ca. ? –] Πόστομος· λαβὼν γὰρ [-ca. ? –] Πόστομος· λαβὼν γὰρ | [τὴν ἀρχ]ὴν τοὺς μὲν ἐξ ἀρχῆς καθεσ- | [ταμέ]νους καὶ τοὺς ἀπὸ πατέρων | [καὶ π]άππων διαδεδεγμένους τὰς | [τάξ]εις μετέστησεν, κατέστησεν | [δὲ ἀ]νεπιτηδείους καὶ ἀπεγνωσμέ- | [νου]ς, πωλήσας τὰ πάντα τὸν χρό- | νον [δια]π[ε]φυλαγμένα· ἐγ δὲ τούτοις, | συντά[ξας] τοὺς μὲν χρησίμους καὶ ὠφελι- | μωτ[άτου]ς τῶν διοι[κη]τῶν μεταστaθῆναι, | ἐφ' ἁρπαγὴν vac. ?

171. Action, *Quo ea pecunia pervenerit.*

172. Cic., *Pro Rab. Post.*, 39.

173. *SB* XXII, 15203 recto, Col. I, l. 1-3.

174. Cic., *Pro Rab. Post.*, 40. Cette information semble en contradiction avec celle qui présente Rabirius, Cic., *Pro Rab. Post.*, 39, revenant d'Égypte « nu et indigent ».

175. Cicéron, *Pro Rab. Post.*, 28.

176. Cic., *Pro Rab. Post.*, 27.

ayant reçu leur charge « de leurs pères et grands-pères » remplacés par des hommes « incompétents et désespérés », et vente, probablement illicite, de « biens qui avaient été tout le temps préservés ». Il aurait aussi obtenu la révocation des plus compétents des dioecètes, c'est-à-dire d'administrateurs financiers locaux de haut rang[177], en les accusant de vol. Il aurait donc éliminé des fonctionnaires issus de familles d'agents de l'État pour les remplacer par des incompétents, vendu illégalement des biens publics, et fait condamner de manière calomnieuse des hauts fonctionnaires pour vol.

Conclusion

Cléopâtre VII a donc commencé son règne dans un royaume en crise, marqué par la violence, mais qui conservait son indépendance. L'objectif de Ptolémée XII, éviter l'annexion par Rome, était atteint. Pour cela, le roi avait su jouer habilement à Rome, où l'Égypte était devenue objet d'un débat politique entre *populares* et *optimates*, en recourant systématiquement à la corruption. Le soutien de Pompée et de son parti assurait un répit au royaume, et Ptolémée XII avait pu effectivement gouverner. Sa législation par ordonnances royales qui avait pour but de redresser l'économie, la force militaire lagide, et la sécurité dans le royaume, est connue par de précieuses sources documentaires. Le roi pouvait compter sur la défiance envers Rome qui animait certains secteurs de l'élite dirigeante et de la population. Cléopâtre, qui avait pu observer, en exil à Rome, puis en tant que corégente la situation du royaume, fit le choix de continuer et d'approfondir la politique engagée par son père.

177. Ces dioecètes locaux, exerçant dans les régions (nomes), sous l'autorité du dioecète d'Alexandrie, existaient depuis les réformes du IIe siècle av. J.-C.

Chapitre 2

La conquête du pouvoir

La période qui suit la mort de Ptolémée XII avant l'arrivée de Pompée, puis de César en 48 av. J.-C. est l'une des plus emblématiques sur la difficulté d'écrire l'histoire de Cléopâtre. Les auteurs romains ne s'intéressaient pas alors à la reine, car les Romains n'avaient pas encore totalement « débarqué en Égypte[1] ». Ils avaient alors tendance à projeter dans ce passé récent la situation postérieure, tout en adoptant le point de vue hostile à la reine qui caractérise la tradition littéraire romaine. Nous n'avons de fait aucun texte émanant de la cour et de la chancellerie alexandrines, textes qui auraient pu être transmis par ces historiens. Les documents papyrologiques, épigraphiques et numismatiques sont donc particulièrement bienvenus pour approcher la réalité de ces années. Les sources littéraires demeurent indispensables, après l'entrée en scène des *imperatores* romains, pour comprendre les circonstances de l'élimination physique par Cléopâtre de ses deux frères et de sa sœur cadette, puis de son règne avec son très jeune fils, Césarion. Mais il est clair que cette période a permis à la reine Cléopâtre d'asseoir son pouvoir sur l'Égypte et de tisser les liens avec Rome qui annoncèrent sa politique d'expansion en Méditerranée.

1. Criscuolo 1989, p. 334, à laquelle j'emprunte l'expression « *sbarcati in Egitto* ».

2.1 Les trois premières années de règne avec Ptolémée XIII (51-48 av. J.-C.)

Les deux premières années de règne

La mort de Ptolémée XII rendait exécutoire son testament qui demandait que Cléopâtre, âgée de dix-huit ans, déjà associée au pouvoir royal, régnât avec l'aîné de ses deux frères, Ptolémée, alors âgé d'environ dix ans. Mais deux documents attestent que Cléopâtre s'était soustraite à la volonté de son père. Le premier est un contrat de location de terre qui respectait scrupuleusement les règles juridiques formelles[2]. Il est daté du 20 août 51 av. J.-C. et provient de Tebtynis (nome Arsinoïte). La terre était donnée à bail (μίσθωσις) par un cavalier catoeque, Aristôn fils de Pyrrhos, à Sokratès fils de Ptolémaios et à Phanèsis fils de Palos. Les noms des six témoins, tous Grecs, faisaient apparaître trois Macédoniens et trois cavaliers catoeques. La datation éponyme donnait le mois macédonien et le mois égyptien. L'année du souverain régnant était mentionnée par la formule : « Sous le règne de Cléopâtre déesse (*théa*) *Philopatôr* l'an 1 » (βασιλευούσ[ης Κλε]οπάτρας θεᾶς φιλοπάτορος ἔτους πρώτου). Une titulature royale semblable fut gravée sur une inscription grecque du nome Arsinoïte (village de Soknopaiou Nèsos ?) datée du 2 juillet 51 av. J.-C. (Figure 10) :

> « Pour la reine Cléopâtre, déesse *Philopatôr*, (a été consacré) l'emplacement (*topos*) de l'association (d'Isis) S(o)nonaïs, dont le président est Onnôphris, administrateur (*lésonis*). 1er Épeiph an 1[3]. »

Cette stèle de calcaire était surmontée d'une scène traditionnelle égyptienne qui représentait le souverain honorant la déesse. Isis-Sononaïs était présentée, sur la gauche, assise allaitant Horus ; sur la droite, debout, le souverain, le pharaon coiffé du pschent, offrait deux vases de vin. Une table d'offrandes était placée entre ces deux figures. Un examen attentif de la pierre montre que l'inscription a été faite après le pelage d'un texte originel[4]. Cette situation résultait du fait que la dédicace initiale était destinée à Ptolémée XII, et que l'annonce de sa mort avait

2. *PSI* X, 1098.

3. *IG Fay.* III, 205 = *I. Louvre Bernand* 21 : Ὑπὲρ βασιλίσσης | Κλεοπάτρας θε | ᾶς Φιλοπάτωρ τό | πος Σνοναιτια | κῆς συνόδου | ὧν συναγογὸς | Ὀννῶφρις λεσώνης· | (ἔτους) ᾱ, Ἐπὶφ ᾱ.

4. Bingen 1999, p. 53.

Figure 10. Une stèle du Fayoum consacrée à Cléopâtre.
Stèle *IG Fay.* III, 205

provoqué l'effacement de ce premier texte. Cléopâtre VII, qui lui succédait, était alors devenue le nouveau bénéficiaire. Le relief n'avait cependant pas été modifié. La scène figurée faisait toujours apparaître le pharaon (au masculin) avec ses attributs traditionnels. Il est impossible d'en déterminer les raisons : distraction du graveur ? Incapacité technico-artistique pour corriger l'iconographie du pharaon ? Ou plutôt acceptation de voir le pouvoir pharaonique traditionnellement masculin être dans les mains d'une femme ? Le président de cette association cultuelle, le *lésonis* Onnôphris, dédiait à Isis un *topos*, un « emplacement » qui pouvait être un temple, une chapelle ou un terrain sacré appartenant à ces fidèles d'Isis-Sononaïs. La stèle était révélatrice de la synthèse des cultures grecque et égyptienne dans le Fayoum[5]. Onnôphris portait un nom qui était la transcription en grec de l'égyptien Ounefer, qui était emprunté à une épithète d'Osiris (« l'être parfait »). L'association cultuelle au bénéfice d'une divinité égyptienne était régie d'après le droit privé grec.

La date de la mort de Ptolémée XII n'est pas exactement connue, entre le 20 juin[6] et le 6 juillet 51 av. J.-C.[7], ce qui ne permet pas de situer ces deux documents par rapport à l'annonce de ce décès dans le nome Arsinoïte. L'information reçue dans ce nome de Moyenne-Égypte, bien relié au pouvoir central alexandrin, devait être précise et fiable. Il est en tout cas clair que la corégence de Cléopâtre avec son père Ptolémée XII était achevée et que celle avec son jeune frère, le futur Ptolémée XIII, n'avait pas encore commencé. La seule information datée donnée par les sources anciennes pour ces deux premières années concerne la sanction des meurtriers des fils de M. Calpurnius Bibulus en 50. Cléopâtre est donnée par Valère Maxime[8], qui écrivait sous Tibère, comme le seul souverain régnant. Seule la « reine Cléopâtre (*Cleopatra regina*) » les envoyait enchaînés à leur père, en Syrie, où il exerçait encore son proconsulat. C'est à la seule Cléopâtre qu'il renvoyait ces assassins, estimant que le pouvoir de les punir revenait au Sénat romain et non à lui-même.

Cette chronologie permet aussi d'écarter l'idée d'un mariage précoce entre Cléopâtre et Ptolémée XIII. Dion Cassius est le seul auteur à le mentionner, en affirmant qu'il figurait dans le testament de Ptolémée XII au même titre que la corégence : « Ils devaient se marier et régner ensemble conformément aux coutumes des Égyptiens[9]. » Les autres sources n'en font pas mention, ni Plutarque, ni Appien, ni Porphyre, ni Flavius Josèphe dans la liste des turpitudes de la reine qu'il avait réunies de manière polémique dans son *Contre Apion*[10]. La mention d'un éventuel mariage si désaccordé par l'âge dans un contexte culturel grec n'aurait pas manqué d'alimenter les attaques des détracteurs de la reine.

5. Barbotin 2005, p. 198, n° 111 : « Un "melting pot" à l'égyptienne. »
6. *BGU* VIII, 1832, l. 20.
7. *PSI* VIII, 969, l. 8.
8. Val. Max., 4, 1, 15.
9. Dio Cass., 42, 35, 4.
10. Joseph, *Ap.*, 2, 56-58. Cf. Criscuolo 1989, p. 332-333.

Les premières monnaies émises par Cléopâtre, sans doute dès 51 av. J.-C., la faisaient également apparaître seule[11]. Son monnayage de bronze montrait son portrait portant le diadème royal, les cheveux noués en chignon, et la légende « [Monnaie] de Cléopâtre ». Le bandeau royal, symbole du pouvoir royal, qui est plus ou moins large, apparaissait également sur les bustes grecs en marbre de la reine[12]. Le type monétaire portait un message idéologique, car les monnaies de deux oboles (dioboles) et d'une obole étaient dans la continuité des monnaies de bronze de Ptolémée Ier *Sôter* qui frappait des bronzes d'un diamètre et d'un poids pratiquement équivalents[13].

La datation précise des monnaies frappées à Ascalon (Figure 11) permet en effet de considérer que les frappes de bronze d'Alexandrie remontaient bien au tout début du règne de la reine. Ces tétradrachmes frappées en 55 de l'ère locale, c'est-à-dire en 50/49 av. J.-C., dans la cité d'Ascalon, ville syro-palestinienne passée sous domination ptolémaïque, portaient de fait également, au droit, la seule effigie de

Figure 11. Tétradrachme en argent de Cléopâtre.
Monnaie d'Ascalon.

11. La datation des monnaies de Cléopâtre ne peut généralement être précisée, cf. Queyrel 2006, p. 159.

12. Cf. tête en marbre de la villa dei Quintilii à Rome. Musée du Vatican, Museo Gregoriano Profano ex Lateranense, inv. 38511 (Figure 2). Elle daterait de 51-49 av. J.-C. Cf. Gentili 2014, n° 124 (photographie), et p. 24 (datation) ; Queyrel 2019, p. 218 (et Fig. 8.20).

13. Lorber 2005, p. 147.

la reine[14]. Sur le revers figurait le symbole de la cité, la colombe. Cette frappe à l'effigie de Cléopâtre revêtait une signification politique, car elle remplaçait le portrait du Séleucide Antiochos VIII *Grypos*[15]. Elle marquait donc un regain d'influence précoce des Ptolémées dans une région stratégique, que la reine plaça sous la zone d'influence ptolémaïque lors de son alliance avec Antoine.

Un pouvoir féminin unique n'était pas sans précédent, mais le pouvoir masculin ou en couple homme/femme restait la norme. Sa sœur aînée Bérénice IV en était un exemple tout récent. Sur ces monnaies, la mention de la seule Cléopâtre exprimait bien sa volonté d'écarter son jeune frère, qu'elle le jugeât encore immature, ou qu'elle ait désiré l'écarter sur le long terme.

Cette prise de pouvoir personnel aurait pu immédiatement susciter des oppositions, qui se fondaient légalement et légitimement sur la volonté exprimée par le roi défunt. En droit hellénistique, la légitimité reposait sur l'ordre de succession déterminé par le souverain régnant. Ce principe donne à toutes les constructions des savants modernes sur la notion de bâtardise ou d'union illégitime une dimension totalement anachronique[16]. Mais les sources anciennes ne font pas état d'une protestation contre cette prise du pouvoir par Cléopâtre[17]. La raison se trouvait dans l'atout maître que représentait la corégence partagée avec son père, et dans l'âge de Ptolémée, mineur dont l'eunuque Pothin et le général Achillas étaient les tuteurs.

14. *RPC* I, 4866 [-4867] ; Gitler et Master 2010, planche 20, par ex. n° 90 ; Aumaître 2018, p. 221-223 ; cf. Brett 1937, p. 455 et 459, et Planche IX : « *The portrait of Cleopatra at Ascalon is so similar to that on her Alexandrian bronze coins, Plate, IX 3-5, that it was probably copied from the latter.* »

15. Aumaître 2018, p. 222 et 228. Les figures masculines précédant l'apparition du portrait de Cléopâtre ne sauraient être celles de Ptolémée XIII, mais celles d'Antiochos VIII : Gitler et Master 2010, suivis par Aumaître 2018, p. 222 (21).

16. Ogden 1999, p. 67-116, en particulier p. 86, montre que les Ptolémées ont pratiqué, comme stratégie matrimoniale, la polygamie, puis la polyandrie avec Cléopâtre II. Les premiers rois hellénistiques ont prévu leur succession au sein du groupe d'enfants royaux de mères différentes, ce qui provoquait de tragiques rivalités entre les mères. Ogden nomme cette pratique « amphimétrisme » (mot forgé sur le grec *amphimètôr* : « enfant né du même père mais d'une autre mère »).

17. *FGrHist* 260 Porph., F2, 15, qui écrit qu'ils ont « régné ensemble » pendant les trois premières années. Une liste des souverains ptolémaïques est donnée par l'anonyme d'un papyrus lacunaire du Ier siècle apr. J.-C., *P. Oxy.* XIX, 2222, l. 12-13 : « [Cléopâtre a régné avec Ptolémée] *Philomètôr* (pendant) deux ans ; (Ptolémée *Philomètôr* a régné ([ἐ]βασίλευσεγ) seul [pendant x ans]. »

L'auteur du choix de ces deux tuteurs n'est pas précisé par les sources anciennes, mais il est logique d'admettre qu'il ait incombé à Ptolémée XII, qui avait pris soin dans son testament de régler en détail sa succession. Leur complémentarité résultait de leurs compétences respectives, l'un étant un administrateur, un dioecète (διοικητής), l'autre un militaire, un stratège. Elle se fondait aussi sur les réseaux que l'un et l'autre pouvaient animer, puisque Achillas est désigné par Plutarque comme un « Égyptien », ce qui pourrait indiquer qu'il s'agit d'un personnage originaire de la *chôra*, peut-être vraiment d'origine égyptienne, alors que Pothin serait un homme de la cour ayant déjà joué un rôle sous le règne de Ptolémée XII. Les eunuques étaient très présents dans les cours hellénistiques, en particulier à Alexandrie, où ils pouvaient jouer un rôle de premier plan, ainsi Aristonikos sous Ptolémée V ou Eulaios sous Ptolémée VI[18]. Aristonikos avait été agrégé à l'élite comme « Alexandrin ». Eulaios serait un esclave importé affranchi. Heinz Heinen voyait en Pothin le seul véritable tuteur (*nutricius*) du jeune roi[19].

La qualité d'eunuque de Pothin pourrait expliquer sa carrière, puisque ce type d'homme avait souvent dans l'Égypte hellénistique un lien fort avec la culture et l'éducation[20]. L'eunuque instructeur était une figure de la *paideia* hellénistique[21]. Toubias, notable juif de Syrie-Palestine, offrait en 257 av. J.-C. au dioecète de Ptolémée II, Apollonios, un eunuque et quatre jeunes esclaves aptes à l'étude[22]. Arsinoè (IV), la sœur cadette de Cléopâtre, bénéficiait également d'un eunuque, Ganymède, comme tuteur (*nutricius*[23]) en 48/47[24]. Un troisième homme apparaissait dans l'entourage proche du jeune Ptolémée (XIII), le rhéteur Théodotos, mais il n'est pas donné comme tuteur par Plutarque et Appien[25]. Son rôle éducatif et politique a dû apparaître un peu plus tard, quand il commença

18. Guyot 1980, p. 103, estime que ces eunuques de cour sont des Barbares hellénisés. Pour la carrière d'Aristonikos cf., *ibid.*, *Prosopographie der Hofeunuchen* n° 5 ; pour celle d'Eulaios n° 35. Cf. aussi Tougher 2002, p. 146.

19. Heinen 1966, p. 52.

20. Guyot 1980, p. 97.

21. Joseph, *Vit.*, 429.

22. *C. Zen. Palestine* 30 (= *P. Cair. Zen.* I, 59076 = *C. Pap. Jud.* I, 4 = *C. Pap. Hengstl* 122 = *C. Ptol. Sklav.* I, 48). Sur la restitution de la ligne 4 où l'on pourrait lire παιδά[ρια μαθη]τικά, cf. Xavier Durand, *C. Zen. Palestine*, p. 185 (note de la ligne 4).

23. Ps. Caes., *Bell. Alex.*, 4, 1.

24. Guyot 1980, *ibid.*, et n° 47.

25. Plut., *Brut.*, 33, 2-6 ; App., *Bell. civ.*, 2, 84.

à étudier l'art oratoire, un apprentissage encore peu adapté pour un enfant de dix ans[26].

On admettra donc que les personnages de la cour ou de l'élite alexandrine qui auraient voulu s'opposer à Cléopâtre n'avaient pu le faire dès la mort de Ptolémée XII. La position de Cléopâtre devait être suffisamment forte, d'autant plus que le contexte international imposait la stabilité du royaume pour éviter les pressions romaines.

L'an 3 du règne de Cléopâtre : une lutte fratricide

L'an 3 du règne de Cléopâtre (5 septembre 50-3 septembre 49 av. J.-C.) a marqué une rupture avec les deux premières années. La situation a évolué à une date que l'on ne peut précisément fixer, mais qui est acquise le 27 octobre 50[27]. Une ordonnance[28] était alors promulguée aux noms « du roi et de la reine », ce qui signifiait que Cléopâtre occupait alors le deuxième rang au sein du couple royal. Deux contrats privés démotiques relatifs à un mariage, datés du 15 mars 49, reprenaient cette formule en citant « le roi Ptolémée et la reine Cléopâtre, les dieux qui aiment leur père (= *Philopatôres*)[29] ». Ptolémée XIII et Cléopâtre commençaient dès lors un règne conjoint, où la position hiérarchique était réservée au partenaire masculin. Il est frappant de constater que le roi était nommé en premier, alors qu'il était encore mineur dans l'ordonnance d'octobre 50. Selon la double tradition pharaonique et grecque hellénistique, le roi se trouvait normalement en position première. Seul un règne entre partenaires adultes exigeait des compromis pour le rôle respectif et leur place dans la direction de l'État. Cette donnée pouvait être remise en cause. Cléopâtre II avait ainsi peut-être été nommée à la tête d'un règne conjoint avec un adulte, Ptolémée VIII, mais à un âge où elle ne pouvait plus jouer de rôle effectif dans le gouvernement du royaume. Cléopâtre III, fille de Cléopâtre II, et petite-fille de Cléopâtre Ire, était la première à avoir reçu ce privilège. Cléopâtre II fut la première

26. Les différents niveaux d'études étaient cependant fixés de manière très souple dans l'éducation antique, cf. Cribiore 2001, p. 42.

27. Cf. Criscuolo 1989, p. 325-334. Il faut donc écarter résolument la stèle *Bucheum* 13, où certains historiens veulent identifier Ptolémée XIII et Cléopâtre VII, cf. par ex. Sullivan 1990, p. 248-250.

28. *BGU* VIII, 1730 = *C. Ord. Ptol* 73.

29. *P. Cair.* II, 30616 a et b.

femme à régner seule sans partenaire masculin adulte ou mineur, de 132/131 à 127 av. J.-C.[30].

Un second tournant se produisit toujours en l'an 3 du règne de Cléopâtre, durant l'été 49, après la proclamation de la majorité de Ptolémée XIII, qui avait précédé l'âge légal des princes ptolémaïques fixé à seize ans[31]. L'année de naissance de Ptolémée (XIII), 61 av. J.-C., se déduit d'Appien qui lui donne treize ans au moment de l'assassinat de Pompée, le 28 septembre 48 av. J.-C. Il avait donc alors douze ans. Cette cérémonie, les *Anaklètèria*, qui n'est pas décrite par les sources pour Ptolémée XIII, est attestée pour d'autres souverains, en particulier Ptolémée V et Ptolémée VI. Dans l'histoire ptolémaïque, le but d'une majorité précoce était d'affirmer la capacité à régner du roi, la supériorité de ce roi dans un règne conjoint, ou de vouloir réduire le pouvoir des tuteurs. Leur influence restant intacte, et même grandissante après l'émancipation du roi Ptolémée XIII, celle-ci ne pouvait être conçue que contre Cléopâtre.

La question se posait d'un éventuel mariage entre Cléopâtre et Ptolémée XIII, sa majorité atteinte. Il n'existait en effet pas de lien automatique entre la mise en place d'un règne conjoint entre frère et sœur, et la célébration d'un mariage philadelphique. Le mariage royal entre frère et sœur était un moyen privilégié pour assurer au fils né de cette union l'accession future au pouvoir royal. Un mariage en vue d'une procréation entre une jeune femme de vingt ans et un préadolescent de douze ans ne s'imposait pas encore, d'autant plus qu'un second partenaire masculin de la reine, le frère cadet Ptolémée (le futur XIV) était sur les rangs de la succession depuis le testament de Ptolémée XII. Ce mariage fut célébré en 48 sous les auspices de César au moment de la réconciliation des deux souverains. Lucain y voyait l'occasion de stigmatiser les mœurs et la politique de la reine en plaçant ces mots sous la plume de Pothin écrivant à Achillas :

> « La sœur impie s'unit à son frère ; car elle est déjà unie au chef latin, et, passant de l'un à l'autre époux, elle possède l'Égypte et achète Rome. Cléopâtre a pu subjuguer un vieillard par ses sortilèges. Compte, malheureux, sur un enfant : après une seule nuit d'union, une fois qu'il aura subi ses étreintes incestueuses, et, sous le nom d'amitié fraternelle, goûté cet amour obscène, il lui donnera des cadeaux, sans doute, et ma tête et

30. Bielman Sanchèz et Lenzo 2015, p. 458-459.
31. Legras 1999, p. 110-115.

> la tienne, chacune pour un baiser ; sur les croix, dans les flammes, nous paierons les charmes de sa sœur. Il n'y a plus pour nous de secours : d'un côté le roi, son époux ; de l'autre César, son amant ; et la cruauté d'une telle femme, il faut l'avouer, nous juge coupables[32]. »

Mais rien ne permet de conclure que ce mariage ait été autre chose qu'un mariage imposé par la raison d'État, sans conséquence pour d'éventuels rapports sexuels[33]. Les deux corégents se trouvaient donc en opposition dans cette année 3. L'entourage de Ptolémée XIII y jouait un rôle déterminant[34]. D'un côté s'épanouissait l'ambition de la reine, et d'un autre côté, l'action d'une camarilla de courtisans qui entouraient le jeune roi. Elle se manifesta par l'apparition brutale d'une année 3 pour dater le règne de la reine alors que la documentation ne donne aucun texte daté de l'année 1 ou l'année 2[35]. Or cette année 3 est mentionnée avec une double date « L'an 1 = l'an 3 » dans trois papyrus grecs[36]. Cette double date révélait un programme politique : asseoir sa seule légitimité. Cléopâtre aurait donc cherché à accaparer seule le titre royal, à un moment situé au printemps 49.

Cette aspiration a pu être favorisée par l'appui de Cnaeus Pompée, Pompée le Jeune, à Alexandrie au printemps et à l'été 49. D'après Plutarque[37], il aurait été le premier amant romain de la reine, avant César et Antoine, et aurait ainsi inauguré sa relation érotico-politique avec les *imperatores* venus de Rome. Si des doutes ont pu être formulés sur la réalité de cette relation[38], il est certain que Cn. Pompée et Cléopâtre

32. Luc., *Bell. civ.*, 10, 357-368 : *Nubit soror impia fratri ; | nam Latio iam nupta duci est, interque maritos | discurrens Aegypton habet Romamque meretur. | Expugnare senem potuit Cleopatra uenenis. | Crede, miser, puero : quem nox si iunxerit una, | et semel amplexus incesto pectore passus | hauserit obscenum titulo pietatis amorem, | meque tuumque caput per singula forsitan illi | oscula donabit ; crucibus flammisque luemus, | si fuerit formosa soror. Nil undique restat | auxilii : rex hinc coniux, hinc Caesar adulter ; | et sumus, ut fatear, tam saeva iudice sonte.* Le vers 357 rappelle celui de Sotadès de Maronée conservé par Athénée de Naucratis (*Deipn.*, 14, 620) dénonçant le mariage de Ptolémée II et d'Arsinoè II : « Tu enfonces ton dard dans une fente impie ».

33. Sur ce mariage, cf. Ogden 1999, p. 101-103.

34. Heinen 1966, p. 51-53, parle de « prise de pouvoir par les tuteurs » (« *Machtergreifung der Vormünder* »).

35. Chauveau 1997, p. 168-170. Cf. Chauveau 1998, p. 30-31.

36. *P. Fay.* 151 = *SB* VIII, 9764, l. 6-7 ; *BGU* VIII, 1839, l. 5 ; *SB* VI, 9065, l. 2. Cf. Skeat 1962.

37. Plut., *Ant.*, 25, 4.

38. Cf. Heinen 1966, p. 40. Schäfer 2006, p. 125, et Schwentzel 2014, p. 50-51, suivent Plutarque. Bouché-Leclercq 1903-1907, t. II, p. 183 : « Cléopâtre fit les yeux doux au jeune Pompée et eut la satisfaction d'essayer sur lui le pouvoir de ses charmes. »

se trouvaient alors ensemble à Alexandrie, et que la reine de vingt ans a pu vouloir éprouver le pouvoir de sa beauté sur le jeune homme âgé de vingt-six ans. La décision de l'envoi de troupes pour renforcer Pompée dans la lutte qui s'annonçait après le franchissement du Rubicon par César, le 11 janvier 49, pourrait être liée à cette idylle. Cn. Pompée repartait en effet avec une escadre égyptienne de 50 ou 60 navires chargés de blé, sur lesquels embarquèrent 500 anciens Gabiniens[39]. Ces forces combattirent à Pharsale (Thessalie), le 9 août 49. Ptolémée XIII a réagi vigoureusement, en cherchant à éliminer sa sœur, qu'il poussa finalement vers un exil, qui resta temporaire.

Les sources littéraires donnent des informations sur cette royauté désormais commune pour l'année 49. Le renfort pour l'armée de Pompée était apporté selon Lucain « de la part des souverains de ce pays, Cléopâtre et son frère encore enfant[40] ». Mais en octobre, le Sénat romain pompéien reconnaissait à Thessalonique au seul Ptolémée le diadème, le trône étant enlevé à sa sœur (*regnum sorori eruptum*[41]). Il recevait seul le titre d'« ami et d'associé du peuple romain », et Pompée se voyait donner la tutelle du roi, ce qui signifiait que Rome ne reconnaissait pas sa pleine majorité. D'après Lucia Criscuolo, cette évolution a eu un impact sur l'administration du pays, ainsi pour le titulaire de la charge de dioecète, le « ministre de l'économie et des finances ». Cléopâtre aurait maintenu en place Protarkhos nommé par son père Ptolémée XII. Lors de l'établissement de la royauté conjointe, il aurait été remplacé par Hermias. Lors du déclenchement de la guerre civile entre les deux corégents, Ptolémée XIII mit en place Pothin[42].

La question est de savoir quand et pourquoi la rupture s'est produite. Les sources littéraires ne sont pas explicites, mais laissent entendre la montée d'une hostilité, encouragée par leurs partisans respectifs. Seul un papyrus permet d'avoir des informations sur cette période charnière[43].

Ce papyrus de Berlin, issu des cartonnages de momies d'Abusir el-Melek (nome Hérakléopolite), daté du 28 juillet 49 av. J.-C., est

39. Caes., *Bell. civ.*, 3, 111, 3 (au moins 50 navires) ; App., *Bell. civ.*, 2, 71 (60 navires).

40. App., *Bell. civ.*, 2, 71. La précision sur l'« enfance » de Ptolémée XIII laisse penser que Cléopâtre était le partenaire fort du couple royal.

41. Luc., *Bell. civ.*, 5, 60-65.

42. Criscuolo 1991, p. 233.

43. Le *P. Fay.* 151 = *SB* VIII, 9764 qui est présenté par Hazzard 2000, p. 150, comme « *the last dated document of the joint reign falls in June of 49* » n'est en réalité pas daté par un mois.

constitué de deux fragments désormais réunis (Figure 12)[44]. Le document est lacunaire, et sa fin est perdue. Mais il donne une information capitale sur la situation politique de l'été 49, qui avait abouti *de facto* à un partage du royaume. Ptolémée XIII contrôlait Alexandrie, et probablement aussi le Delta et toute la Basse-Égypte. Cléopâtre VII maintenait de son côté son pouvoir sur la Haute-Égypte. Le nome Hérakléopolite, en Moyenne-Égypte, devait être une zone disputée entre les deux souverains.

Figure 12. Plainte de soldats au stratège Sôtélès.
Papyrus de Berlin, *BGU* XX, 2847.

44. Papyrus de Berlin P. 13730, inédit, et P. 13870 publié sous le numéro *BGU* VIII, 1763. Cf. Legras 2016.

« (2e main) [Annotation :] (Plainte) introduite l'année 3 le 28 Épeiph. Contre Sada(l-).

(1re main) À Sôtélès, "parent" et stratège et intendant des revenus, de la part d'Alexandros, fils de Képhalôn, et de ses soldats du Sadaleion. Le 27 du présent mois d'Épeiph, qui précède le jour du sabbat, nous vînmes... quelques-uns... frappèrent... et firent une agression dans la plaine d'une manière séditieuse (ἀποστατικῷ τρόπῳ) [contre ?] la cohorte du Sadaleion, [sous le commandement] du laarque Alexandros et [...], Philôn, fils de Dôrothéos et [...] et Zènodôros, fils de Sostratos... armés... contre la volonté de... mais principalement l'absence de royauté (ἀβασιλευσί[α]),... méprisant... devant nous avec des épées[45]... »

Ce papyrus donne la seconde occurrence papyrologique du terme *abasileusia* (ἀβασιλευσία, « absence de royauté »), mentionné dans un papyrus daté de l'automne 116 av. J.-C. qui appartient aux archives bilingues d'Aménôthès[46]. Ce document présente une pétition en grec où Péténéphôtès accusait Aménôthès d'avoir violé le contrat, qui liait ces deux embaumeurs égyptiens (παρασχίσται). La plainte adressée à Sôtélès, le stratège du nome Hérakléopolite, prend place dans un ensemble de quatre autres papyrus concernant les soldats du Sadaleion[47]. Le stratège Sôtélès, qui faisait partie du camp de Cléopâtre, était attesté dans de nombreux documents des années 51-49. Le Sadaleion, une garnison militaire, fut donc le lieu d'affrontement de troupes entre celles fidèles à Cléopâtre et celles favorables à Ptolémée XIII. Son nom dérivait du nom thrace Sadalas, bien attesté dans l'Égypte ptolémaïque[48]. La plainte dénonçait une attaque armée de soldats du Sadaleion contre un autre

45. *BGU* XX, 2847 : (2e main) Χ ἐλ(ήφθη) (ἔτους) γ Ἐπιφ κη κατὰ Σαδα(λ-) | (1re main) Σωτέλει συγγενεῖ καὶ στρατηγῶι καὶ ἐπὶ τῶν | προσόδων vac. ? | παρὰ Ἀλεξάνδρου τοῦ Κεφάλωνος καὶ | τῶν σὺν αὐτῷ [ὄν]των ἀπὸ τοῦ Σαδαλείου | στρατιωτῶν τῆι κζ τοῦ ἐνεστῶτος | μηνὸς Ἐπεὶφ ἥ ἐστιν προσάμβατον, | ἐρχομένων ἡμῶν ε [-ca. ? –] | ὀλίγων ὥστε ἐπι.. [-ca. ? –] | κεκοφότων ὑμῶν κατα[-ca. ? –] |καὶ ἐν τῷ πεδίῳ ἐπίθεσ[ιν -ca. ? –] | ἀποστατικῷ τρόπῳ [-ca. ? –] | ἐκ τοῦ Σαδαλείου σπεῖρ[-ca. ? –] | Ἀλέξανδρος λαάρχης κα[ὶ -ca. ? –] | καὶ Φίλων Δωροθέου καὶ [-ca. ? –] | καὶ Ζηνόδωρος Σωστρ[άτου -ca. ? –] | τοις ἐπόμενοι τ.... [-ca. ? – καθω-] | πλισμένοι παρὰ τὴν [-ca. ? –] |ρο. προαίρεσιν... [-ca. ? –] | μάλιστα δὲ ἀβασιλευσί[α] [-ca. ? –] | μὴ στοχαζόμενοι το .. [-ca. ? –] | ἐξ ἡμῶν ταῖς μαχαίραις [-ca. ? –] | [.....] δὲ τοῖς... [-ca. ? –] | [- ca.15 –]ισε[-ca. ? –].

46. *UPZ* II, 196 = *P. Tor. Amen.* 8, l. 83-84. Le mot est dans le *Supplement* du *LSJ* de 1996 avec la référence à *UPZ* II, 196 : « *State of being without a king, anarchy.* »

47. *P. Berl. Salmen.* 13 (87/86) ; *BGU* VIII, 1831 (13 janvier 50) ; *BGU* VIII, 1786 (16 février 50) ; *BGU* XX, 2846 (50/49).

48. *OnomThrac*, s.v. Sadala, Sadalas, Σαδαλας, Σεδαλας, Σαδαλις, Σαταλας (p. 298-301).

groupe de soldats de la garnison. Les soldats victimes de l'agression étaient représentés dans la plainte par Alexandros, fils de Képhalôn. Les agresseurs étaient désignés comme « le laarque Alexandros et [...], Philôn, fils de Dôrothéos et [...] et Zènodôros, fils de Sostratos ». La plainte était dirigée « Contre Sada (l...) », qu'il faut comprendre « contre des soldats du Sadaleion ». Le laarque Alexandros était sans doute l'auteur d'une lettre adressée à une date plus indécise (an 50/49) au stratège Sôtélès[49]. Alexandros, fils de Képhalôn, dénonçait une « apostasie » (ἀπόστασις).

Les expressions utilisées renvoyaient au vocabulaire de la violence politique contre le pouvoir monarchique, de la sédition et de la rébellion. L'attaque était conduite « d'une manière séditieuse », « à main armée », avec des épées. Les assaillants manifestaient leur mépris (pour le pouvoir royal ?) et agissaient contre la volonté (de la monarchie ?). Pour les partisans de la reine, il s'agissait bien d'un « abandon », d'une « dissidence », d'une « infidélité », d'une « rébellion », qui visait à substituer un souverain à un autre[50]. La présence d'un officier, un laarque, parmi les assaillants montrait qu'il s'agissait d'une garnison dont les soldats étaient ancrés dans la hiérarchie militaire de la *chôra*. Les laarques étaient en effet à l'origine des officiers égyptiens, commandant des unités de cavalerie et d'infanterie de *makhimoi*. Les unités qu'ils commandaient, les laarchies, étaient à l'origine constituées exclusivement de soldats égyptiens, les *makhimoi*. Mais des Grecs avaient été progressivement intégrés dans ces unités. Il faut ajouter que l'onomastique grecque n'est pas un critère suffisant pour définir assurément une identité ethnique, puisque des Égyptiens intégrés dans des laarchies pouvaient porter des noms grecs[51]. Tout au plus peut-on remarquer la présence d'un soldat probablement juif dans le groupe des assaillants, Philôn, fils de Dosithéos. Ces données ne permettent donc pas de dresser un tableau de l'origine et de l'appartenance ethnique des soldats qui s'étaient alors affrontés.

Il faut aussi noter l'apparente contradiction entre la datation de l'an 3, qui respectait le principe multimillénaire égyptien de l'avènement royal comme point d'origine du décompte des années, et « l'absence de royauté », synonyme de chaos. Cette situation était extraordinaire à la fois

49. *BGU* XX, 2846.
50. Mélèze-Modrzejewski 2011, p. 296.
51. Fischer-Bovet 2014, en particulier p. 122 et 218.

pour les Grecs qui basculaient au sens propre dans l'anarchie, et pour les Égyptiens désormais exposés aux forces redoutables qui triompheraient avec la fin de l'ordre juste (*Maât*)[52].

De l'exil en Syrie au retour à Alexandrie (été 49-juillet 48 av. J.-C.)

Cette crise de l'été 49 n'avait cependant pas provoqué une rupture définitive entre Cléopâtre VII et Ptolémée XIII, puisque la reine revint à Alexandrie, où elle fut chassée par une émeute au printemps 48. Elle était alors accusée de complot contre le roi par Pothin, Achillas et Théodotos de Chios[53]. Cléopâtre s'embarqua alors avec sa sœur, Arsinoè IV, vers la Syrie méridionale. Une installation temporaire à Ascalon serait vraisemblable, la cité ayant des liens politiques avec la reine. La ville avait de fait frappé monnaie ptolémaïque, en émettant en 50/49 des tétradrachmes présentant le seul nom et le seul portrait de la reine diadémée et drapée (Figure 11)[54]. Il n'existe cependant pour cette période de guerre civile aucun document incontestable montrant de manière certaine l'affirmation par Ptolémée XIII d'une royauté personnelle et unique, une inscription grecque de Didymes restant d'interprétation difficile[55]. Ce texte mentionnait le seul roi Ptolémée (XIII) à propos d'une ambassade du Milésien Lysimakhos (?) fils de Sôpolis, envoyée à Alexandrie, d'où Cléopâtre a été expulsée. Ce n'était pas un texte officiel ptolémaïque[56].

Cléopâtre organisait donc en Syrie-Palestine, où elle avait des partisans dans les cités et les populations locales, la guerre contre son frère pour revenir à Alexandrie par Péluse. César le confirme à propos du débarquement à Péluse de Pompée après Pharsale : « Le roi Ptolémée, enfant (*puer aetate*), s'y trouvait justement ; avec de nombreuses troupes, il faisait la guerre à sa sœur Cléopâtre qu'il avait, quelques mois plus tôt, chassée du pouvoir (*regno expulerat*) avec l'aide de ses parents et de ses favoris (*per suos propinquos atque amicos*). Le camp de Cléopâtre

52. Cf. Menu 2005.

53. App., *Bell. civ.*, 2, 84 ; Strab., 17, 1, 11.

54. Brett 1937, p. 455 et Planche IX.

55. *OGIS* I, 193. Cf. Huß 2001, p. 709 (44) qui s'appuie sur l'analyse de Dittenberger *OGIS* p. 275. Bloedow 1966, p. 24.

56. Bloedow 1966, p. 24, retient cependant ce document comme preuve de la fin de la corégence.

était peu éloigné du sien[57]. » Cette guerre fratricide devait être bouleversée par la fuite de Pompée en Égypte, son assassinat, puis l'arrivée de Jules César.

2.2 La guerre entre Ptolémée XIII, Cléopâtre VII et Arsinoè IV, frère et sœurs ennemis

L'arrivée de Jules César à Alexandrie

Après la défaite de Pharsale, en Thessalie, Pompée a suivi le conseil de son confident Théophane de Lesbos, et partit pour l'Égypte depuis Chypre, accompagné de 2 000 soldats embarqués. Lié par des liens d'amitié avec Ptolémée XII[58], reconnu par le Sénat pompéien comme tuteur du roi Ptolémée XIII depuis octobre 49, ayant proclamé peu avant que Ptolémée XIII était le seul souverain du royaume, il pouvait espérer un soutien ferme du roi, son hospitalité, et une aide financière et matérielle, afin de poursuivre la lutte contre César[59]. Pompée, renseigné sur la situation militaire, se dirigeait non vers Alexandrie, mais vers Péluse, où campait l'armée du roi.

La décision d'accueillir ou non le fugitif fut prise dans le conseil du roi Ptolémée XIII où deux camps s'affrontèrent, comme devant un tribunal. Plutarque présente le plaidoyer de Théodotos de Chios, qui fit valoir que le meilleur calcul était de s'attirer les faveurs du vainqueur, César, et que Pompée, mort, serait sans danger, car « un cadavre ne mord pas[60] ». Lucain conserve les arguments de l'eunuque Pothin, qui estimait qu'il ne fallait pas affronter « la puissance du vainqueur », et que « jamais la fidélité n'a choisi ses amis quand le malheur les a frappés[61] ». Il affirmait la nécessité d'éliminer Pompée, qui pourrait soumettre l'Égypte aux « armes latines », et « ravir le sceptre » de Ptolémée, ce qui permettrait de maintenir l'indépendance de l'Égypte, car César, vainqueur, ne pourrait pas ensuite mettre la main sur le pays. Il insistait sur la faiblesse militaire du royaume face aux troupes romaines

57. Caes., *Bell. civ.*, 3, 103, 2. Cf. aussi Plut., *Pomp.*, 77, 1 : « Informé que Ptolémée était à Péluse avec une armée pour faire la guerre à sa sœur. » Achillas est encore dans la région de Péluse lors de l'arrivée de César à Alexandrie, Dio Cass., 42, 36, 2.

58. App., *Bell. civ.*, 2, 83 ; Strab., 17, 1, 11.

59. Dio Cass., 42, 2, 4. Sur les liens d'amitié entre Pompée et Ptolémée XII, cf. aussi App., *Bell. civ.*, 2, 83.

60. Plut., *Pomp.*, 77, 2-7.

61. Luc., *Bell. civ.*, 8, 484-535.

déjà stationnées en Égypte, qui seraient renforcées par les 2 000 soldats pompéiens : « Ne vois-tu pas un peuple sans armes, occupé tout au plus à labourer ses campagnes par le Nil qui se retire en son lit[62] ? » César dans sa *Guerre civile* mettait également en avant le risque que l'armée royale ptolémaïque ne soit contrôlée par Pompée, fort déjà de ses soldats et des Gabiniens, qui pourraient basculer de son côté[63]. Pompée avait de fait envoyé des émissaires auprès des soldats ptolémaïques pour obtenir leur soutien.

Lucain est le seul auteur antique à présenter le discours d'un défenseur, Akoreus, prêtre égyptien memphite, qui mettait en avant « le dévouement (de Pompée), le devoir de loyauté, l'alliance sacrée qui avait uni à lui le défunt père du roi[64] ». Cléopâtre était mentionnée dans le discours de Pothin, qui affirmait préférer la reine à la domination de Pompée, si Ptolémée n'avait pas l'énergie de s'opposer à cette mainmise étrangère : « Si tu es las de régner rends-les (le Nil et Pharos) à cette sœur que tu as condamnée[65]. »

Le conseil et le roi décidèrent de la mort de Pompée. Achillas, qui était chargé de l'exécution de la sentence, confia cette mission à deux soldats romains, Septimius, un tribun militaire, et Salvius, un centurion, appartenant tous deux au corps des Gabiniens. Achillas, les deux Romains, et trois ou quatre matelots, embarquèrent sur une barque de pêcheur vers le vaisseau de Pompée. Transféré sur la barque, Pompée fut frappé par les épées de Septimius, Salvius et Achillas, sous les yeux horrifiés de sa femme Cornélia, restée à bord du navire. Pompée ne résista pas, se contentant de ramener sa toge sur son visage. Achillas le décapita lui-même ; son corps fut abandonné sur le rivage, consumé sur un bûcher funéraire et enseveli par deux Romains[66].

Le corps de Pompée enterré le 23 juillet, César débarqua à Alexandrie trois jours plus tard, le 26 juillet 48 av. J.-C. Les sources littéraires romaines ne disent rien de la politique que l'*imperator* entendait tenir envers Cléopâtre, mais elles sont claires sur sa volonté de châtier les coupables de l'assassinat du Grand Pompée. Théodotos ou Pothin remirent à César la tête de Pompée et son anneau, mais il exprima immédiatement son effroi, pleura ouvertement la mort de son ennemi,

62. Luc., *Bell. civ.*, 8, 525-526.
63. Caes., *Bell. civ.*, 3, 103.
64. Luc., *Bell. civ.*, 8, 480-481. Sur ce conseiller royal, cf. Legras 2002a, p. 970 (n° 14).
65. Luc., *Bell. civ.*, 8, 499-500.
66. Plut., *Pomp.*, 80, 1-7 ; Caes., *Bell. civ.*, 3, 104.

et ordonna des funérailles solennelles à la romaine. Pothin et Théodotos furent rapidement exécutés[67]. Achillas et Ptolémée XIII disparurent durant la guerre d'Alexandrie[68].

La propagande romaine fit de l'événement un exemple de la « perfidie » égyptienne[69], et César le point de départ de sa mainmise sur le pays. Son ambition était alors quadruple, permettre à ses troupes de se reposer durant l'hiver après une année de campagne, obtenir le paiement des dettes contractées par Ptolémée XII envers Rome, 17,5 millions de deniers, environ 3 000 talents[70], faire exécuter le testament de Ptolémée XII qui imposait une royauté conjointe de Ptolémée et de Cléopâtre, et accroître sa propre puissance. Rien ne permet de penser qu'il ait voulu annexer l'Égypte à l'*imperium romanum*. La condamnation du crime de Ptolémée XIII et de sa cour ne pouvait profiter à terme qu'à Cléopâtre toujours stationnée avec son armée à Péluse.

Dans l'immédiat, César devait composer à Alexandrie avec Ptolémée XIII, son armée, et la population de la ville. Le débarquement de l'armée césarienne, 3 200 hommes, 800 chevaux, précédés des licteurs, symboles de l'autorité romaine, provoqua une émeute urbaine, les Alexandrins affirmant ainsi leur attachement à l'indépendance du pays[71]. Dans la *Guerre civile*, il constatait lui-même l'état d'esprit des soldats ptolémaïques et de la foule alexandrine attachés à la majesté de leur roi : « Il (César) entend les cris des soldats que le roi avait laissés en garnison dans la place, et voit la foule se ruer contre lui, parce qu'il était précédé des faisceaux. Tout le peuple répétait que c'était là une atteinte à la majesté royale[72]. » Décidé à trancher par la voie juridique le différend entre Ptolémée et Cléopâtre et à les amener à licencier leurs armées, César fit savoir qu'il voulait les voir l'un et l'autre. Ptolémée quitta alors Péluse pour rencontrer

67. La date exacte n'est pas connue. Appien (*Bell. civ.*, 2, 90) estime que Pothin fut immédiatement exécuté, alors que pour César (*Bell. civ.* 3, 112, 12), et pour Dion Cassius (49, 32, 2), sa mort est intervenue durant la guerre d'Alexandrie. Théodotos s'enfuit ; il aurait été crucifié en Asie par Cassius selon Appien (*Bell. civ.*, 2, 90), ou en 43 ou 42 par Brutus selon Plutarque (*Pomp.*, 80, 9 ; *Brut.*, 33, 6).

68. Plutarque (*Pomp.*, 80, 1-8) et Appien (*Bell. civ.*, 2, 90) situent la mort d'Achillas, et Strabon (17, 1, 11) celle de Ptolémée XIII, par erreur, dès le débarquement de César. Ptolémée disparut par noyade en 47 lors de la bataille du Nil.

69. Prop., *Eleg.*, 3, 11, 33-35.

70. Plut., *Caes.*, 48, 4.

71. Dio Cass., 42, 7, 3.

72. Caes., *Bell. civ.*, 3, 106, 4.

César dans le palais royal d'Alexandrie[73], ce qui lui permit aussi d'affirmer sa présence royale dans la capitale.

Cléopâtre, qui avait préparé l'entretien avec des émissaires, imagina une ruse pour rejoindre César, sans être capturée et probablement assassinée par les sbires de son frère. Le récit romanesque de cette rencontre est absent du récit césarien dans sa *Guerre civile*. Plutarque, Dion Cassius et Lucain en donnent chacun une version différente et invérifiable[74]. L'historien d'aujourd'hui se trouve confronté, encore une fois, à une vision romaine, à la représentation que des Romains voulaient donner de la reine. La rencontre eut lieu dans le palais royal, mais les détails concernant le coup de foudre, dans le cadre raffiné du palais royal, étaient sans doute nés de l'imagination d'amateurs de regard indiscret dans « la chambre à coucher[75] ».

La représentation de Cléopâtre comme femme fatale trouve dans cette scène l'une de ses sources majeures. Plutarque offre le récit le plus exotique en décrivant Cléopâtre abordant nuitamment au palais sur un petit bateau, accompagnée du seul Sicilien Apollodôros[76]. Elle se serait glissée dans un sac[77], qu'Apollodôros porta jusqu'à la salle où se trouvait César. Le Sicilien vida le sac, et Cléopâtre apparut. Plutarque affirme qu'« il se laissa prendre par cette première ruse de Cléopâtre. Il la trouva hardie ; (et fut) captivé ensuite par sa conversation et sa grâce (χάρις) ». Cet épisode, s'il est réel, attesterait que Cléopâtre était de petite taille, pour pouvoir entrer dans un tel sac. Sa petite taille serait l'une des oppositions physiques qui la différenciaient de César, de grande taille, dans une relation fondée aussi sur l'attirance des contraires[78]. Dion Cassius montre la préparation de Cléopâtre, la séductrice, pour ce rendez-vous[79]. La reine savait que César avait eu de très nombreuses liaisons féminines, « toutes celles, pour ainsi

73. Luc., *Bell. civ.*, 10, 53-56.

74. Cf. Roller 2010, p. 7.

75. Cf. Schäfer 2006, p. 58-59.

76. Plut., *Caes.*, 49, 1-3.

77. Sur ce sac (στρωματόδεσμον), cf. Whitehorne 2001 : il s'agit non d'un tapis ou d'une couverture comme cela a été souvent admis, mais d'un « sac de nuit », « un sac de couchage » utilisé par les marins ou les voyageurs. On a également pensé à un sac contenant du linge à laver : Schäfer 2006, p. 58.

78. Whitehorne 2001, p. 1292, estime cependant qu'elle n'était pas naine, bien que certains de ses ancêtres, ainsi Ptolémée VIII, aient été proches du nanisme. John Whitehorne met aussi l'accent sur le physique imposant d'Antoine, son futur amant. Une description physique de César chez Suétone (*Div. Iul.*, 45).

79. Dio Cass., 42, 34, 4-6.

dire, qui s'étaient trouvées sur son chemin », et qu'elle pouvait essayer de jouer de sa « beauté » devant lui : « (Elle) disposa minutieusement sa beauté et s'apprêta de façon qu'il la vît à la fois dans toute sa majesté et dans tout l'appareil de la pitié[80]. » Elle entra de nuit à Alexandrie et dans le palais, toujours « à l'insu de Ptolémée ». Le coup de foudre sur César aurait été immédiat : « César la vit, entendit le son de sa voix, et fut aussitôt tellement subjugué qu'il convoqua Ptolémée au point du jour et travailla à les réconcilier[81]. »

Lucain décrit une arrivée en bateau après corruption du gardien du « port de Pharos » puis une scène de séduction[82] : « Confiante dans sa beauté, Cléopâtre l'aborde, affligée, mais sans larmes, se faisant de sa feinte douleur la parure la moins compromettante, les cheveux en désordre. » Après lui avoir adressé une supplique, César succomba et « elle passe une honteuse nuit avec son juge ». Lucain est le seul auteur à proposer le texte du discours de la reine. Le texte est évidemment apocryphe, mais il est intéressant par la représentation romaine de la reine qu'il conserve. La reine y demandait l'élimination de Pothin, mauvais conseiller de son frère, et responsable de la décision d'assassinat de Pompée, et l'établissement du règne conjoint du frère et de la sœur, conformément au testament de Ptolémée XII. César était sollicité au nom de la justice pour rétablir les droits de la reine, qui se serait présentée en suppliante :

> « Si la noblesse, ô grand César, a quelque prix, moi l'héritière illustre de l'Égyptien Lagos, bannie, à jamais chassée du trône de mes pères, si ta main ne me rétablit dans les anciens droits, reine, j'embrasse tes pieds. Tu es l'astre équitable (*aequum sidus*) qui vient briller sur notre peuple. Je ne serai pas la première femme qui ait dominé sur les cités du Nil : sans tenir compte du sexe, Pharos sait obéir à une reine. Lis les dernières volontés de mon père défunt : il entend que je partage avec mon frère le trône et le lit[83]. »

80. Dio Cass., 42, 34, 6.

81. Dio Cass., 42, 35,1.

82. Luc., *Bell. civ.*, 10, 82-106.

83. Luc., *Bell. civ.*, 10, 85-95 : ... *Si qua est, o maxime Caesar, | nobilitas, Pharii proles clarissima Lagi, | exul, in aeternum sceptris depulsa paternis, | ni tua restituet ueteri me dextera fato, | complector regina pedes. Tu gentibus aequum sidus ades nostris. Non urbes prima tenebo | femina Niliacas : nullo discrimine sexus reginam scit ferre Pharos. Lege summa perempti | uerba patris, qui iura mihi communia regni | et thalami cum fratre dedit. Puer ipse sororem, | sit modo liber, amat.*

La politique de César envers Cléopâtre et Ptolémée XIII

Cette nuit d'amour dans le palais royal d'Alexandrie entre César et Cléopâtre eut des conséquences considérables, en faisant naître une complicité entre les deux amants, et en provoquant la fureur de Ptolémée XIII. Dion Cassius résume la nouvelle donne politique en écrivant que « César qui se croyait naguère le juge de Cléopâtre était désormais son avocat[84] ». De fait, il convoqua, dès la fin du discours de Cléopâtre, Ptolémée dans le palais pour le lendemain, au point du jour. La voyant auprès de César, il comprit qu'elle avait réussi à l'approcher et à le séduire. Ne pouvant se maîtriser il laissa éclater sa colère, quitta le palais et rejoignit le peuple d'Alexandrie (τὸ πλῆθος). Il jeta alors son diadème à terre.

Seul le sang-froid de César lui permit de contrôler la situation. Il se rendit au-devant des Alexandrins pour proclamer, conformément au testament de Ptolémée XII, la royauté conjointe de Cléopâtre et de Ptolémée XIII, et réaffirmer la tutelle de Rome sur la monarchie ptolémaïque. Afin de se concilier les Alexandrins, il annonça la rétrocession de Chypre, devenue province romaine en 59 av. J.-C. L'île était confiée aux deux autres cadets de la fratrie de Cléopâtre, Arsinoè (IV) et Ptolémée (XIV). Ce discours aux Alexandrins était un coup de maître. Le récit de Dion montre la faiblesse initiale de la reine, puisque la foule alexandrine soutenait le roi. Or Cléopâtre était désormais reine à Alexandrie aux côtés de Ptolémée XIII, Arsinoè (IV) et Ptolémée (XIV) se trouvant redevable à César de leur nouveau pouvoir chypriote. En restituant l'île aux Ptolémées, César reconnaissait son importance pour le royaume ptolémaïque, comme Antoine plus tard, en 37 av. J.-C.[85]. Ce renversement de situation lié à la seule volonté de César, et à l'habileté de Cléopâtre, provoqua un sursaut du parti hostile à Rome et à Cléopâtre.

La guerre d'Alexandrie

Les auteurs anciens insistent tous sur le fait que l'entourage de Ptolémée XIII et les Alexandrins rejetaient Cléopâtre et César comme des ennemis du royaume et de son indépendance. Nous ne possédons cependant aucun témoignage où Cléopâtre justifierait elle-même sa

84. Dio Cass. 42, 35, 1.
85. Cf. Michel 2018, p. 248 (20) qui évoque « un réflexe ptolémaïque » de la part de César.

position. Sa politique est toutefois lisible au regard de son action ultérieure : maintenir l'indépendance du royaume et obtenir les plus grands avantages de son alliance avec Rome, que ce soit avec César ou Antoine. Les thèmes de la propagande hostile à Cléopâtre sont connus. Dion Cassius affirme que ces critiques faisaient consensus dans le royaume : « Tout le monde en effet trouvait, d'une même voix, scandaleux d'être gouverné par une femme, parce qu'on soupçonnait que César n'avait fait que donner en apparence le royaume aux deux princes pour ramener le calme et qu'avec le temps il l'attribuerait à la seule Cléopâtre[86]. » Selon César et Dion[87], le maître d'œuvre de cette politique était l'eunuque Pothin, qui avait la haute main sur les finances du royaume en tant que dioecète, et qui avait su rallier la totalité des conseillers du roi, totalement sous influence.

Le rapport de force militaire était favorable à Ptolémée XIII. César ne disposait selon Dion que de 3 200 hommes et 800 chevaux. Pothin demanda à l'armée pélusienne de Ptolémée XIII, commandée par Achillas, de faire mouvement vers Alexandrie avec ses 20 000 hommes et ses 2 000 cavaliers. Dion Cassius précise qu'Achillas menait cette guerre « contre César et Cléopâtre ». Ces troupes furent rejointes par les Gabiniens, qui toujours selon Dion Cassius « avaient adopté jusqu'aux mœurs indigènes », et étaient soutenues par « la majorité des Alexandrins ». Cette « guerre d'Alexandrie » (*Bellum Alexandrinum*) est relatée dans l'œuvre anonyme transmise avec le corpus césarien[88]. Le rapport des forces militaires montrait un double isolement de César et de Cléopâtre[89]. Cette guerre devenait une lutte nationale et alexandrine contre Rome[90].

César se retrancha dans le palais royal, qu'il fortifia sur terre, tout en conservant un accès à la mer par le port royal, indispensable pour

86. Dio Cass., 42, 37, 3.

87. Caes., *Bell. civ.*, 3, 108 ; Dio Cass., 42, 36.

88. On a pensé à Aulus Hirtius, un compagnon de César, mais l'attribution est contestée, cf. Graindor 1931, p. 9-13, et Jean Andrieu, *César. La Guerre d'Alexandrie*, Paris, CUF, 1954, p. XVI-XX. Sur ce récit, cf. en dernier lieu Gaertner et Hausburg 2013, p. 109.

89. Will 1979-1982, t. II, p. 532 parle de guerre « mi-civile, mi-étrangère ». Sur cette guerre où les auteurs anciens sont en désaccord sur le détail, mais qu'il est possible de reconstituer dans ses grandes lignes : Graindor 1931.

90. Cf. Hölbl 1994, p. 210 : « *Der Kampf gegen Caesar nahm den Charakter einer alexandrinischen, nationalen Reaktion gegen ein drohendes römisches Provinzialregime an. Man stellte einen förmlichen Volkssturm auf die Beine, bewaffnete Sklaven und hob Wehrfähige in ganz Ägypten aus.* »

son ravitaillement. Il ne pouvait cependant contrôler le Grand Port, où stationnait la flotte royale. Il fit le choix de l'incendier plutôt que la voir passer du côté d'Achillas[91]. Plus de 110 navires furent alors détruits dans le port et les arsenaux. L'incendie se propagea à des entrepôts du port, en particulier ceux stockant le blé et les livres exportés depuis les ateliers de copistes alexandrins[92]. Une tradition antique hostile à César lui attribuait faussement l'embrasement de la bibliothèque du Musée[93].

La guerre d'Alexandrie fut marquée par l'entrée dans la compétition pour le pouvoir lagide de la cadette Arsinoè IV. Quand le conflit débuta, l'un des atouts de César était de tenir dans le palais royal l'ensemble de la fratrie royale. Ptolémée XIII était coupé de ses troupes, ce qui permettait à César de chercher à délégitimer l'armée conduite par Achillas, en affirmant qu'elle n'était qu'« un petit groupe de brigands », et non l'armée du roi. César élimina alors le seul conseiller de Ptolémée XIII encore présent dans le palais, Pothin. Il est impossible de pénétrer les véritables sentiments du roi, quand il accepta à la demande de César d'envoyer auprès d'Achillas deux émissaires, Dioscoridès et Sérapion, alors que son armée commençait à marcher sur Alexandrie. L'échec de cette mission, Achillas ayant assassiné les deux émissaires, conduisit César à se rendre « maître de sa personne » (*in sua potestate*), pour affirmer que le vrai centre légitime du pouvoir était au palais[94]. C'est dans ce contexte qu'intervint la fuite du palais d'Arsinoè IV, accompagnée par l'eunuque Ganymède.

Arsinoè réussit à rejoindre l'armée d'Achillas avec l'objectif de se faire proclamer reine. Cette proclamation royale par l'armée et les Alexandrins, qui n'est attestée que chez Dion Cassius[95], était dirigée contre la seule Cléopâtre, Arsinoè pouvant alors former un couple royal avec son frère aîné[96]. Arsinoè, dont l'âge exact est inconnu, mais qui devait avoir à ce

91. Caes., *Bell. civ.*, 3, 111, 5.

92. Dion Cassius (42, 38, 2) ne mentionne que l'incendie « d'installations portuaires, des dépôts de blé et de livres ». Cf. Canfora 1988, p. 96.

93. Canfora 1988, p. 83.

94. Caes., *Bell. civ.*, 3, 109.

95. Dio Cass., 42, 39, 1.

96. Graindor 1931, p. 79, livre l'analyse psychologique suivante : « On peut croire que ce n'est pas la seule ambition qui avait poussé Arsinoè à s'enfuir. Elle n'eût pas été femme – et une femme de la race des Lagides – si elle n'avait été à la fois jalouse et humiliée de la séduction qu'exerçait Cléopâtre sur César et si elle n'avait cherché à se venger de sa sœur, en prenant sa place sur le trône. »

moment entre dix-huit et vingt ans[97], devint alors la rivale de Cléopâtre. Des dissensions apparurent vite entre Achillas et Ganymède. Arsinoè prit le parti de ce dernier et fit assassiner Achillas. L'auteur de la *Guerre d'Alexandrie* montre l'affirmation de la nouvelle reine face à Ganymède dans des termes contradictoires. Il affirme qu'elle s'empara d'un pouvoir total après la disparition d'Achillas : « Celui-ci mort, elle tenait, en personne, sans associé ni tuteur (*sine ullo socio et custode*), tout le pouvoir[98]. » Mais aux yeux des Alexandrins son autorité était « une autorité fictive » (*fiduciarium regnum*), et Ganymède exerçait en fait la réalité du pouvoir, la « domination la plus cruelle » (*dominatio crudelissima*[99]), un pouvoir « sans frein » (*inpotenter*[100]).

César réussit finalement à briser l'étau du siège du palais grâce à des renforts extérieurs. Il résista d'abord à la stratégie de Ganymède, devenu chef de l'armée par la volonté d'Arsinoè après la mort d'Achillas. Ganymède stimula l'ardeur de ses soldats en augmentant la solde, et tenta d'assoiffer les assiégés en faisant couler de l'eau de mer dans les canalisations qui apportent l'eau douce à la ville. César y répondit en faisant forer avec succès des puits. Des secours extérieurs furent sollicités par un message de César auprès du gouverneur de Syrie, Domitius Calvinus, et par l'envoi d'un émissaire qui réussit à quitter le siège, Mithridate de Pergame, qui passait pour le fils de Mithridate VI du Pont. Sa mission était de mobiliser les princes-clients de Rome en Asie Mineure, en Cilicie et en Syrie.

En décembre 48[101], une flotte romaine portant la 37e légion composée de soldats de Pompée qui s'étaient rendus après Pharsale, ainsi que du blé, des armes et des machines de guerre, débarqua à l'ouest d'Alexandrie. La petite flotte de César réussit à ramener ces renforts à Alexandrie, en dépit d'une attaque de la flotte de Ganymède. César eut alors les moyens d'entreprendre une offensive. Après avoir détruit quelques navires alexandrins dans le port d'Eunostos grâce à l'appui des navires rhodiens et des navires venus du Pont, il se lança à l'assaut de l'île de Pharos et de l'Heptastade[102].

97. Discussion dans Heinen 2009, p. 97 (347).

98. Ps. Caes., *Bell. Alex.*, 4. Sur le concept de pouvoir fictif (*fiduciarius*), cf. Heinen 2009, p. 103-106 ; Guyot 1980, p. 204.

99. Ps. Caes., *Bell. Alex.*, 23, 2.

100. Ps. Caes., *Bell. Alex.*, 33, 2.

101. Graindor 1931, p. 89.

102. Sur la difficile chronologie des événements, Graindor 1931, p. 95-118.

S'il prit facilement Pharos, la bataille de l'Heptastade fut un échec humiliant pour l'*imperator*. Celui-ci dut en effet se résoudre à se jeter à l'eau pour se mettre à l'abri sur un navire. Le récit de la *Guerre d'Alexandrie* donne peu de détails que l'on trouve dans d'autres sources. Il aurait dû nager sous l'eau pour échapper aux traits des Alexandrins, en tenant de la main gauche les documents qu'il avait sur lui[103]. Mais l'anecdote est suspecte, car on ne comprend pas qu'il n'ait pas laissé dans son camp des documents de grande importance[104]. Plus acceptable est l'information qui veut que César ait dû quitter son manteau pourpre pour éviter d'être une cible identifiable et pour nager plus aisément[105]. Il l'aurait même tenu avec ses dents afin de rester libre de ses mouvements, pour éviter qu'il ne soit exhibé par les Alexandrins[106]. Pour Dion Cassius, les Alexandrins en auraient fait un trophée « pour célébrer cette fuite, comme s'ils l'avaient capturé en personne[107] ». La défaite césarienne se solda par 800 morts. Dion Cassius continue son récit par cette phrase : « Mais déjà les légions que César avait appelées de Syrie approchaient. » César et Cléopâtre allaient pouvoir triompher.

2.3 L'élimination des concurrents, Ptolémée XIII, Ptolémée XIV et Arsinoè IV

La noyade de Ptolémée XIII

Après le désastre de la bataille de l'Heptastade, César était trop affaibli pour lancer une nouvelle offensive, et Ganymède, le commandant de l'armée royale, incapable de lancer l'assaut contre les retranchements césariens. Ce conflit, qui durait depuis des mois, paralysait la vie économique, ce qui avait un impact sur l'attitude des Alexandrins. C'est dans ce contexte qu'une ambassade alexandrine fut envoyée à César sans doute par des ennemis de Ganymède, considéré désormais par d'aucuns comme un tyran se jouant d'Arsinoè IV[108]. Le pacte proposé était simple : César libérait Ptolémée XIII, et les Alexandrins étaient prêts à retrouver confiance et amitié (*fides amicitiaque*) dans leur relation avec le Romain[109]. L'auteur

103. Suet., *Div. Iul.*, 64 ; Plut., *Caes.*, 49 ; Dio Cass., 42, 40, 4 ; Oros., 6, 15, 34.
104. Graindor 1931, p. 113.
105. Dio Cass., 42, 40, 4 ; App., *Bell. civ.*, 2, 90.
106. Suet., *Div. Iul.*, 64.
107. Dio Cass., 42, 40, 5.
108. Ps. Caes., *Bell. Alex.*, 23, 2 ; 32, 2.
109. Ps. Caes., *Bell. Alex.*, 23, 1-2.

de la *Guerre d'Alexandrie* conserve un discours qu'il prononça avant de le remettre en liberté. Il l'incitait à veiller sur son royaume ancestral, à épargner les incendies et les destructions à sa patrie, à ramener ses sujets à la raison, et à rester fidèle au peuple romain et à lui-même[110]. Mais il ne disait pas un mot de Cléopâtre… ! Ptolémée lui tint en réponse un discours de dissimulation où il l'assurait, en pleurant, de son désir de rester dans le palais auprès de César, « sa vue » ayant plus d'attraits que le pouvoir. Libéré, le roi reprit sur-le-champ la guerre contre César, mais il s'avéra un piètre général en chef, trop jeune et trop faible aux yeux des Alexandrins[111].

César estimait de son côté qu'il était pour lui « plus glorieux et plus honorable de faire la guerre à un roi qu'à une bande d'étrangers et d'esclaves fugitifs[112] ». Sans doute pensait-il aussi à l'avenir de Cléopâtre… Ce que confirme Dion Cassius qui livre une analyse où César avait bien comme but final de l'imposer comme reine aux Alexandrins : « Car il (César) ne voyait dans le roi, vu sa jeunesse et son manque d'éducation, rien de solide et comptait amener les Égyptiens à composer aux conditions qu'il voulait, ou bien avoir un motif plus juste pour lui faire une guerre totale et les écraser, de manière à les livrer à Cléopâtre avec un motif plausible[113]. » L'issue du conflit vint alors de l'arrivée des armées de secours. Mithridate de Pergame, venu de Cilicie et de Syrie, avait constitué une puissante armée formée de divers contingents, en particulier de 3 000 fantassins juifs de l'Iduméen Antipater, et de troupes fournies par des princes arabes de Syrie[114].

Mithridate quitta Ascalon vers la fin février pour marcher sur Péluse, l'armée de terre étant accompagnée par une flotte le long du littoral. Cette flotte permit une manœuvre militaire de double attaque, l'armée royale ayant barré l'embouchure du bras du Nil communicant avec Péluse. Une partie de l'armada tirée au sec fut remise à flot dans un canal aboutissant à la branche pélusiaque, permettant une prise à revers. L'autre partie de la flotte lança l'assaut de face. Antipater fut le premier à rentrer dans Péluse. Mithridate s'avança alors vers Alexandrie mais se heurta à la résistance des troupes de Ptolémée XIII. Il fit alors marcher son armée vers le sud pour franchir le Nil au niveau de Memphis.

110. Ps. Caes., *Bell. Alex.*, 24, 2.
111. Ps. Caes., *Bell. Alex.*, 25, 1.
112. Ps. Caes., *Bell. Alex.*, 25, 1.
113. Dio Cass., 42, 42, 4.
114. Joseph, *Ant. Iud.*, 14, 129.

Pour Flavius Josèphe, Antipater aurait agi avec succès pour obtenir le soutien des Juifs installés à Léontopolis[115]. Leur exemple aurait joué un rôle déterminant dans le ralliement des habitants de Memphis[116], deuxième ville du royaume par la population, et dont le clergé de Ptah jouissait du plus grand prestige. Depuis le début de la guerre fratricide, c'était la première fois que les auteurs anciens apportaient une information sur un ralliement d'une partie de la *chôra* à César, et à son alliée de fait, Cléopâtre. Mithridate remonta vers le nord par la rive gauche vers Alexandrie. César décida alors de rejoindre Mithridate avec une partie de ses troupes en sortant d'Alexandrie par la mer pour débarquer à Chersonèsos à l'ouest du lac Maréotis[117]. La bataille du Nil, qui opposa les forces romaines et l'armée royale de Ptolémée XIII, se déroula sur un site non identifié sur les rives du lac Maréotis, mais qui pourrait être proche de Chairéa à 35 kilomètres d'Alexandrie[118].

Ptolémée XIII mourut noyé en cherchant à fuir en traversant le fleuve. Cette noyade offrait un contrepoint dans le récit romain à l'épisode peu glorieux de la fuite à la nage de César lors de la bataille de l'Heptastade. César fit immédiatement rechercher – avec succès – le corps et la cuirasse d'or de Ptolémée pour les montrer comme trophée aux Alexandrins[119], et peut-être éviter l'apparition d'un faux Ptolémée. La disparition du corps dans le Nil pouvait en effet permettre de l'assimiler à un Osiris appelé à réapparaître aux yeux du clergé égyptien et des fidèles grecs du mythe d'Osiris[120].

Un bref règne conjoint avec Ptolémée XIV

Après son entrée triomphale dans Alexandrie, César s'empressa de restaurer Cléopâtre VII. Dion Cassius affirme que cette royauté était un « don » et qu'il avait en fait combattu pour elle[121]. Il lui faisait épouser pour la forme son second frère cadet, Ptolémée XIV, âgé de douze ans : « En pratique, Cléopâtre seule devait détenir tout le pouvoir ; son époux

115. Joseph, *Bell. Iud.*, 1, 190 ; *Ant. Iud.*, 14, 131.
116. Joseph, *Bell. Iud.*, 1, 190 ; *Ant. Iud.*, 14, 132.
117. Ps. Caes., *Bell. Alex.*, 23, 1.
118. Heinen 2009, p. 117.
119. Oros., 6, 16, 2.
120. *Contra* cependant Heinen 2009, p. 120, qui ne pense pas que César ait eu en vue cette analyse de nature religieuse.
121. Dio Cass., 42, 44, 1.

n'était encore qu'un petit garçon, et à Cléopâtre, puisqu'elle bénéficiait de la faveur de César, il n'était rien d'impossible[122]. » Ils prirent tous deux l'épithète royale de *Philopatôr*, « Qui aime son père », abandonnant l'épiclèse voulue par Ptolémée XII de *Philadelphos* (« Qui aime son frère, Qui aime sa sœur »), désormais difficile à porter[123]. Chypre, donnée par César en 48 à Arsinoè IV et à Ptolémée XIV, passait sous l'administration de Cléopâtre[124]. Arsinoè IV, qui pouvait agréger un parti hostile à Cléopâtre[125], fut transférée à Rome, où elle figura dans le triomphe de César en 46. Cette solution était très avantageuse pour César : il respectait le testament de Ptolémée XII en substituant seulement le cadet de la fratrie au Ptolémée décédé, et évitait de laisser Cléopâtre VII régner formellement seule, ce qui pouvait irriter et les Alexandrins et les Romains.

Les sources anciennes sont cependant presque muettes sur les soutiens d'adhésion dont avait pu bénéficier la reine. Les Alexandrins qui ont imploré le pardon de César en suppliants, en offrant leur soumission (*deditio*), n'avaient aucun moyen de s'opposer à la reine. Le témoignage de Flavius Josèphe affirmant que César avait renouvelé les privilèges des Juifs alexandrins, qu'Alexandre le Grand leur avait donnés pour récompenser leur soutien, n'est pas fiable[126]. La réaction des habitants de la *chôra* qu'il s'agisse des Grecs ou des Égyptiens est également inconnue. L'auteur de la *Guerre d'Alexandrie* note cependant de manière très générale que les deux souverains ne pouvaient compter, ni sur l'amour (*amor*) de leurs sujets, en raison de leur amitié avec César, ni sur l'ancienneté de leur pouvoir, tout récent[127].

Un épisode permet cependant d'admettre que Cléopâtre et César n'étaient pas en sécurité dans tout le pays. Il s'agit des conditions de leur croisière sur le Nil jusqu'à la première cataracte à Syène (Assouan). Le voyage est décrit par Appien qui insistait sur l'importance de l'armada accompagnant le navire royal, 400 navires, et sur le plaisir que César éprouvait à son côté[128]. Ce voyage est souvent présenté comme une sorte de lune de miel entre les deux amants, alors que César, qui resta au total encore trois mois en Égypte après sa victoire du Nil, avait tout intérêt à retourner en Italie

122. Dio Cass., 42, 44, 3.

123. *P. Oxy.* XIV, 1629, 26 juin 44.

124. Huß 2001, p. 721.

125. Ps. Caes., *Bell. Alex.*, 33, 2.

126. Joseph, *Bell. Iud.*, 2, 488 ; *Ant. Iud.*, 12, 188. Cf. *infra* Chapitre 5.3, *Le réquisitoire de Flavius Josèphe.*

127. Ps. Caes., *Bell. Alex.*, 33, 3.

128. App., *Bell. civ.*, 2, 90. Cf. aussi Suet., *Div. Iul.*, 52, 2.

pour s'organiser face à ses ennemis qui reconstituaient leurs forces[129]. César était en effet accompagné par son armée durant cette croisière. Suétone la mentionne seulement pour son refus de suivre l'*imperator* au-delà de la seconde cataracte, ce qui est manifestement une légende assimilant César à Alexandre, confronté à une situation semblable en Inde sur l'Hyphase[130].

Cette croisière joignait en fait l'utile à l'agréable[131]. César certes appréciait de découvrir les merveilles et les richesses de l'Égypte, en compagnie de son amante, mais il faisait aussi de ce voyage une démonstration de force. Il s'agissait d'affirmer le pouvoir de Cléopâtre (et de Ptolémée XIV) sur l'ensemble du pays, et de faire face avec son armée à une éventuelle attaque[132]. Appien rapporte aussi qu'il aurait consulté durant ce voyage les prêtres égyptiens. Ce contact pourrait bien avoir été politique pour s'assurer de la fidélité du clergé égyptien, et non seulement pour imiter Alexandre qui avait rencontré les sages d'Orient. Cléopâtre avait de son côté tout intérêt à se rendre à Memphis pour s'assurer de la loyauté du clergé de Ptah. L'idée de cette visite de la *chôra* pourrait bien être une idée de Cléopâtre plutôt que de César, tant elle s'inscrit dans une tradition pharaonique reprise par les Ptolémées[133]. Le voyage avait cependant sans doute été plus court que ne l'écrit Dion Cassius, pour durer seulement six ou sept jours, sans remonter après Memphis[134]. Dion Cassius résume la situation en écrivant que César restait en Égypte, car elle n'était pas encore « remise en état[135] ». L'exigence césarienne de prélever 10 millions de deniers sur le trésor ptolémaïque pour rembourser une partie de la dette colossale de Ptolémée XII envers de riches Romains – 17,5 millions au total – ne pouvait qu'aggraver une situation économique déjà difficile[136]. Le monnayage de la reine s'en ressentit immédiatement : le taux d'argent fin passa à moins de 50 %.

129. Schwentzel 2014, p. 58 : « Aucune raison politique ne semble pouvoir expliquer le prolongement de ce séjour égyptien. »

130. Suet., *Div. Iul.*, 52, 2.

131. Graindor 1931, p. 160, note ainsi que César voulait « se rendre compte par lui-même de l'importance de sa nouvelle conquête ». Cf. aussi Sartre 2018, p. 87 : des « raisons politiques impérieuses » justifiaient le voyage sur le Nil.

132. Graindor 1931, p. 160, estime – trop rapidement – que César « a cru devoir s'encombrer d'une armée pour visiter un pays où il n'y avait plus rien à craindre ».

133. Huß 2001, p. 721. Cf. Clarysse 2000.

134. Schäfer 2006, p. 84.

135. Dio Cass., 42, 46, 1.

136. Plut., *Caes.*, 48, 8.

La précarité du pouvoir de Cléopâtre se mesurait parfaitement dans la décision de César de laisser trois légions (environ 15 000 hommes) en Égypte quand il quitta le pays sans doute fin mars-début avril 47. Elles étaient placées sous le commandement de Rufio (ou Rufinus[137]), un chevalier, fils d'un affranchi de César[138]. Son origine modeste pouvait paraître comme une garantie contre une carrière trop ambitieuse annonçant le futur statut augustéen de l'Égypte, province impériale, où le gouverneur était un chevalier et non un sénateur. Le règne conjoint de Cléopâtre et de Ptolémée XIV s'ouvrait donc sous la protection romaine, César apparaissant comme le patron des nouveaux souverains. Les sources anciennes n'apprennent cependant rien sur la période d'un an qui couvre le départ de César et le voyage de Cléopâtre pour Rome au début de l'été 46, où elle séjourna avec son frère-époux Ptolémée XIV. Sa sœur Arsinoè, qui devait être exécutée à l'issue du quadruple triomphe de César pour ses victoires en Gaule, dans le Pont, en Maurétanie, et en Égypte, fut graciée à la demande de la foule romaine, bouleversée par sa jeunesse et sa beauté. Elle fut exilée au temple d'Artémis à Éphèse[139].

Ptolémée XIV fut éliminé par empoisonnement (φαρμάκοις) après le retour de la reine à Alexandrie à la suite de l'assassinat de César le 15 mars 44[140]. Les raisons du meurtre se trouvaient dans le désir de Cléopâtre de continuer à contrôler seule le pouvoir royal. Ptolémée XIV, alors âgé de quinze ans[141], approchait en effet de la majorité royale fixée à seize ans[142]. Elle s'associa immédiatement, comme co-souverain, son fils Ptolémée XV César, un enfant qu'elle présentait, depuis sa naissance en 47 ou en 44, comme le fruit de ses amours avec César. Arsinoè, qui avait pris le parti des meurtriers de César, et qui soutenait Cassius, représentait un autre danger, qui aurait pu se coaliser par une alliance dans un nouveau couple royal Ptolémée XIV-Arsinoè IV.

137. Graindor 1931, p. 163 (1), opte pour Rufio.

138. Suet., *Div. Iul.*, 76, 7, qui ajoute que Rufio (ou Rufinus) était l'un des amants de César.

139. La présence d'Arsinoè IV est rapportée par Florus (2, 13, 88), et Dion Cassius (43, 19, 1-4).

140. Joseph, *Ant. Iud.*, 15, 89.

141. Le meurtre eut lieu après le 26 juin 44, date d'un contrat clérouchique d'Oxyrhynchos, *P. Oxy.* XIV, 1629, où le roi était encore mentionné.

142. Legras 1999, p. 109-132.

L'assassinat d'Arsinoè IV

La vie d'Arsinoè, peu documentée, laisse la place à de nombreuses hypothèses, mais il est clair que la question centrale était sa position de rivale réelle ou potentielle de Cléopâtre. L'un des points importants dans l'analyse de son rapport avec Cléopâtre est la présence ou l'absence de cette dernière au quadruple triomphe de César à Rome, en 46.

Pour Dion Cassius, elle assista à l'événement en reine légitime, accompagnée de son co-souverain Ptolémée XIV[143]. Florus, historien du IIe siècle apr. J.-C., relate l'événement en ces termes : « Son second laurier, il le devait à l'Égypte : on vit alors, portés sur des brancards, le Nil, Arsinoè et le Phare, étincelant de tous ses feux[144]. » Le spectacle offert à la foule romaine pouvait être vu comme une victoire sur les ennemis de César et Cléopâtre, ce qui était suggéré par la présence de portraits représentant Pothin et Achillas dont la vue, selon Appien, faisait exulter la foule[145]. Le Nil serait un symbole de la victoire de la bataille du Nil et celui du Phare comme un rappel de la défaite des Alexandrins. Mais il s'agissait aussi d'une humiliation de symboles majeurs du royaume. Dion Cassius décrit Arsinoè enchaînée, en captive vaincue[146]. Sa grâce serait venue uniquement de la réaction des spectateurs romains : « La vue d'Arsinoè, une femme et considérée comme une reine, dans des chaînes – spectacle qu'on n'avait jamais vu, du moins à Rome –, éveilla une grande commisération, et ils s'en servaient comme excuse pour déplorer leurs malheurs privés. Mais elle fut libérée en considération pour ses frères. »

Le drame vécu par Arsinoè avait attiré la compassion des Romains, mais il est possible que celle-ci ait été aussi dictée par une attitude hostile à Cléopâtre, au moins pour une partie de la foule. Les sources ne permettent pas de connaître les pensées de César et de Cléopâtre devant ce spectacle. On y a vu une preuve du caractère sanguinaire de Cléopâtre, qui aurait demandé à César ce traitement cruel[147], ou bien une mani-

143. Dio Cass., 43, 14, 3 ; 43, 19, 24. Cf. aussi App., *Bell. civ.*, 2, 101-102 ; T. Liv, *Per.*, 115 ; Suet., *Div. Iul.*, 37 ; Plut., *Caes.*, 55 ; Vell. Pat., 2, 56 ; Oros., 6, 16, 6. Sa présence à Rome aurait eu aussi pour objectif d'empêcher une révolte en Égypte, qui se serait appuyée sur le roi.

144. Flor., 2, 13, 88.

145. App., *Bell. civ.*, 2, 101.

146. Dio Cass., 43, 19.

147. Mahaffy 1899, p. 243 et 247 ; Whitehorne 1994, p. 194.

festation de la volonté de César de montrer sa puissance[148]. La grâce d'Arsinoè, qui échappait à la mort, à la différence d'un autre vaincu du triomphe, Vercingétorix, était en fait un calcul politique. Elle offrait à César une alternative potentielle en cas de crise avec Cléopâtre[149], en disposant d'une nouvelle reine dans le cadre du maintien d'un régime de protectorat sur le royaume[150]. Le geste de César permettait par conséquent de garder un moyen de pression sur Cléopâtre.

Cependant nombre d'historiens ont contesté que Cléopâtre fût alors déjà arrivée à Rome en montrant qu'elle n'avait aucun intérêt à se montrer à cette cérémonie[151]. Elle célébrait non seulement une victoire de ses propres ennemis, mais aussi une humiliation de symboles de son royaume. Elle serait en fait arrivée intentionnellement à Rome entre la fin juin et la fin juillet. Dans ce cas, l'analyse de la rationalité du geste césarien garde toute sa valeur, et l'attitude de Cléopâtre envers l'événement reste objet de conjectures. Le danger constitué par l'existence d'Arsinoè restait patent. Son exil à Éphèse dans le temple d'Artémis, situé dans la province romaine d'Asie, lui offrait la protection de l'asylie dans ce sanctuaire prestigieux, et la possibilité de continuer à agir contre sa sœur[152]. Il est impossible de déterminer si ce sanctuaire fut choisi par César, par Arsinoè… ou par Cléopâtre. D'après Appien[153], Cléopâtre exerçait à distance une surveillance sur sa sœur, furieuse de l'accueil royal que lui fit le grand prêtre Mégabyze d'Éphèse, quand elle arriva en suppliante.

Arsinoè IV fut assassinée en 41 sur l'ordre d'Antoine. Les sources romaines donnent toutes comme mobile à ce crime impie, car contraire au droit d'asylie, la volonté de Cléopâtre imposant ses vues à Antoine. Dion Cassius présente l'acte d'une « maîtresse » manipulant son « esclave » :

> « Après la bataille de Philippes, Marc Antoine […] s'étant sur ces entrefaites épris de Cléopâtre, qu'il avait vue en Cilicie, il n'eut plus aucun

148. Macurdy 1932, p. 190.

149. Hölbl 1994, p. 212.

150. Geraci 1983, p. 22.

151. Huß 2001, p. 723 ; Schäfer 2006, p. 96 ; Roller 2010, p. 71 ; Schwentzel 2014, p. 56 ; Sartre 2018, p. 147. Sur les difficultés posées par les sources littéraires sur cette question : Van 't Dack 1988, p. 244 (= *AncSoc* 1, 1970, p. 53-67). Cet auteur estime ne pouvoir choisir aucune des deux solutions.

152. Picard 1922, p. 138-155 ; Rigsby 1996, p. 385-393. Maud Étienne-Duplessis a proposé dans son commentaire du Livre V des *Guerres civiles* d'Appien, Paris, CUF, Les Belles Lettres, 2013, p. 129-130, d'identifier le sanctuaire où Arsinoè trouva refuge avec celui d'Artémis à Magnésie du Méandre, dont l'asylie était reconnue à la fois par les Lagides et les Romains.

153. App., *Bell. civ.*, 5, 9, 36.

souci de son honneur ; il se fit l'esclave de l'Égyptienne et ne s'occupa que de son amour pour elle[154]. »

Appien met, de son côté, en valeur la perte de la maîtrise de soi par Antoine :

« Aussitôt donc, l'attention qu'Antoine prêtait jusqu'alors à toute chose baissa d'un seul coup. Quant à Cléopâtre tout ce qu'elle pouvait ordonner était exécuté, sans plus de distinction entre ce qu'autorisent les lois divines et ce qu'autorisent les lois humaines[155]. »

Flavius Josèphe insiste, de son côté, sur l'avidité et l'*hybris* qui animaient Cléopâtre :

« Elle était, d'ailleurs, par nature, âpre au gain, et il n'était violations de droits qu'elle n'eût commises[156]. »

Cléopâtre qui n'aurait jamais pardonné à sa sœur sa tentative de 48-47 pour s'emparer du trône aurait enfin trouvé le moyen de l'éliminer grâce à la passion amoureuse d'Antoine[157]. Mais Antoine faisait lui aussi un calcul politique[158]. Les circonstances n'étaient plus les mêmes qu'en 46, lorsque César l'avait épargnée. Elle représentait désormais un danger pour Antoine, tant par les alliances qu'elle pouvait tenter de nouer avec les Alexandrins contre Cléopâtre, qu'avec les adversaires romains de l'*imperator*, en particulier avec le républicain Cassius[159].

La discussion archéologique sur l'identification éventuelle de son tombeau a été relancée en 1990. Il s'agirait d'un monument octogonal fouillé à Éphèse en 1929 au centre de la ville dans la rue des Courètes. L'archéologue autrichienne Hilke Thür a alors défendu l'idée que sa forme

154. Dio Cass., 48, 24, 1-2 : μετὰ τὴν μάχην τὴν πρὸς τοῖς Φιλίπποις συμβᾶσαν, ὁ Ἀντώνιος ὁ Μᾶρκος [...] κἀν τούτῳ τῆς Κλεοπάτρας ἐν Κιλικίᾳ οἱ ὀφθείσης ἐρασθεὶς οὐκέτ᾽ οὐδεμίαν τοῦ καλοῦ φροντίδα ἐποιήσατο, ἀλλὰ τῇ τε Αἰγυπτίᾳ ἐδούλευε καὶ τῷ ἐκείνης ἔρωτι ἐσχόλαζε.

155. App., *Bell. civ.*, 5, 9, 34 : Εὐθὺς οὖν Ἀντωνίῳ μὲν ἡ περὶ ἅπαντα τέως ἐπιμέλεια ἀθρόα ἠμβλύνετο, Κλεοπάτρα δ᾽ ὅ τι προστάξειεν, ἐγίγνετο, οὐ διακριδὸν ἔτι περὶ τῶν ὁσίων ἢ δικαίων.

156. Joseph, *Ant. Iud.*, 15, 89 : Φύσει δὲ πλεονεξίᾳ χαίρουσα παρανομίας οὐδὲν ἐνέλιπε (trad. Chamonard).

157. Huß 2001, p. 731, donne comme mobiles la haine et la défiance de Cléopâtre.

158. Bicknell 1977, p. 337.

159. Will 1979-1982, t. II, p. 727-738.

aurait été une référence au phare d'Alexandrie[160]. En 2009, une équipe médico-légale a ensuite étudié le squelette redécouvert dans la tombe, dont les ossements avaient été laissés sur place lors de la fouille de 1929, à l'exception de la tête transportée en Allemagne, mais perdue durant la Seconde Guerre mondiale. La reconstitution faciale effectuée par Caroline Wilkinson, anthropologue de l'université de Liverpool, fit sensation, car elle aurait accrédité l'idée d'un métissage africain noir[161]. Ces identifications sont cependant très discutées, car ce type de monument funéraire en octogone était typique de l'art funéraire d'Asie Mineure[162], et la restitution faciale est rendue plus qu'hypothétique par la perte du crâne et les nombreuses manipulations des ossements. Ce tombeau serait plutôt celui d'une jeune femme inconnue de l'élite sociale d'Éphèse.

Conclusion

L'ascension vers le pouvoir royal de Cléopâtre s'était donc appuyée sur une puissance étrangère, Rome, et singulièrement sur un homme, César. À l'image de son père Ptolémée XII, elle ne pouvait compter que sur les légions romaines pour s'imposer au sein de sa fratrie. Les sources littéraires insistent aussi sur l'hostilité des Alexandrins qui auraient choisi de soutenir Ptolémée XIII. Cléopâtre était donc totalement entre les mains d'une puissance étrangère. La guerre d'Alexandrie pourrait alors apparaître comme une lutte « nationale » pour le maintien de l'indépendance du royaume. Théodotos, Pothin et Achillas auraient pu devenir, dans la mémoire alexandrine, des martyrs du nationalisme alexandrin au même titre que les héros célébrés dans les *Acta Alexandrinorum* durant l'époque romaine[163]. Et Cléopâtre pouvait être considérée comme un traître pactisant avec l'ennemi romain. Les soutiens de Cléopâtre dans la *chôra* restent difficiles à identifier, mais un papyrus grec de Berlin a montré l'existence de soutiens dans une garnison de Moyenne-Égypte, dans le nome Hérakléopolite. Son effort, une fois arrivée à ses fins politiques avec l'élimination de Ptolémée XIII, sera de rallier les Alexandrins et la population de toute la *chôra* par une politique de retour à la sécurité, à la prospérité, et au rayonnement du royaume de ses ancêtres.

160. Thür 1990. Cette identification est acceptée comme vraisemblable par Huß 2001, p. 731 (28).

161. Cf. de Callataÿ 2015, p. 33, Fig. 13.

162. Berns 2003, p. 45-46 ; Berns 2013, p. 235.

163. Harker 2008.

Chapitre 3

Restaurer la prospérité du royaume

Soutenue et imposée par Rome aux élites du royaume, Cléopâtre développa une ambitieuse politique de réformes économiques et sociales pour asseoir son autorité et légitimer son pouvoir. Les ordonnances royales conservées en grec sur des inscriptions ou des papyrus, dont certaines ont été récemment publiées, permettent de saisir la réalité des décisions prises. Le souverain était en effet une importante source du droit dans le cadre du système juridique des Lagides, fondé sur la pluralité des droits, grecs, égyptiens et juifs[1]. Si les Ptolémées avaient par principe la possibilité de légiférer en tout domaine, ils n'intervenaient en fait que dans le domaine administratif, social et économique. Le droit privé resta le domaine de la législation des cités grecques, des Grecs de la *chôra* et de l'élite sacerdotale égyptienne. Les réformes, qui nous sont parvenues, affirmaient la volonté de la souveraine de conduire, sans pression romaine, les affaires intérieures du pays, et d'engager des réformes économiques et sociales pour rétablir la prospérité. Une telle ambition nécessitait cependant pour Cléopâtre d'être le vrai souverain du royaume, même lors de son séjour à Rome en 46-44 av. J.-C.[2].

1. Wolff 1978 ; Mélèze-Modrzejewski 2014 ; Grotkamp 2018.

2. Will 1979-1982, t. II, p. 535, estime ainsi que Cléopâtre vivait à Rome dans une « cage dorée », et que l'Égypte « privée de ses souverains » était en fait « un pays occupé ».

3.1 L'affirmation du pouvoir royal dans le pays

L'ordonnance du 9 juin 46 av. J.-C.

La volonté de Cléopâtre de gouverner son royaume, alors même qu'elle en était éloignée, est révélée par un papyrus conservé à Berlin, de provenance inconnue, qui préserve les restes de quatre documents copiés à la fin de l'époque ptolémaïque. L'un d'entre eux était une ordonnance (*prostagma*) désormais attribuée au règne conjoint de Cléopâtre VII et de Ptolémée XIV[3]. Ce document daté de la 6e année de Cléopâtre est le second papyrus grec situé sous ce règne conjoint[4]. L'objet de l'ordonnance était de soustraire au droit d'asile dans les sanctuaires les responsables du paiement des impôts, qui ne pouvaient donc s'y réfugier pour échapper aux poursuites. L'ordonnance rappelait les sanctions prévues pour les débiteurs indélicats envers le fisc, et les avantages accordés aux dénonciateurs. L'intérêt majeur de ce texte réside dans la mention d'un haut fonctionnaire, dont la titulature est double[5]. Cette double titulature exprimerait les deux fonctions qui lui sont dévolues : les « affaires » (τὰ πράγματα) du roi et la charge de « préposé à la cité » (ἐπὶ τῆς πόλεως). La réunion des deux termes n'est à ce jour pas autrement attestée. L'*épi tès poléôs* était le gouverneur d'Alexandrie, une charge de fonctionnaire ptolémaïque doté de responsabilités civiles et non militaires[6]. Son existence prouvait l'intervention des souverains dans la vie de la cité d'Alexandrie, si tant est qu'Alexandrie possédât bien les organes politiques d'une *polis* grecque autonome[7]. La fonction semblait permanente. Elle était de toute évidence prestigieuse comme l'attestait sa mention dans les titres et charges d'un Alexandrin, Lykariôn fils de Nouménios, dont la carrière se lisait sur la dédicace de sa statue faite par la cité d'Alexandrie à la fin de l'époque ptolémaïque[8].

3. *C. Ord. Ptol.* 82. Pour la datation Van 't Dack 1988, p. 234-237 (= *AncSoc* 1, 1970, p. 53-67). Schrapel 1996, p. 286, date l'ordonnance fautivement du règne commun de Cléopâtre et Césarion.

4. *P. Oxy.* XIV, 1629, daté de la 8e année (26 juillet 44).

5. *C. Ord. Ptol.* 82, l. 17-18 : [ἐπὶ τὰ πρ]άματα καὶ ἐπὶ τῆς πόλεως ἀπολελειμμένος.

6. Fraser 1972, t. I, p. 106-107.

7. Legras 2009, p. 103-113.

8. *IG Alex. Ptol.* 42.

Lykariôn, qui possédait le titre aulique de « parent du roi », et qui appartenait à une famille de notables alexandrins, exerçait à la fois des fonctions dans la haute administration ptolémaïque – il était également dioecète, c'est-à-dire ministre de l'économie et des finances – et des charges dans l'administration de la cité d'Alexandrie. Il possédait ainsi le titre honorifique de président de la gérousie (ἀρχιγέρων), le conseil des Anciens qui était chargé de la gestion d'affaires de la cité, probablement en relation avec le gymnase. Il avait été magistrat alexandrin en occupant la charge d'exégète, qui était peut-être chargé d'établir les listes éphébiques, et celle de gymnasiarque, qui était chargé du bon fonctionnement du gymnase. Cette dernière magistrature était une liturgie, le gymnasiarque devant assurer les dépenses de fonctionnement de l'institution (huile pour les athlètes, bois de chauffage pour les bains...). Il est impossible de dire si ces fonctions furent successives ou cumulées.

Le haut fonctionnaire de Cléopâtre VII et de Ptolémée XIV avait des fonctions élargies à toute l'Égypte, puisqu'il intervenait pour les abus commis en dehors d'Alexandrie en tant que *polis*. Cela expliquait la première partie de son titre qui lui attribuait les « affaires » du roi, c'est-à-dire les questions de tous ordres qui incombaient aux souverains dans le royaume. La création de ce titre répondait à une situation exceptionnelle, que l'on peut déterminer grâce à un autre terme de sa titulature : « laissé sur place » (ἀπολελειμμένος). Il avait en effet été laissé sur place afin de régler les affaires du royaume tant à Alexandrie que dans toute l'Égypte. Le contexte s'éclaire par une mention chez Polybe d'un autre *épi tès poléôs* « laissé sur place », Ptolémaios fils de Khrysermos, tué lors de la tentative de prise du pouvoir par le roi spartiate Cléomène III en 219 av. J.-C.[9]. Ptolémaios, parent du roi, appartenait également à l'élite du royaume, puisqu'il avait atteint la fonction à la fois religieuse et politique de prêtre d'Alexandre en 224/223 av. J.-C., sous Ptolémée III[10]. Plutarque rapporte sa sortie du palais royal au moment où Cléomène mettait la main sur lui. Ptolémée IV se trouvait alors en déplacement à Canope, lieu de pèlerinage vers le sanctuaire de Sarapis et lieu de plaisirs, ce qui entraînait un faible éloignement permettant au roi de revenir rapidement à Alexandrie. La charge devait en fait surtout être utile quand le souverain était absent pour une longue durée. L'élargissement territorial de la fonction à toute l'Égypte répondait en 46 av. J.-C. à la perspective

9. Polyb., 5, 9. Cf. aussi Plut., *Cleom.*, 37, 9.
10. Ijsewijn 1961, n° 62 ; Mooren 1975 n° 19.

d'un éloignement du pouvoir royal, à savoir le voyage à Rome des deux souverains[11]. En confiant l'administration du pays à un fonctionnaire ptolémaïque traditionnel, Cléopâtre affirmait sa volonté d'assurer la continuité de la direction du pays. Son identité reste cependant inconnue. Avant de partir pour Rome, Cléopâtre VII avait donc pris au moins cette ordonnance pour protéger ses sujets contre les exactions fiscales, et elle veillait à ce que ses décisions fussent respectées par son administration.

Le principe de confier à un fonctionnaire de confiance un large domaine de l'administration par un cumul de fonctions était déjà attesté dans un document datant de la dernière année de Ptolémée XII ou la première de Cléopâtre (51/50 ou 50/49)[12]. Il fait connaître un fonctionnaire de l'administration centrale, Théôn[13], qui cumulait les fonctions de ministre de l'économie (dioecète) et de responsable du compte privé royal (ἴδιος λόγος) : « Celui qui a en mains les affaires » des souverains[14]. Ce haut personnage, qui était revêtu du titre de parent du roi, était mentionné à nouveau en 46/45[15], et en 41[16]. Il eut donc une indéniable longévité dans ses fonctions, même si l'on ne peut écarter totalement l'idée d'une mise à l'écart temporaire liée aux conflits dynastiques durant cette période d'environ dix ans. La longévité et donc la fidélité à la reine sont connues pour un autre haut fonctionnaire ptolémaïque, le stratège et épistratège de Thébaïde Kallimakhos, mentionné sur des inscriptions de 49 et de 41[17].

Une reine hellénistique à Rome

La volonté de Cléopâtre de ne pas seulement régner, mais aussi de gouverner que révélait cette ordonnance éclairait la politique qu'elle a menée lors de son séjour romain de 46 av. J.-C. Le fait d'arriver à Rome après le quadruple triomphe césarien s'intégrait parfaitement dans une stratégie politique, où elle laissait César solder seul le passé de la guerre fratricide avec Ptolémée XIII, mais où elle voulait offrir une nouvelle ère à l'Égypte, royaume hellénistique indépendant. Cléopâtre resta un an

11. Van 't Dack 1988, p. 240 : la gestion des « affaires » était « la première et la plus importante fonction qui avait été créée *ad hoc* ».

12. *BGU* VIII, 1845.

13. Mooren 1975 n° 0178.

14. Ὁ πρὸς προχείροις τῶν θεῶν καὶ κυρίων βασιλέων.

15. *C. Ord. Ptol.* 67 = *I. Prose* 67 = *I. Asylia* 226 (7 mars 46) ; *BGU* VIII, 1853 (46/45).

16. *C. Ord. Ptol.* 75-76 (12 avril 41).

17. *SB* I, 2264 (1er juillet 49) ; *C. Ord. Ptol.* 67 = *I. Prose* 67 = *I. Asylia* 226 (7 mars 46).

et demi dans la Ville, mais elle retourna probablement à Alexandrie, au printemps 45, quand César quitta Rome pour mener en Espagne la guerre contre les fils de Pompée, Pompée le Jeune et Sextus Pompée, qu'il défit à Munda (mars 45)[18]. Ce retour à Alexandrie était cohérent avec sa volonté de contrôler son royaume. En retournant à Rome pendant l'automne 45, elle montrait que la situation était assurée dans son royaume. Elle y résidait sur la rive droite du Tibre (*Trans Tiberim*) dans une villa et ses magnifiques jardins appartenant à César, en vertu du lien d'hospitalité (*hospitium*) qui les liait[19].

La visite de la reine avait suscité des critiques. Calpurnia, l'épouse légitime de César, ne pouvait que fulminer de voir son mari installer officiellement sa jeune et séduisante maîtresse égyptienne à Rome[20]. La correspondance de Cicéron mentionnait la reine en termes peu aimables, mais il n'explicitait pas tous ses griefs. Dans une lettre à Atticus du 13 juin 44[21], il écrit qu'il « déteste la reine » (*reginam odi*), mais la raison se trouve dans le fait qu'elle n'avait pas honoré des promesses d'ordre littéraire :

> « Je déteste la reine ; Ammonius, garant de ses promesses, sait que j'ai le droit de la détester ; ces promesses étaient *d'ordre érudit* et conformes à mon honneur ; aussi n'hésiterais-je pas à en parler même devant l'assemblée du peuple. Quant à Sara, outre sa scélératesse, j'ai constaté de plus son arrogance à mon égard. Je ne l'ai vu qu'une seule fois chez moi ; comme je lui demandais aimablement ce qui pouvait lui être utile, il me dit qu'il cherchait Atticus ! Quant à la superbe de la reine en personne, lorsqu'elle résidait dans ses “jardins” de la Rive droite, je ne peux l'évoquer sans une vive douleur. Aussi je ne veux rien avoir à faire avec ces gens-là ; libre à eux de penser que c'est moins le courage que la bile qui m'anime[22]. »

18. Gruen 2011, p. 45-49.

19. Cf. Frass 2006, p. 287-288.

20. Cf. par ex. Huß 2001, p. 724 : « *Eine orientalische Potentatin, eine extravagante Erscheinung, eine attraktive, junge Dame, die Einfluß auf den mächtigsten Mann Roms besaß...* ».

21. Cic., *Att.*, 15, 15, 2.

22. Cic., *Att.*, 15, 15, 2 : *Reginam odi ; id me iure facere scit sponsor promissorum eius Ammonius, quae quidem promissa[rum eius] erant* φιλόλογα *et dignitatis meae, ut uel in contione dicere auderem. Saran autem, praeterquam quod nefarium hominem, cognoui praeterea in me contumacem. Semel eum omnino domi meae uidi ; cum* φιλοφρόνως *ex eo quaererem quid opus esset, Atticum se dixit quaerere ! Superbiam autem ipsius reginae, cum esset trans Tiberim in hortis, commemorare sene magno dolore non possum. Nihil igitur cum istis ; nec tam animum me stomachum habere arbitrentur.*

L'origine de la violente déception de Cicéron résidait probablement d'un engagement à faire venir des livres rares d'Alexandrie[23]. Cicéron estimait cependant que l'offense portait atteinte à sa dignité (*dignitas*) de consulaire. Il dénonçait de même des membres de l'entourage de la reine, en particulier un certain Sara[24], un Égyptien de l'entourage de la reine, un hôte indélicat qui venait à son domicile uniquement pour rencontrer Atticus[25]. Il mettait en cause l'orgueil (*superbia*) de la reine, mais sans dire si la critique portait sur sa manière d'être ou sur sa politique. Il concluait cette diatribe en affirmant qu'il ne voulait « rien avoir à faire avec ces gens-là ». Le témoignage de Cicéron attestait que la reine vivait dans un contexte culturel lettré. Elle recevait en effet dans ses jardins des membres de l'élite culturelle grecque, ainsi le musicien M. Tigellius Hermogenes[26], ou le philosophe et sophiste Philostrate. Ce dernier passait pour si assidu auprès de la reine qu'il aurait fini par lui ressembler. Les liens forts entretenus par Philostrate avec la reine expliquaient la confiscation du tiers de ses biens, sinon de leur totalité, et son exil d'Alexandrie après la victoire d'Octavien[27].

Mais Cléopâtre n'était pas venue à Rome pour entretenir un salon littéraire et artistique dans une luxueuse villa[28]. La perspective de satisfaire une passion érotique avec César ne pouvait de même être le motif essentiel de ce séjour[29]. Ses objectifs étaient politiques. Les deux souverains, Cléopâtre et Ptolémée XIV, furent reconnus par le Sénat, à la demande de César, comme « rois amis et alliés du peuple romain » (*reges socii et amici populi Romani*)[30]. César allait cependant au-delà de ces relations désormais traditionnelles entre Rome et Alexandrie. Il fit en effet placer une statue en or de la reine dans le temple de Vénus *Genetrix* qu'il venait de faire construire conformément à un vœu après la victoire de Pharsale[31].

23. Schwentzel 2014, p. 65.
24. Sara (ou Saras ?) était une forme hypocoristique de Sarapion : Heinen 2009, p. 177.
25. Cicéron le définissait comme un scélérat (*nefarius homo*).
26. Treggiari 1969, p. 269-270.
27. Philostr., *VS*, 1, 5 ; *AP* 7, 645 (Krinagoras de Mytilène). Sur Philostrate, cf. Follet 2012. Il se serait réfugié en Judée ou à Ostrakina, à 97 kilomètres à l'est de Péluse, sur la frontière entre l'Égypte et l'Arabie.
28. Sur la présence de femmes « extravagantes » dans les jardins romains, cf. Boatwright 1998.
29. Gruen 2011, p. 49.
30. Dio Cass., 43, 27, 3 ; Suet., *Div. Iul.*, 52, 1.
31. App., *Bell. civ.*, 2, 102.

La dédicace du temple venait clore les fêtes de son quadruple triomphe[32]. La statue de la reine était placée en *synnaos théos* à côté de la statue de la déesse.

Cet acte de piété accompli par César était pour la reine un atout maître pour affermir son pouvoir. Sur le plan religieux Cléopâtre était dans la continuité des pratiques religieuses ptolémaïques. Femme-déesse, elle était identifiée en Égypte comme ses prédécesseurs à Isis et à Aphrodite. La nouveauté résidait dans le fait que la statue était déposée dans un sanctuaire romain[33]. Or Vénus était présentée par la *gens Iulia* comme son ancêtre mythique. En associant Cléopâtre à Vénus à Rome, César donnait à penser que sa *gens* et les Ptolémées étaient désormais en symbiose. La symbolique était d'autant plus forte qu'il ne choisit pas la Vénus Victorieuse (*Victrix*), ce qui pouvait paraître logique après Pharsale, mais la Vénus Génitrice, Maternelle (*Genetrix*).

Ce séjour fut marqué par des rumeurs malveillantes, ainsi l'intention prêtée à César de transférer la capitale à Alexandrie ou à Ilion[34], ou sa volonté de se faire autoriser par une loi la pratique de la polygamie, ce qui lui aurait permis d'épouser la reine[35]. Des Modernes ont voulu voir l'influence de la reine dans deux décisions prises par César, la réforme du calendrier et le projet de création d'une bibliothèque publique à Rome. Le calendrier julien fut certes instauré sur les conseils de l'astronome et mathématicien alexandrin Sosigène[36], qui s'inspira de la réforme avortée du calendrier inscrite dans le décret de Canope de 238 av. J.-C. et voulue par Ptolémée III[37], mais la science alexandrine jouissait d'une telle réputation en ce domaine qu'il n'est pas besoin de penser à une intervention de Cléopâtre auprès de César. La mission confiée à Marcus Terentius Varro (Varron) de créer la première bibliothèque publique de Rome[38] pouvait trouver un précédent dans la bibliothèque du Sarapieion d'Alexandrie,

32. Van 't Dack 1988, p. 244 (= *AncSoc* 1, 1970, p. 53-67).

33. Carcopino 1937, p. 76, et Will 1979-1982, t. II, p. 537, estiment cependant en s'appuyant sur Dion Cassius (51, 22, 3) que cette statue avait été rapportée dans son butin par Octavien vainqueur. On voit difficilement le vainqueur installer la statue d'une vaincue dans le temple de Vénus.

34. Suet., *Div. Iul.*, 79, 4. L'idée de déplacer la capitale à Ilion (Troie) avait pour origine le fait que la *gens Iulia* prétendait descendre d'Énée.

35. Dio Cass., 44, 7, 3 ; Suet., *Div. Iul.*, 52, 5.

36. Plin., *n.h.*, 18, 57.

37. Legras 2004.

38. Suet., *Div. Iul.*, 44, 4.

mais aussi dans l'ensemble du monde grec hellénistique[39]. L'ouvrage perdu de Varron *De Bibliothecis* devait abonder en informations sur les bibliothèques publiques hellénistiques. La connaissance de ces modèles ne nécessitait en rien l'expertise et le conseil de la reine.

La naissance d'une dynastie ptolémaico-julienne

La date de naissance du seul fils de Cléopâtre, Césarion, est âprement discutée. Les sources littéraires grecques et romaines, et une stèle en démotique[40], offrent deux possibilités, 47 ou 44 av. J.-C. Mais il n'existe – comme le souligne Maurice Sartre – « aucun argument décisif, irrécusable [...] pour trancher de manière définitive en faveur de l'une ou l'autre hypothèse[41] ». Pour cet historien, une naissance entre mai et novembre 47 serait la plus vraisemblable, car elle est en accord avec l'affirmation de Dion Cassius qui affirme qu'Octavien le fit disparaître en 30 av. J.-C. Il avait atteint l'âge d'homme, étant majeur depuis l'été 31, moment de ses seize ans[42]. Octavien aurait alors éliminé Ptolémée XV pour les mêmes raisons que Cléopâtre, Ptolémée XIV. Mais le texte de Dion Cassius peut être interprété à l'inverse comme un indice que Césarion n'était pas alors un homme par l'âge, la proclamation de sa majorité ayant été avancée pour des raisons politiques, alors qu'il avait quatorze ans et non seize. Dion Cassius écrit en effet que les Égyptiens « se sentent désormais un homme pour roi », ce qui était une manière de sous-entendre qu'il n'était pas vraiment un adulte[43]. Ptolémée V et Ptolémée VI offraient des précédents bien attestés de prise de majorité royale précipitée pour des raisons politiques[44]. Si l'on se fie à Cicéron, il serait de fait né peu avant le 11 mai 44, lors du voyage de retour vers Alexandrie, après son départ de Rome à la suite de l'assassinat de César[45].

La venue au monde de Césarion ne pouvait cependant avoir un impact immédiat que dans le contexte égyptien. En droit romain, le fils d'une étrangère ne pouvait être légitime et accéder à la citoyenneté romaine. En revanche, l'enfant pouvait espérer une carrière royale dans le royaume

39. Blanck 1992, p. 160.
40. *Stèle du Louvre*, IM 8 (Sarapieion de Memphis) republiée par Devauchelle 2001.
41. Sartre 2018, p. 103-104.
42. Dio Cass., 51, 6, 1-2.
43. Dio Cass., 51, 6, 1. Legras 1999, p. 129-130. Cf. aussi Chauveau 1998, p. 52-53.
44. Legras 1999, p. 110-115.
45. Cic., *Att.*, 14, 20, 2.

ptolémaïque. L'atout politique était évident pour la reine, qui assurait l'avenir de la dynastie, désormais ptolémaico-julienne, et pouvait espérer le soutien du parti césarien à Rome. Dans le conflit qui allait l'opposer à Octavien, authentique fils adoptif de César qui ne cesse de nier la légitimité et la filiation de Césarion, Cléopâtre trouva un appui auprès d'Antoine. Il affirma la paternité de César en 44 devant le Sénat romain[46], puis lors des donations d'Alexandrie en 34[47]. Antoine défendait cette paternité pour des raisons politiques face à Octavien. Mais il devait connaître la vérité, comme Octavien, sincère sur ce point. Jules César pouvait en fait difficilement être le père génétique de Césarion puisqu'il était au moment de la conception, en juillet-août 45, en Espagne[48]. Antoine pourrait bien être le vrai père[49]...

Le premier document mentionnant la royauté commune de Cléopâtre et de Césarion, la stèle égyptienne de Kheredankh, date du 14 février 43[50]. La construction idéologique que fait Cléopâtre en s'associant à Césarion était d'une grande clarté. Elle se révélait dans une stèle de Krokodilopolis (nome Arsinoïte, Fayoum), datable des années 44-30[51], qui portait dans sa partie supérieure une scène sous laquelle était gravée une inscription de quatre lignes, une dédicace au divin crocodile Soukhos sous les souverains, Cléopâtre VII et son fils Ptolémée XV Césarion (Figure 13). Le nom d'Artémidôros était gravé sous l'inscription sous forme d'un graffiti. Il s'agissait peut-être du dédicant :

> « Pour la reine Cléopâtre, déesse *Philopatôr*, pour le roi Ptolémée, appelé aussi César, dieu *Philopatôr* et *Philomètôr*, et pour leurs ancêtres, à Soukhos, dieu grand, grand, père de leur père, Artémidôros[52]. »

La scène montrait dans le cintre le disque solaire ailé, d'où pendaient deux *uraei*. Au-dessous était représenté un naos, où se

46. Suet., *Div. Iul.*, 52, 4.
47. Dio Cass. 49, 41, 2.
48. Eller 2011. Cf. aussi Allen 2019, p. 242. Le livre consacré par Gaius Oppius (Suet., *Div. Iul*, 52, 4) pour démontrer que Césarion n'était pas le fils de César est perdu.
49. Carcopino 1937, p. 58 ; Carcopino 1958, p. 34-37 ; Legras 1999, p. 130.
50. Reymond 1981, n° 23 (stèle conservée à l'University College de Londres).
51. *SB* I, 1570 = *IG Fay.* I, 14.
52. *SB* I, 1570 = *IG Fay.* I, 14 : Ὑπὲρ βασιλίσσης Κλεοπάτρας θεᾶς Φιλοπάτο | ρος καὶ βασιλέως Πτολεμαίου τοῦ καὶ Καίσαρος | θεοῦ Φιλοπάτ<ορ>ος καὶ Φιλομήτορος, καὶ τῶν προγόνων, | Σούχωι θεῷ μεγάλῳ μεγάλῳ πατροπάτορι, | Ἀρτεμίδωρ[ος].

trouvait un buste masculin portant la coiffe royale *némès* et une barbe cérémonielle. À gauche du *naos*, une figure avec un corps humain et la tête de crocodile du dieu Soukhos (en égyptien Sobek). Soukhos portait une couronne ; il tenait de la main gauche un sceptre, et de la droite la croix ansée. À droite du *naos*, un personnage masculin faisait le geste de l'offrande à Soukhos. Ce document juxtaposait en fait un programme iconographique relevant de la tradition égyptienne et un texte grec mettant en relation la dynastie ptolémaïque, Jules César et le dieu Soukhos.

Figure 13. Une dédicace au dieu crocodile Soukhos. Stèle *IG Fay.* I, 14.

Le texte grec mentionnait les ancêtres (πρόγονοι) de Cléopâtre VII et Ptolémée XV. Ces ascendants de la reine et de son fils seraient les Ptolémées et la *gens Julia*, Cléopâtre affirmant la paternité de César pour Césarion. Certains savants ont alors pensé que le personnage dans le *naos* serait César, divinisé, recevant l'offrande de son fils Césarion[53]. Le rôle de Soukhos, qui présidait à la cérémonie, serait explicité par l'épithète « père de leur père » (πατροπάτωρ). Le divin saurien serait donc promu au rang d'ancêtre de Cléopâtre et de son fils par ce Crocodilopolitain, qui donnait ainsi une place d'honneur au principal dieu local.

La dédicace grecque mentionnait la reine avec l'épiclèse qu'elle portait depuis sa prise de diadème, *Philopatôr*, « Qui aime son père ». Son fils était désigné par deux noms, Ptolémée et César, et par deux épiclèses, *Philopatôr* « Qui aime son père », et *Philomètôr* « Qui aime sa mère ». On sait que Césarion, « Petit César » (Καισάριον ; Caesario) était le nom que lui donnaient la plupart des auteurs antiques, mais aussi Cléopâtre dans un contexte informel[54]. Dans les textes officiels, seul le nom de César était utilisé. Les deux épithètes apparurent après la mort de Jules César et l'élimination de Ptolémée XIV, au moment de la mise en place de la royauté commune[55]. Cléopâtre proclamait ainsi en Égypte, mais aussi *Urbi et orbi*, sa propre maternité et la paternité de Jules César. Le futur conflit avec Octavien était donc ouvert par l'existence onomastique de deux Césars, un danger pour Octavien vainqueur, qui suivit le conseil du philosophe Areios « Il n'est pas bon qu'il y ait plusieurs Césars[56] ».

Il est cependant possible de mettre en parallèle cette stèle avec d'autres documents fayoumiques pour affirmer que le buste portant le *némès* dans un *naos* avait un lien étroit avec le dieu crocodile, et donc que le buste de la stèle de Krokodilopolis était en fait une représentation du divin saurien, sous la forme de Néphéros, et non un Jules César pharaonisé et divinisé[57]. Le parallèle est éloquent avec une autre stèle du nome Arsinoïte[58], venant de Théadelphie et datée de 57 av. J.-C. On y voyait en effet deux divins

53. Georges Lefebvre, *ASAE* 9, 1908, p. 240-242 ; Étienne Bernand, *IG Fay.* I, p. 46 ; André Bernand 1995, p. 87.

54. Dio Cass., 47, 31, 5.

55. Dio Cass., 47, 31, 5 ; Cic., *Att.*, 14, 20, 2 (11 mai 44).

56. Plut., *Ant.*, 81, 5 : Οὐκ ἀγαθὸν πολυκαισαρίη.

57. Heinen 1998.

58. *IG Fay.* II, 116 et Planche 20.

sauriens encadrant un *naos*, où figurait le buste d'un crocodile, Pnéphéros, coiffé du *némès*. Il est certain que le buste figurant dans le *naos* était le dieu Pnéphéros, le texte grec étant un décret d'asylie concernant le sanctuaire de ce dieu. Le lien étroit de Pnéphéros avec les dieux crocodiles apparaissait aussi dans le texte d'un autre décret d'asylie du Fayoum daté de 69 av. J.-C.[59].

3.2 Édicter pour prospérer

Le soutien à l'économie ptolémaïque

Le corpus des ordonnances de Cléopâtre VII, qui comprend sept ou huit documents papyrologiques et épigraphiques, permet de comprendre les réponses de la reine à une situation de crise[60]. Cléopâtre héritait avec Ptolémée XIII d'une situation tendue sur le plan fiscal, avec un haut niveau de malversations et d'extorsion des fonctionnaires. Le règne était de plus marqué à la fois par des crises agricoles liées à la sécheresse du sol, et par l'impact des événements politiques. Le Nil aurait atteint en 48 av. J.-C., après Pharsale, son plus bas niveau du fait d'une très forte sécheresse[61]. Lors de la reprise des guerres civiles romaines après l'assassinat de Jules César, Cléopâtre refusa tout secours à Cassius en prétextant la famine (λιμός) et les maladies pestilentielles (λοιμός) répandues dans le royaume[62]. Des circonstances particulières avaient pu conduire à des mesures d'exception, à l'instar de l'ordonnance du 12 avril 41 qui intervint dans un contexte doublement difficile, sur le plan agricole et sur le plan politique. L'été 42 fut en effet marqué par une absence de crue, suivie d'une seconde année sans inondation durant l'été 41[63].

Un papyrus de Vienne très lacunaire, car constitué de 27 fragments[64], reflète – s'il date bien du début du règne conjoint de Cléopâtre VII et de Ptolémée XIII – les très fortes tensions économiques et sociales dans

59. *IG Fay.* II, 135. Sur Pnéphéros, cf. Quaegebeur 1982.

60. Legras 2019.

61. Plin., *n.h.*, 5, 58. Pline en donnait une interprétation religieuse « comme si le fleuve, par quelque prodige, ne voulût pas se faire complice de la mort du Grand Pompée ». Cf. Bonneau 1971, p. 148 ; Ricketts 1992, p. 277.

62. App., *Bell. civ.*, 4, 61.

63. Sen., *Nat.*, 4a, 2, 16. Cf. Bonneau 1971, p. 149 et 231.

64. *CPR* XXVIII, 14. Il s'agit de « confettis », dont la surface varie de 13,6 cm x 19,8 cm (Fr. 1) à 0,5 cm x 2,2 cm (Fr. 21).

la *chôra* égyptienne[65]. Il portait le texte d'une ordonnance d'amnistie pour les paysans qui avaient fui leur terre par anachorèse :

> « Par ordre du roi et de la reine... ceux qui ont fui [sous l'inculpation] de brigandage ou pour d'autres motifs de poursuites...] [...] ceux qui ont fui rentreront chez eux, libérés des plaintes à l'exception des accusations d'homicides volontaires et des sacrilèges, [...] [ni] ceux-ci, sous aucun prétexte, ni leurs biens pour... poursuites [...] sous peine d'être condamnés [à mort] [...][66]. »

Le phénomène de l'anachorèse ou fuite des paysans de leurs terres fut constant dans l'histoire de l'Égypte ancienne, mais il est particulièrement bien documenté pour l'époque hellénistique[67]. Les paysans partaient surtout vers Alexandrie, où ils pouvaient espérer disparaître dans la mégapole, ou vers les temples bénéficiant du droit d'asile. Les Ptolémées proclamaient des amnisties afin de permettre aux paysans de retourner sur leurs terres. Le texte mentionnait des faits de brigandage et des crimes commis par les paysans en fuite[68], et la forme la plus dramatique de la fuite. Si des paysans quittaient la terre avec l'espoir d'y revenir, dans l'attente de jours meilleurs – ces cas sont majoritaires –, d'autres, plus désespérés,

65. Legras 2019, p. 520-526 (an 3 de Cléopâtre VII ?). Une datation antérieure, durant le IIe siècle, au Ier siècle avant l'avènement de la reine, ou durant les années postérieures de son règne, ne peut être totalement écartée pour des raisons paléographiques et du fait de l'absence de date.

66. *CPR* XXVIII, 14 : Fragment 1 :[vac. ?] ζ̣ | βασιλέως καὶ βασιλίσσης προστα̣[ξάντων. vac. ? -ca. ? –] | τοὺς ἀνακεχωρηκότας κα̣θ̣ [-ca. ? – διὰ τὸ (?)] | ἐ̣ν̣έ̣χεσ̣θαι λείαις καὶ ἄλλαις α̣ἰτία̣ις̣ . [-ca. ? –] | Fragment 2 : πάσαις καταπο̣ρεύ [εσθαι εἰς τὰς ἰδίας ἀπολελυμένους τῶν] | [ἐγκλημάτ]ων̣ π̣λὴν [τῶν φόνους] | Fragment 3 : ἑκου]σίους πεπ̣ο̣ημένων καὶ ἱερο[συλίαις ἐν – *vel* συνεχομένων (?)] | [-c. 4 ?] ε̣ν̣ω̣σ̣.... μα η [- c.3] ε̣.. | Fragment 4, 5, 6, 12 : το̣ι̣ούτους κατὰ μηδεμίαν πα̣ρε̣ύρ̣εσιν [-ca. ? –] | μηδὲ τὰ ὑπάρχοντα αὐτοῖς πρὸς τὰς προ̣ [-ca. ? –] α̣ἰ̣τ̣ίας, εἰ δὲ μὴ [-ca. ? – θανάτωι (?)] | ζημιοῦσθα̣ι. [-ca. ? –].

67. Dunand 1980.

68. Sur les décrets d'amnistie : *P. Köln* VII, 313, A, 3-6 ; *C. Ord. Ptol.* 41, 4-5 (rééd. F. Piejko, « An Act of Amnesty and a Letter of Ptolemy VIII to his Troops on Cyprus », *Ant Class.* 56, 1987, 254-259) ; *C. Ord. Ptol.* 53, col. I, 7-8 ; *C. Ord. Ptol.* 53 ter, 5-8 ; *C. Ord. Ptol.* 53 bis, 8-10. Sur les décrets d'amnistie de fugitifs, cf. L. Koenen, *P. Kroll*, p. 12-15. Les amnisties concernant les personnes en fuite pouvaient concerner d'autres catégories de fugitifs, en particulier les exilés : cf. le décret trilingue de Memphis rédigé par les prêtres à l'occasion de la commémoration de l'avènement de Ptolémée V Épiphane, le 25 mars 196 av. J.-C., *I. Prose* 16 (pierre de Rosette), l. 19-20, qui mentionnait que le roi « a ordonné aussi que tous les émigrés revenant d'exil, qu'ils fissent partie des gens de guerre et des autres groupes qui avaient manifesté des sentiments hostiles dans les temps de troubles ».

partaient sans espoir de retour, ce qui posait la question de leurs moyens de ressources. Le système d'exploitation des terres ne permettait pas durant l'époque ptolémaïque l'emploi d'ouvriers agricoles salariés auprès de fermiers royaux ou de clérouques.

La fuite en milieu urbain, singulièrement à Alexandrie, et l'asylie dans les temples, ne pouvaient concerner tous les fugitifs[69]. Le brigandage pouvait devenir dans ces conditions un moyen de survie. Françoise Dunand a mis en valeur la mise en place à partir du IIe siècle d'« un cycle de la violence », les paysans qui subissaient la violence de l'État et de ses fonctionnaires s'agrégeant aux « bandes de maraudeurs, de gens sans travail et sans abri qui rôdent dans les campagnes (et qui pratiquent) à leur tour la violence et le pillage ». Ces paysans, devenus « à demi brigands » auraient pu constituer des réserves de troupes lors des mouvements insurrectionnels. La mention de la peine de mort concernait la sanction infligée aux agents de l'État qui ne respecteraient pas l'ordonnance d'amnistie.

L'ordonnance du 27 octobre 50, conservée sur un papyrus grec d'Hérakléopolis[70], imposait aux marchands du pays l'obligation de réserver exclusivement pour Alexandrie le blé et les légumes achetés en Moyenne-Égypte. Les sanctions étaient rigoureuses et la délation encouragée. L'ordonnance prévoyait la peine de mort additionnée de la confiscation des biens. Les dénonciateurs recevaient des primes et des privilèges calculés selon leur statut d'homme libre ou d'esclave. Le contexte était celui d'une crise du ravitaillement, provoquée structurellement par les abandons de terre, et aggravée par la sécheresse qui compromettait les récoltes en 50/49.

La double ordonnance du 12 avril 41, une inscription grecque d'Hérakléopolis[71], décidait que les détenteurs alexandrins de terres concédées dans toute la *chôra* seraient exonérés des contributions exceptionnelles des « couronnes » et autres « taxes additionnelles ». Les incertitudes consécutives à la bataille de Philippes (octobre 42), où Cléopâtre aida volontairement ou non le vaincu, Cassius, et la nécessité où elle était désormais de convaincre de sa loyauté Octavien et surtout Antoine, avant la rencontre de Tarse avec Antoine durant l'été 41, pouvaient expliquer son souci de s'assurer l'appui sans faille des Alexandrins[72]. De toute évidence,

69. Sur l'asylie dans l'Égypte ptolémaïque, cf. Legras 2011, en particulier p. 101-189.
70. *C. Ord. Ptol.*73 (+All. 94).
71. *C. Ord. Ptol.* 75-76 = *I. Prose* 45. Nouvelle traduction et commentaire dans Bingen 1995.
72. Bingen 1995.

le fisc avait tenté de taxer les terres concédées à des Alexandrins de plein droit à l'instar de terres clérouchiques ou catoeciques. Cléopâtre VII et Ptolémée XV furent alors saisis en tant que juges suprêmes par des Alexandrins fortunés lésés par des décisions locales de fonctionnaires. La requête fut présentée par des Alexandrins détenteurs de terres dans deux nomes du Delta, le Prosopite et le Boubastite.

Cette double ordonnance comportait d'une part une lettre valant ordonnance qui contenait l'ordre d'exécution dans le nome Hérakléopolite, et d'autre part la sentence royale motivée qui devait être appliquée dans tous les nomes, c'est-à-dire dans toute l'Égypte. Le texte de cette sentence exprimait de manière emblématique la rhétorique du pouvoir, non sans grandiloquence[73]. Il résumait le discours des avocats des demandeurs alexandrins, et rendait publiques les motivations des souverains qui leur donnaient satisfaction, et qui décidaient même d'élargir les mesures en dehors de deux nomes du Delta :

> « À Théôn.
>
> Attendu que les gens de cette cité (= Alexandrie) qui sont cultivateurs dans le Prosopite et le Boubastite, nous ont présenté une requête, à l'audience du 15 Phaménôth, contre les fonctionnaires de leurs nomes, sur la manière dont ceux-ci, à l'encontre de notre volonté et des ordres fréquemment donnés, conformément à notre décision, par l'administration des finances, de ne rien leur demander de plus que les redevances proprement royales, se livrent à des perceptions arbitraires et cherchent à les soumettre à des impositions agricoles et propres à la *chôra* qui leur sont étrangères.
>
> C'est animés du sentiment de grande haine que, dans le passé, nous avons voué aux abus, et décidé de leur infliger à tous à la fois un châtiment commun, que nous avons décrété que tous les gens originaires de la cité qui sont cultivateurs dans le pays, soient exemptés des « couronnes » imposées occasionnellement et en raison des circonstances dans les nomes, ainsi que des contributions additionnelles, qu'on n'exige d'eux aucune taxe nouvelle, et s'ils paient leurs redevances au trésor royal, en nature et en argent, sur les terres à blé et sur les vignobles, qu'on ne les importune d'aucune autre façon, sous aucun prétexte.
>
> Qu'il en soit donc ainsi, et que ce soit affiché dans chaque nome[74]. »

73. Sur cette rhétorique qui multipliait les figures de style, les métaphores et les périphrases, tout en utilisant les termes techniques de la fiscalité royale, cf. Bingen 1995, en particulier p. 216.

74. *C. Ord. Ptol.* 75-76 = *I. Prose* 45 :

Βασίλισσα Κλειοπάτρα θεὰ Φιλοπά<τ>ωρ βασιλεὺς | Πτολεμαῖος ὁ καὶ Καῖσαρ θεὸς Φιλοπάτωρ καὶ | Φιλομήτωρ τῶι στρατηγῶι τοῦ Ἡρακλεοπολίτου | χαίρειν. τὸ ὑποκείμενον

L'ordonnance de 49/48, un papyrus grec d'Hérakléopolis[75], confirmait la validité des sauf-conduits (πίστεις) officiels permettant aux cultivateurs de la *chôra* de continuer leur tâche en empêchant les créanciers privés ou les agents du fisc d'agir pour mettre en œuvre l'exécution personnelle. Les contrevenants encouraient la confiscation de leurs biens, voire la peine de mort. L'objectif était d'empêcher toute entrave à l'activité agricole jusqu'à la récolte. L'ordonnance du 7 mars 46, conservée sur une inscription grecque de Ptolémaïs[76], qui accordait l'atélie, c'est-à-dire l'exemption de l'impôt, et l'asylie à l'Isieion de cette cité grecque de Haute-Égypte, ainsi que dans un espace limitrophe, concernait les élites grecques, en l'occurrence les citoyens d'une cité grecque[77].

L'ensemble de ces ordonnances se montrait donc favorable aux classes privilégiées, que ce soit les citoyens alexandrins ou les citoyens ptolémaïtes, et la volonté manifeste de Cléopâtre VII de s'assurer leur soutien. L'ordonnance de 49/48, qui prenait en compte les intérêts de cultivateurs de la *chôra*, bénéficiant de garanties pour mener à bien leur récolte, concernait la même catégorie sociale. Ces cultivateurs étaient des exploitants agricoles qui faisaient travailler des fermiers ou des paysans. L'ordonnance ne donnait pas leur statut juridique, mais celui-ci est éclairé par l'ordonnance de 41 qui mentionnait la présence

πρόσταγμα σὺν τῶι | χρηματισμῶι μεταγραφήτω<ι> τοῖς τε ἑλληνικοῖς | καὶ ἐνχωρίοις γράμμασι. καὶ ἐκτεθήτω ἔν τε τῆι | μητροπόλει καὶ εν τοῖς ἐπισημοτάτοις τοῦ νομοῦ | τόποις, καὶ τἆλλα γινέσθω τοῖς προστεταγμένοις | ἀκολούθως. ἔρρωσο. ἔτους ἑνδεκάτου | Δαισίου ιγ´, Φαρμοῦθι ιγ´.|
Θέωνι.

Τῶν ἀπὸ τῆς πόλεως γεωργούντων δ' ἐν τῶι | Προσωπίτηι καὶ Βουβαστείτηι ἐντυόντων | ἡμε<ῖ>ν ἐπὶ χρηματισμοῦ τῆι ιε´ τοῦ Φαμενὼθ | κατὰ τῶν πρὸς χρείαις τῶν νομῶν ὃν τρόπον | οὗτοι, παρὰ τὴν ἡμετέραν προαίεσιν καὶ τὰ | πολλάκις ὑπὸ τῶν διοικούντων ἀκολούθως | ἡμῶν τῆι κρίσει ἐπιστελλόμενα, ὑπὲρ τοῦ μηδὲν | πλεῖ<ο>ν ἀπαιτεῖν αὐτοὺς τῶν γνησίων βασιλικῶν, | ἐπιβάλλονται παραπράσσειν ταῖς τε ἀγροικικαῖς | καὶ χωρικαῖς ξενιζούσαις ἀπαιτήσεσι συνκατα- | ριθμεῖν, μεγάλως μεισοπονηρήσαντες κοινήν | τε καὶ καθολικὴν ἐπέξοδον πάντων κρείνοντες | ποιεῖσθαι προστετάχαμεν τοὺς γεωργοῦντας | κατὰ τὴν χώραν τῶν ἀπὸ τῆς πόλεως πάντας | μὴ γείνεσθαι συνεισφόρους τοῖς κατὰ καιροὺς | καὶ περιστάσεις ἱσταμένοις ἐν τοῖς νομοῖς | στεφά<ν>οις καὶ ταῖς ἐπιγραφαῖς μηδὲ τὰ ὑπά[ρ] – | χοντα αὐτῶν εἰς τοὺς τοιούτους ἄγ<ε>ιν μερισμοὺς | μηδὲ τέλεσμα ἐπ' αὐτῶν καινίζ<ει>ν, διορθουμένους | δὲ τὰ ἄνωθεν εἰς τὸ βασιλικὸν ὑποκείμενα τῆς | [τε σ]ιτοφόρου καὶ ἀμπελίτιδος σιτικὰ καὶ ἀργυρικὰ | γνήσια τελέσματα, πρὸς μηδὲν ἕτερον καθοντινοῦν | τρόπον παρευρέσθει μηδεμιᾷ παρενοχλεῖν. γεινέσθω | οὖν ἀκολούθως καὶ προσεκτεθήτω{ι} κατὰ νομόν.

75. *C. Ord. Ptol.* 74 = *BGU* VIII, 1812.

76. *C. Ord. Ptol.* 67 = *I. Prose* 36-*I. Asylia* 226.

77. Cf. *infra* Chapitre 5.2, *Les relations avec les prêtres des temples grecs.*

de paysans (γεωργοῦντες) travaillant pour des Alexandrins de plein droit dans la *chôra*.

Les élites égyptiennes ont-elles également bénéficié de tels bienfaits royaux ? Ces ordonnances ne les mentionnaient en effet pas explicitement. On ne peut cependant douter que ces ordonnances aient été (toutes ou seulement les plus importantes ?) également diffusées en égyptien démotique. L'ordonnance épistolaire de 41 demandait explicitement que l'ordonnance « soit recopiée en lettres grecques et indigènes et exposée dans la métropole (*i.e.* Hérakléopolis) et dans les lieux les plus remarquables du nome[78] ».

La répression contre les abus des fonctionnaires

Quatre ordonnances, qu'il convient d'attribuer désormais à Cléopâtre VII et non plus à Ptolémée IV[79], forment un recueil rassemblant des textes visant à assurer la répression contre les mauvais fonctionnaires et à assurer la bonne marche de l'économie. Le texte de l'ordonnance n° 80, très lacunaire, n'a transmis que la date, le contenu étant perdu. L'ordonnance n° 81 interdisait aux agents de l'État d'imposer des prestations pour leur usage personnel, et rappelait le montant de la prime versée aux dénonciateurs. L'ordonnance n° 82 refusait la protection offerte par l'asylie dans les temples aux responsables des impôts poursuivis pour mauvaise gestion. Les sanctions infligées aux fonctionnaires poursuivis étaient lourdes, probablement la peine de mort. Le texte se terminait par la mention des conditions dans lesquelles devaient se faire les dénonciations et énonçait les avantages accordés aux dénonciateurs. Le texte n° 83, qui présente de nombreuses lacunes, pourrait concerner les éleveurs d'oies et l'obligation qui leur était faite de rester au travail. Il pourrait donc s'agir d'un autre cas de refus de protection, comme pour les agents du fisc poursuivis.

Ces mesures s'inséraient dans une politique traditionnelle des Ptolémées qui défendaient leurs sujets, et singulièrement les élites grecques et égyptiennes, contre le fisc oppresseur et les exactions des fonctionnaires. Ces instructions aux fonctionnaires ne prenaient pas toutes la forme d'ordonnances. Une lettre, adressée par le dioecète Protarkhos au stratège du nome Hérakléopolite, Sôtélès, et datant du 19 juin 50[80], donnait au fonctionnaire des instructions très précises : il devait faire la levée de la taxe

78. *C. Ord. Ptol.* 75, l. 4-8.

79. *C. Ord. Ptol.* 80-83. Sur la nouvelle datation : Van 't Dack 1988 (= *AncSoc* 1, 1970, p. 53-67) ; Huß 2001, p. 721 (161).

80. *BGU* VIII, 1760.

en blé dans le plus court délai, et s'il se trouvait en défaut d'une seule artabe, il avait l'obligation de la verser sur ses fonds propres. Ces instructions avaient un précédent dans une circulaire sur la mise en œuvre d'une ordonnance sur les cultures qu'adressa le dioecète Hérodès à son subordonné, l'hypodioecète Dôriôn en 164 av. J.-C. Il y exigeait des fonctionnaires locaux qu'ils n'agissent ni « par faveur », « ni par complaisance », qu'ils s'astreignent à « fixer leur œil sur tous sans fermer les yeux sur personne », à ne « pas être stupide ou bouché dans le discernement ». Et de les menacer : « Si vous tenez donc à vos intérêts et ne voulez pas faire connaissance avec les amendes qui sanctionnent les fonctionnaires n'obéissant pas aux dispositions élaborées avec sagesse, épargnez donc ces malheureux villageois, mercenaires et autres indigents[81]... » Cette politique des Ptolémées trouva un écho dans l'Égypte romaine. Le préfet Tiberius Iulius Alexander s'inspira ainsi probablement dans son édit promulgué le 6 juillet 68 apr. J.-C. de l'ordonnance de 41 av. J.-C. pour la sauvegarde des privilèges des Alexandrins[82].

Une politique favorable à des intérêts romains : l'ordonnance de 33 av. J.-C.

La publication en 2000 du papyrus dit de Cléopâtre (Figure 8)[83], qui est très certainement un *prostagma* royal accordant des privilèges économiques à un Romain, fit connaître le dernier décret ptolémaïque. Ce papyrus d'Abousir el-Melek était daté du 23 février 33 av. J.-C., soit trois ans avant la mort de la reine le 12 août 30. Cette publication a immédiatement déclenché un intense débat scientifique sur la nature de ce document, et sur l'éventuelle « signature » manuscrite de la reine dans la souscription. Les arguments déployés par Peter Van Minnen, qui identifia ce document comme une ordonnance royale, sont plus convaincants que ceux de l'éditrice, Panagiota Sarischouli, qui proposait l'hypothèse d'une *synchôrèsis* (c'est-à-dire une convention, un contrat) alexandrine, ou ceux de Klaus Zimmermann qui pensa y lire une lettre royale à Césarion[84]. L'éventuelle main de la reine inscrite sur le papyrus demeure une simple hypothèse, l'énigmatique γινέσθωι (*ginesthô*, « Qu'il en soit ainsi ») de la dernière ligne du texte (deuxième main) étant plus certainement celle d'un haut

81. Mélèze-Modrzejewski 1994, p. 223-225.
82. Chalon 1964, p. 159.
83. *P. Bingen* 45.
84. Van Minnen 2000-2001 ; Van Minnen 2000 ; Van Minnen 2001 ; Zimmermann 2002.

fonctionnaire alexandrin[85]. Je donne ici une traduction fondée sur la nouvelle édition du papyrus par Peter Van Minnen, en intégrant la proposition de Klaus Zimmermann de voir dans le bénéficiaire Quintus Cascellius[86].

> « [Note du bureau] Reçu, l'an 19 (qui est l'an) 4, le 26 (mois de) Mécheir
> [Destinataire] À [...]
> [Texte de l'ordonnance] Nous avons accordé à Quintus Cascellius et à ses héritiers l'exportation annuelle de 10 000 artabes de blé et l'importation annuelle de 5 000 amphores de vin de Kos, sans que personne n'exige aucune taxe ou toute autre dépense de quelque sorte que ce soit. Nous avons aussi accordé l'exemption de taxe sur toute la terre qu'il possède en Égypte, de façon qu'il ne paie pas de taxe ni au compte de l'État ni à notre compte spécial ni à celui d'autres, à tous égards à perpétuité. Nous avons aussi accordé que tous ses fermiers soient exemptés des corvées et des taxes sans que quiconque n'exige quelque chose d'eux, pas même de contribuer aux impositions occasionnelles dans les nomes ou de payer pour les dépenses des soldats et des officiers. Nous avons aussi accordé que les animaux utilisés pour les labours et les semailles, aussi bien que les bêtes de somme et les navires utilisés pour le transport des blés, soient de même exemptés des obligations personnelles, des corvées, des taxes et des réquisitions. Que ceci soit transmis à ceux qui sont concernés de sorte que, le connaissant, ils puissent agir en conséquence.
> [Souscription] Qu'il en soit ainsi[87]. »

Le bénéficiaire était un Romain dont le nom partiellement lacunaire serait, selon Peter Van Minnen[88], Publius Canidius Crassus, et selon

85. Cf. *supra*, p. 16, Chapitre 1.1, *L'éducation d'une princesse*.

86. Van Minnen 2000 ; Zimmermann 2002.

87. *P. Bingen* 45 révisé : (3e main) ἔλ(αβον) (ἔτους) ιθ δ Μεχ(εὶρ) κ̣ς | (2e main) [....] ωι | σ̣υνκεχωρήκαμ[εν] Κ̣ο̣ί̣ν̣τ̣ωι Κασκ[ελίω]ι καὶ τοῖς τούτου κληρονόμοις | κατ' ἐνιαυτὸν ἐξάγειν πυροῦ ἀρτάβ[ας] μυρίας καὶ εἰσάγειν οἴνου κεράμια | Κ̣ῷα πεντακισχείλια μηδὲν ὑπὸ [μ]η̣δενὸς π̣ρασσομένωι τέλος | [μ]ηδ' ἄλ<λ>ην καθόλου δαπάνην· ἐπ[ικε]χωρήκαμεν δὲ καὶ ὧν ἔχει κα̣τ̣ὰ̣ | τὴν χώρα̣ν̣ ἐδαφῶν πάντων ἀ̣τ[έλει]α̣[ν ἐ]φ' ᾧ̣· οὐδὲν οὔτε εἰς τὴν διοί- | κησιν οὔτε εἰς τὸν ἴδιον ἡμῶν κα[ὶ τέκν]ων λόγον καθ' ὁντινοῦν τρόπον | πραχθήσεται ἐπὶ τὸν ἀεὶ χρόνον· ε[ἶναι] δὲ καὶ τοὺς γεωργοῦντο̣ς αὐτῶι | πάντας ἀνεπάφους καὶ ἀτελεῖς μ[ηδ]ὲν ὑπ̣ὸ̣ μη̣δενὸς πρασσομέν[ο]υ̣ς | μηδ' ἐν ταῖς κατὰ καιρὸν γεινομέν[αις] [ἐ]πιγραφαῖς ἐν τοῖς νομοῖς συνεισ- | φόρους μηδὲ λαϊκὰς ἢ στρατηγικ̣[ὰς] πρασσομένους δαπάνας· τά τε | πρὸς τὴ̣ν̣ κατασπορὰν κτήνη κα[ὶ τ]ὰ̣ πρὸς τὴν τ̣ῶν πυρῶν καταγωγὴν | ὑποζύγια καὶ πλοῖα κα̣τ̣ὰ τὸν αὐτ[ὸν] τ̣ρόπον ἀνέπαφα καὶ ἀτελῆ καὶ | ἀνενγ̣άρευτα εἶναι· γραφήτωι οὗ[ν οἷ]ς καθήκει, ἵν' εἰδότες κατακολουθῶσι· | (3e main) γινέσθωι.

88. Van Minnen 2000-2001 ; Van Minnen 2000 ; Van Minnen 2001. Cf. aussi Schwentzel 2014, p. 126.

Klaus Zimmermann, Quintus Cascellius[89]. Il s'agissait dans les deux cas de Romains de premier plan liés à l'Égypte. P. Canidius Crassus, légat en Gaule en 43 av. J.-C., consul suffect en 40, était l'un des soutiens d'Antoine, d'où sa présence en Égypte[90]. Canidius était de plus déjà mêlé à des questions économiques relatives à l'Égypte, ainsi quand il reçut la garde du trésor royal ptolémaïque de Chypre, qu'on le soupçonna – à tort – de vouloir s'approprier[91]. Q. Cascellius appartenait à la *gens Cascellia* qui possédait des terres dans la vallée du Nil. Cette seconde lecture, Q. Cascellius, est préférable pour des raisons paléographiques, et en raison des liens de sa famille avec le sud-ouest de l'Asie Mineure.

Quintus Cascellius recevait une exemption totale de droits de douane sur ses exportations de blé et importations de vin. Les quantités étaient considérables : environ 300 tonnes de blé et environ 1 300 hectolitres de vin grec de qualité en provenance de Kos[92]. Il bénéficiait également d'une exemption fiscale totale à perpétuité sur toute la terre qu'il possédait en Égypte, tant par rapport au trésor royal de l'État que pour le compte privé des souverains. Les fermiers du bénéficiaire recevaient aussi des privilèges : l'exemption des liturgies et des impôts, même extraordinaires. Le bénéficiaire jouissait aussi d'un privilège pour ses animaux de travail et de transport, qui ne pouvaient pas être réquisitionnés.

La *gens Cascellia* avait de fait des intérêts économiques dans la cité de Kaunos en Carie, une cité proche de Kos située dans le Dodécanèse face à Halicarnasse. Kos était de plus l'alliée d'Antoine dans la guerre contre Octavien. Une inscription du début de l'époque impériale romaine désignait en effet un membre de la *gens* comme patron, évergète et « sauveur » de Kaunos[93]. Il pourrait s'agir du fils de Quintus Cascellius du papyrus de Cléopâtre. Les *negotiatores* romains étaient par ailleurs très bien implantés à Kos[94], qui devait importer du blé comme le soulignait Varron[95]. Ce

89. Zimmermann 2002, p. 133-135 ; Rossi 2014, p. 198 ; Sartre 2018, p. 118.

90. Plut., *Ant.*, 34, 10 ; 42, 6 ; 56, 4-6 ; 63, 6-7 ; Dio Cass., 51, 1, 4 ; Vell. Pat., 2, 87, 3 ; Oros., 6, 19, 20. Sur Canidius : Ferriès 2000.

91. Plut., *Brut.*, 3, 1.

92. Van Minnen 2001, p. 79. Sur la richesse foncière de Q. Cascellius, cf. Rossi 2014, p. 197-200.

93. *SEG* XIV, 647.

94. *IGR* IV, 1087 ; *AE* 1947, n° 55.

95. Varr., *R.R.*, 2, 1, 3.

dernier évoquait les exportations de vin de Kos (et de Chios), qui se faisaient avec les navires qui importaient du blé d'Afrique et de Sicile. Quintus Cascellius organisait probablement un tel circuit d'exportation de blé et d'importation de vin avec Kos, ce qui lui permettait d'utiliser ses navires chargés à l'aller comme au retour.

3.3 Quel bilan ?

La politique monétaire

L'évolution de la valeur de monnaie de Cléopâtre permet de prendre la mesure des difficultés économiques du royaume[96]. La monnaie de Cléopâtre était d'argent et de bronze. La reine ne frappait pas de monnaie d'or, son émission ayant été arrêtée depuis environ un siècle. L'altération du titre en argent des monnaies était un signe évident de crise économique. Le pourcentage d'argent dans les tétradrachmes avait atteint son taux le plus haut en 150/149 av. J.-C., sous Ptolémée VI, pour baisser en 149/148 à environ 98 % (entre 99 et 97 %), compter environ 90 % (entre 94 et 86 %) en 137/136 sous Ptolémée VIII, puis tomber sous Ptolémée XII, en 53/52, à 33 %[97]. L'essentiel des frappes était en bronze, ce métal étant le seul à circuler vraiment et à figurer dans les évaluations monétaires des papyrus. Le processus de dépréciation de la valeur du bronze par rapport à l'argent commença après la bataille de Raphia (217 av. J.-C.), dont le coût économique et social avait été très élevé[98].

Une réforme monétaire de Cléopâtre fut particulièrement significative : l'introduction d'un chiffre désignant la valeur de la monnaie de bronze. La valeur nominale était donnée par la lettre Π (*pi*) pour la pièce de 80 drachmes (Figure 4), et par la lettre M (*mu*) pour la pièce de 40 drachmes[99]. La monnaie de 80 drachmes pesait environ 16 grammes, et celle de 40 drachmes environ 8 grammes[100]. La réforme s'insérait dans le processus de dépréciation de la valeur du bronze par rapport à l'argent qui commence après la bataille de Raphia. Un poids monétaire

96. Bussi 2016-2017, p. 25-26.
97. Cavagna 2010, p. 155.
98. Le Rider et de Callataÿ 2006, p. 164.
99. Burkhalter et Picard 2005, p. 61-63 ; Le Rider et de Callataÿ 2006, n° 59 et n° 60 ; de Callataÿ 2015, p. 26 (Fig. 6 et 7).
100. Cavagna 2010, p. 223.

de 40 grammes d'argent valait au IIIe siècle 100 drachmes de bronze. Avec la réforme de Cléopâtre 40 grammes d'argent correspondaient à 200 drachmes. Le poids de la drachme de bronze tombait donc à 0,20 gramme, un niveau inférieur à toutes les pièces en circulation. Elle était donc devenue une monnaie de compte dans un système décimal, dont 80 était le multiple le plus élevé[101].

La reine pouvait donc frapper des monnaies d'une valeur fiduciaire supérieure avec moins de métal. Très concrètement, une drachme d'argent valant 480-500 drachmes de bronze, il fallait 6 pièces de bronze de 16 grammes pour l'équivalent en argent[102]. Sous Ptolémée II, la drachme d'argent pesant environ 3,56 grammes était à parité avec la drachme de bronze, dont le poids était de 90-100 grammes. Dans les faits, l'économie égyptienne était largement revenue vers une économie de troc. Ces monnaies de bronze, qui révélaient une période de grande détresse financière, avaient en effet une valeur très faible[103], et les tétradrachmes d'argent une valeur trop forte pour les échanges ordinaires. Ces pièces de bronze issues de la réforme de Cléopâtre continuèrent à circuler en Égypte après la conquête romaine, où elles finirent par être l'équivalent du denier romain (Figure 4)[104].

Les frappes monétaires permettaient en outre de mesurer le poids de l'alliance qui unissait Cléopâtre à Antoine. Une monnaie d'argent portant le buste de Cléopâtre doit en effet être considérée comme romaine et non comme grecque[105]. Son poids de 17 drachmes était en effet celui du denier (*denarius*), et les légendes inscrites au droit et au revers étaient en latin. Au droit[106], le buste de Cléopâtre était lié à la légende « *Cleopatrae reginae filiorum regum* » : « (Monnaie) de Cléopâtre, reine des rois et de ses fils/fille les rois ». La légende renvoyait à la cérémonie où furent proclamés les titres et pouvoirs des deux co-souverains, Cléopâtre VII et Ptolémée XV Césarion, ainsi que les trois enfants d'Antoine et de Cléopâtre, Cléopâtre *Sélénè*,

101. Sur la simplification qu'apportait le nouveau système, cf. Burkhalter et Picard 2005, p. 62.

102. Le Rider et de Callataÿ 2006, p. 40-41.

103. Reinach 1928, p. 182 : des « jetons à cours forcé émis à une époque d'extrême détresse financière » ; Cavagna 2010, p. 233 : des « *monetine* » (« piécettes »). Will 1979-1982, t. 2, p. 538 : un monnayage « misérable (pas d'or, peu d'argent, et de mauvais ; surtout du cuivre) ».

104. Gara 1984, p. 1008 ; Lichoka 2005, p. 301.

105. *RRC*, 543, pl. I, 1.

106. Sur l'identification du droit et du revers : Olivier et Parisot-Sillon 2014 ; Aumaître 2018, p. 220.

Alexandre *Hélios* et Ptolémée Philadelphe[107]. Une proue de navire placée devant le buste de la reine célébrait la puissance de la flotte ptolémaïque. Sur le revers où était figuré le buste d'Antoine, la légende était « *Antoni Armenia devicta* », c'est-à-dire « (Monnaie) d'Antoine, l'Arménie vaincue ».

La présence de la tiare royale arménienne derrière le buste de l'*imperator* soulignait le contexte historique de la frappe de la monnaie, la victoire sur le roi Artavasdès II au printemps 34 av. J.-C. Les symboles et les légendes permettent de dater la frappe, mais non de situer l'atelier où elle a été émise. Antoine n'ayant pas joué de rôle dans le système ptolémaïque du pouvoir, cette monnaie ne pouvait avoir été frappée qu'en dehors de l'Égypte, en Phénicie ou en Syrie du Nord[108]. Les deniers ne pouvaient, de plus, pas circuler en Égypte, puisque la monnaie royale jouissait d'un monopole de circulation monétaire depuis la mise en place du système monétaire ptolémaïque. Cela explique – au-delà du hasard des trouvailles – que nulle pièce n'ait été retrouvée en Égypte. Cette frappe, destinée à la paie des troupes d'Antoine, a dû avoir lieu entre la fin de l'année 34/début de l'année 33 et le courant de l'année 32. Elle révélait à la fois l'alliance privilégiée avec Antoine, mais aussi son ambition politique de restauration de l'empire des Ptolémées, au-delà même des territoires perdus depuis l'apogée du premier siècle ptolémaïque.

La politique économique envers les temples

La politique de la reine envers les temples prit deux aspects fondamentaux : le soutien à la construction et à l'embellissement du patrimoine architectural, et l'octroi de privilèges financiers. La politique d'asylie était un bon indicateur de la générosité du souverain envers les sanctuaires, qu'ils fussent égyptiens ou grecs. Toute concession du droit d'asile entraînait en effet des pertes de revenus en soustrayant des contribuables au fisc, des personnes ayant commis des délits financièrement sanctionnables, ou des paysans qui abandonnaient leurs

107. Cf. *infra* p. 121, Chapitre 4.3, *Les guerres parthico-arméniennes et les cérémonies d'Alexandrie.*

108. Sur les frappes « syro-romaines » de Cléopâtre, cf. Fleischer 1996. Olivier et Parisot-Sillon 2013, p. 263, pensent à une frappe dans des ateliers de Syrie du Nord, puis en Arménie. Newman 1990 et Sear 1998, p. 228, défendent cependant l'idée d'une frappe dans l'atelier d'Alexandrie.

champs. L'expression qui apparaissait dans une ordonnance d'un « droit d'asile dans chaque nome » attestait de la généralisation de l'asylie à tout le territoire égyptien[109]. Outre les ordonnances déjà mentionnées protégeant les paysans et sanctionnant les fonctionnaires fautifs, deux inscriptions concernant l'octroi ou le renouvellement du droit d'asile pour deux sanctuaires peuvent être sollicitées. L'une concernait un temple d'Isis de Ptolémaïs en Haute-Égypte, l'autre une synagogue du Delta (Figure 14)[110].

Figure 14. Un décret d'asylie pour une synagogue. Stèle *OGIS* I, 129

109. *C. Ord Ptol.* 82. Cf. Rigsby 1996, p. 543.

110. Sur cette inscription bilingue grec/latin, *OGIS* I, 129 = *I. Asylia* 228, cf. *infra* Chapitre 5.3, *La protection accordée à une synagoque du Delta.*

Le privilège octroyé à l'Isieion est connu grâce à une inscription[111], datée de 46 av. J.-C., où le haut fonctionnaire alexandrin Théôn l'accordait en faveur de ce sanctuaire construit par Kallimakhos fils de Kroniôn. Kallimakhos, parent du roi, était un personnage de tout premier plan, puisqu'il exerçait à la fois des fonctions dans la cité comme archiprytane, le premier magistrat de la ville, et en tant que fonctionnaire royal de haut rang, stratège, épistratège et responsable de la mer Rouge et de la mer Indienne[112] :

« Théôn aux citoyens de Ptolémaïs, salut et bonne santé. De l'avis qui nous a été transmis avec l'ordre qui y fait suite, copie se trouve ci-jointe, afin que vous en ayez la connaissance et que vous l'enregistriez dans vos archives, comme il convient, et que, prenant soin de vous-mêmes, vous alliez bien, l'an 6, le 12 Phaménoth (= 14 mars 46).

À Théôn. Que l'on notifie aux intéressés que la construction faite pour notre salut par l'épistratège Kallimakhos, le sanctuaire d'Isis au sud de Ptolémaïs, est soustraite aux impôts et devient lieu d'asile, y compris les maisons bâties autour de lui jusqu'au rempart de la cité. Qu'il en soit ainsi. L'an 6, le 5 (mois de) Phaménoth (= 7 mars 46)[113]. »

Il s'agit, avec ce temple construit au sud de la ville, de la première mention dans une source grecque d'un sanctuaire isiaque en Haute-Égypte[114]. L'inscription concernait la reconstruction d'un Isieion connu antérieurement dans ce secteur de la ville[115]. Il pouvait par ailleurs être associé à des sanctuaires et autels de divinités égyptiennes, Harmakhis/Harbaktis et Hiérax, deux formes d'Horus, qui étaient mentionnées dans

111. *C. Ord. Ptol.* 67 = *I. Prose* 36-*I. Asylia* 226. Cf. aussi Bingen 1994.

112. Sur ces fonctions : Bingen 1970. Cf. aussi Vallet 2015, p. 235 (772). Il avait également exercé celles de gymnasiarque, mais peut-être ailleurs qu'à Ptolémaïs.

113. *C. Ord. Ptol.* 67 = *I. Prose* 36 = *I. Asylia* 226 :

Θεῶν τῆι πόλει τῶν Πτολεμαιέων | χαίρειν καὶ ἐρρῶσθαι· | τῆς μετενηνεγμένης ἐφ' ἡμᾶς | ἀπαγγελίας σὺν τῶι πρὸς αὐτὴν | προστεταγμένωι ἀντίγραφον | ὑπόκειται, ὅπως εἰδότες καταχ[ω]ρίσητε | ἐν τῶι παρ' ὑμῖν δημοσίωι, ὡς καθήκει, | καὶ ἑαυτῶν ἐπιμελο<ύ>μενοι ἵν' ὑγιαίνητε· | ἔρρωσθε (ἔτους) ς´, Φαμενὼθ ιβ´. |

Θέωνι.

Ῥητήθω οἷς καθήκει τὸ κατεσκευ- | ασμένον ὑπὲρ τῆς ἡμετέρας σωτηρίας | ὑπὸ Καλλιμάχου τοῦ ἐπιστρατήγου | Ἰσίδειον ἀπὸ νότου Πτολεμαΐδος | ἀτελὲς καὶ ἄσυλον εἶναι σὺν τοῖς | περὶ αὐτὸ κατῳκοδομημένοις | οἰηκτηρίοις μέχρι τοῦ τείχους | τῆς πόλεως. | γινέσθω. (ἔτους) ς´, Φαμενὼθ ε´.

114. Dunand 1973, t. I, p. 139.

115. Le premier Isieion avait reçu une dédicace en grec, et peut-être aussi en hiéroglyphes. Vallet 2015, p. 458-461, insiste sur la situation de cet ensemble de sanctuaires égyptiens à l'intérieur des murailles de la cité, et donc sur le danger de toute interprétation hellénocentrée.

l'inscription grecque d'un autre Isieion de Ptolémaïs « dans le quartier des sept villages[116] ».

Les prêtres égyptiens et les prêtres grecs souffraient également de l'écrasement fiscal, comme l'attestent les lettres adressées à Sôtélès par les prêtres égyptiens de Hiéra Nèsos[117], et par le prêtre grec de Déméter et Korè du village de Phys (Figure 15)[118]. Dion Cassius affirme que Cléopâtre avait opéré des confiscations de biens sacrés de sanctuaires de premier plan après

Figure 15. Plainte d'un prêtre de Déméter et Korè au stratège Sôtélès. Papyrus de Berlin *BGU* XX, 2845.

116. *SB* V, 8856 (253 av. J.-C. ?).
117. *BGU* VIII, 1835. Cf. *infra* Chapitre 5.2, *Les relations avec les prêtres des temples grecs.*
118. *BGU* XX, 2845. Cf. *infra* Chapitre 5.2, *Les relations avec les prêtres des temples grecs.*

Actium, pour punir le clergé égyptien rallié à ses ennemis[119]. Si elle est exacte, l'information montre que la reine n'avait pas su rallier durablement la totalité du clergé. Mais elle pouvait aussi traduire un besoin pressant de trouver des ressources, afin de continuer la guerre contre Octavien. Elle exprimerait alors les difficultés du Trésor royal devant la perspective de devoir financer la reconstitution de la flotte perdue à Actium, et de devoir mener désormais les combats sur le sol même de l'Égypte.

Un redressement inachevé

La réussite des efforts de redressement économique fait débat. Pour Herwig Maehler, le royaume serait entré après cinq premières années très difficiles dans un âge d'or, qui se poursuivrait jusqu'à la conquête augustéenne[120]. Les mesures de redressement auraient donc porté. La situation se serait améliorée après 47 av. J.-C., quand le pouvoir de la reine fut conforté par son allié et amant César. La réaffirmation d'un pouvoir monarchique unique à Alexandrie aurait amélioré le contrôle des fonctionnaires. Le don de Chypre fait à la reine entraînait une source importante de revenus[121]. La reconstitution de l'empire ptolémaïque assurait l'accès aux ressources agricoles des territoires extérieurs. L'inflation des prix en monnaie de bronze, déterminée pour le marché intérieur, n'aurait pas eu d'impact négatif sur le commerce d'exportation, qui restait calculé en monnaies d'argent[122].

Cette richesse retrouvée se serait manifestée lors de la conquête de l'Égypte par Auguste qui provoqua un afflux sans précédent d'or et d'argent, décrit par Suétone : « Il (Auguste) saisit maintes occasions de témoigner sa libéralité aux différents ordres. Ainsi, quand il eut transporté à Rome, lors du triomphe d'Alexandrie, le trésor des rois d'Égypte, il en résulta une si grande abondance de numéraire que, le taux de l'argent ayant diminué, la valeur des terres s'accrut de façon considérable, et, par la suite, chaque fois que des confiscations faisaient surabonder l'argent, il en prêta gratuitement pour un temps déterminé à ceux qui pouvaient répondre du double[123]. » Suétone met donc en

119. Dio Cass., 51, 5, 5.

120. Maehler 1983, p. 7 : après 47 « *the country recovered and apparently enjoyed a period of undisturbed prosperity* ». Cf. l'analyse de Manning 2003, p. 47, qui suivait alors H. Maehler.

121. Maehler 1983, p. 7.

122. Le Rider et de Callataÿ 2006, p. 166.

123. Suet., *Div. Iul.*, 41, 1-2.

relation l'afflux de métaux précieux en provenance d'Alexandrie et deux conséquences immédiates sur l'économie italienne, la diminution des taux d'intérêt et la montée du prix des terres. Il n'évalue cependant pas le montant de ce butin transféré à Rome. L'atelier monétaire romain avait connu une période exceptionnelle d'activité, puisque les monnaies ptolémaïques devaient être fondues pour devenir des pièces d'or (*aurei*) et des deniers[124].

Joseph Manning estime cependant que la situation économique était restée globalement délicate durant tout le règne[125]. Sa très intéressante analyse propose en effet de considérer que l'importante activité volcanique en Méditerranée durant les deux derniers siècles de l'époque ptolémaïque avait un impact aussi important que les données politiques pour expliquer les crises du monde hellénistique, en particulier de l'Égypte[126]. Cet auteur considère que le phénomène avait affecté profondément l'évolution du royaume, et que la grande révolte égyptienne centrée sur la Thébaïde après 207 av. J.-C. fut une conséquence directe des éruptions volcaniques perturbant l'inondation après 195 av. J.-C. Le règne de Cléopâtre n'aurait pas échappé au phénomène, l'éruption de 44 av. J.-C. ayant provoqué une époque difficile. L'apport en ressources agricoles né de la reconstitution de l'empire ptolémaïque n'aurait pu compenser totalement la réduction progressive de la production de la vallée du Nil liée aux fluctuations toujours plus grandes de l'inondation[127].

De plus, les sommes considérables dues aux Romains pour obtenir leur appui pesaient sur l'équilibre général du budget. En 59 av. J.-C., Ptolémée XII avait accepté de payer 6 000 talents à Jules César et Pompée pour revenir au pouvoir, et pour obtenir d'être déclaré « allié et ami du peuple romain ». En 55, le même Ptolémée XII avait promis le versement de 10 000 talents à Aulus Gabinius pour le rétablir sur le trône. Ces sommes représentaient une ponction considérable sur le revenu annuel de l'Égypte, que l'on peut estimer au maximum à 10 000-15 000 talents[128]. Cicéron estimait en effet les revenus royaux

124. Le Rider et de Callataÿ 2006, p. 216.

125. Manning 2018, p. 169. Sur les limites du retour à la prospérité, cf. aussi Chauveau 1997, p. 222-237.

126. Manning 2018, p. 168-172.

127. Sur la nécessité de compter sur ces importations vers l'Égypte pour nourrir la population : Manning 2018, p. 162-168.

128. Le Rider et de Callataÿ 2006, p. 170-175.

à 12 500 talents sous Ptolémée XII[129]. Diodore avançait la somme de 6 000 talents[130], mais elle devait concerner les seules ressources de la *chôra*. Il faut aussi noter que Diodore voyageait en Égypte en 60-56 av. J.-C., qui fut une période troublée, où les ressources étaient sans doute plus faibles. Flavius Josèphe donnait le chiffre de 8 000 talents pour les revenus de la Coelè-Syrie, de la Phénicie, de la Judée et de la Samarie, mais il était très largement surévalué[131]. Le royaume avait commencé à rembourser sa dette. César ponctionna une partie des trésors des temples égyptiens avec l'accord de Pothin[132]. Cléopâtre VII avait sans doute remboursé une partie de ces dettes au début de son règne en prélevant une partie du domaine foncier royal[133]. Les privilèges consentis à Quintus Cascellius pouvaient entrer dans un plan global de transferts financiers à l'avantage des Romains.

Les sources documentaires attestent de la persistance de difficultés économiques dans tout le pays durant l'ensemble du règne. La gravité de la situation au début du règne était indéniable à Alexandrie, en Moyenne-Égypte, dans le nome Hérakléopolite ou à Oxyrhynchos[134]. Elle s'exprimait dans des textes qui concernaient des situations collectives ou individuelles. Une enquête, ordonnée par le « préposé aux impôts » et mentionnée dans un papyrus du 24 octobre 50 conservé dans les archives d'un stratège du nome Hérakléopolite[135], sans doute sorti de charge en 50, constatait que le relevé des terres inondées et non inondées ne correspondait pas à ce qui avait été déclaré. Il faut comprendre que la crue de l'été 52 n'avait pas été satisfaisante. L'ordonnance du 27 octobre 50 attestait du risque d'une famine à Alexandrie et du choix fait par la souveraine, qui venait de succéder à son père, de tout faire pour que le ravitaillement en blé et en légumes vienne de la Moyenne-Égypte, au détriment des habitants de la *chôra*.

La plainte déjà mentionnée de Kalathos, un prêtre de Déméter et Korè, du Thesmophorion du village de Phys, dans le nome Hérakléopolite,

129. Cicéron cité par Strab., 17, 1, 13.

130. Diod. Sic., 17, 52.

131. Joseph, *Ant. Iud.*, 12, 175. Sous les Séleucides, le tribut de la Judée s'élèverait à environ 300 talents selon 1 *Macc.* 11, 28 et 34.

132. Oros., 6, 15, 29. Cf. Heinen 2009, p. 77.

133. Le prélèvement sur les terres royales profiterait d'une part à Rome, d'autre part à de riches Alexandrins.

134. Cf. Bonneau 1971, p. 145-146.

135. *SB* V, 7611.

était une protestation formulée entre 51 et 49 auprès du stratège Sôtélès contre l'imposition d'un nouvel impôt (Figure 14)[136]. Les prêtres du village de Hierà Nèsos, dans le nome Hérakléopolite, s'adressaient en 50 au stratège du nome Sôtélès pour dénoncer la situation catastrophique dans laquelle se trouvait la communauté villageoise. Ils affirmaient ne plus pouvoir faire face aux obligations fiscales du village entier, étant désormais les seuls contribuables sur place. La totalité de la population avait en effet abandonné le village pour aller vivre ailleurs[137]. L'année suivante (50/49), des fermiers royaux s'adressaient au même stratège de ce nome, Sôtélès[138]. Ils déploraient la sécheresse des terres (ἀβροχία), qui était à l'origine de la fuite massive des cultivateurs provenant d'autres villages. Ils avaient alors décidé de retourner dans leur résidence d'origine. Les villageois de Tôi, dans le nome Hérakléopolite, demandaient collectivement une réduction d'impôts à Sôtélès dans une lettre de 50-49[139].

La hausse du prix du blé se lit sur un contrat de location d'un terrain, un papyrus de Tebtynis (nome Arsinoïte) daté du 29 août 51[140], qui détaillait les sanctions financières en cas de retard dans les paiements. Ce prix avait alors atteint 3 000 drachmes de bronze par artabe. Dans la première moitié du Ier siècle, ce prix s'établissait à 2 000 drachmes de bronze, ce qui correspondait à un prix en argent de 4 drachmes (rapport de 1 à 500)[141]. Le même contrat précisait que 3 aroures de terre appartenant à un cavalier clérouque et louées à deux Perses de l'épigone (Πέρσαι τῆς ἐπειγ[ονῆ]ς), qui étaient des soldats de statut grec, rapportaient au propriétaire 27 artabes de blé. Le coût du bail était donc de 9 artabes par aroure, ce qui était très élevé. Un contrat de fermage de terre catoecique daté du 24 octobre 73[142] mentionnait en effet un coût de 4 artabes par aroure. Ce type de contrat était habituel pour les clérouques, appelés catoeques à partir du IIe siècle av. J.-C., qui étaient des soldats dotés d'une terre, le *klèros*, par le pouvoir royal.

La crise économique persistait pour beaucoup de sujets de Cléopâtre après ces difficiles premières années. Les perceptions illégales d'impôts par

136. *BGU* XX, 2845.
137. *BGU* VIII, 1835.
138. *BGU* VIII, 1843 (= *C. Pap. Hengstl* 2).
139. *BGU* VIII, 1846.
140. *PSI* X, 1098.
141. Le Rider et de Callataÿ 2006, p. 165.
142. *P. Oxy.* XIV, 1628 (= *Select Papyri* I, 40).

les fonctionnaires n'avaient jamais cessé. En 47 av. J.-C., des catoeques du nome Hérakléopolite se plaignaient auprès du stratège Eurylokhos de la lourdeur excessive de l'imposition fiscale[143]. La double ordonnance royale de 41, qui est l'avant-dernière ordonnance de Cléopâtre connue[144], exigeait encore la fin des abus[145]. Des documents attestent du maintien d'un haut niveau pour les fermages, ainsi pour le contrat d'une terre d'un cavalier catoeque, daté du 26 juillet 44[146], qui fixait un prix important, à 6 artabes de blé par aroure. Certaines affaires révélaient les difficultés personnelles dans un contexte de difficultés économiques. Ainsi pour ce papyrus, daté entre le 28 février et le 29 mars 35, sur lequel figurait une procédure d'exécution sur la propriété d'un débiteur insolvable dans le village de Sôbthis dans le nome Hérakléopolite[147]. Un verger appartenant au débiteur, donné comme garantie d'un prêt de 3 080 drachmes d'argent, fut saisi à la suite d'un procès devant les juges royaux (les chrématistes), et vendu aux enchères au bénéfice du créditeur, selon la procédure habituelle, qui resta en vigueur durant l'époque romaine[148].

Une mise en relation avec la situation économique globale pourrait être une hypothèse plausible dans deux cas de divorce où la dot ne pouvait être restituée à l'épouse, même si l'on doit aussi penser aussi à des couples vivant vraiment au-dessus de leurs moyens ou à des maris scandaleusement dispendieux. Il faut noter en effet que de tels cas de divorce conflictuels demeuraient rares, si l'on en croit la documentation pour l'ensemble de la période hellénistique et romaine[149]. Un habitant du village de Tilôthis dans le nome Hérakléopolite[150], Apollônios, abandonna, vers 47, sa femme Dionysia fille d'Hérakleios, et son enfant, pour refaire sa vie à Alexandrie avec une autre femme dont il eut un enfant. Dionysia, qui semblait considérer son mariage comme rompu, réclamait la restitution de sa dot de 2 000 drachmes d'argent. Or cette dot n'existait plus en numéraire. Elle ne pouvait être reconstituée que par la vente de biens

143. *BGU* VIII, 1850.
144. La dernière est celle conservée par le *P. Bingen* 45.
145. *C. Ord. Ptol.* 75-76.
146. *P. Oxy.* XIV, 1629.
147. *BGU* XIV, 2376 (= Keenan, Manning et Yiftach-Firanko 2014, 5.4.6., p. 259-265).
148. Keenan, Manning et Yiftach-Firanko 2014, p. 260.
149. Yiftach-Firanko 2003, p. 217. Sur la répudiation de l'épouse en droit biblique dans l'Égypte ptolémaïque : *P. Enteux.* 23 = *C. Pap. Jud.* I, 128 (Magdôla, nome Arsinoïte, 11 mai 228 av. J.-C.), *P. Polit. Iud.* 4 (Hérakléopolis, 12 janvier 134 av. J.-C.), cf. Mélèze-Modrzejewski 2006.
150. *BGU* VIII, 1848 (= Rowlandson 1998, p. 170-171, n° 128).

fonciers (une maison et de la terre) qu'Apollônios avait chargé son père Isidôros de réaliser. Mais ce dernier refusa, d'où la plainte au stratège du nome. La seconde affaire était une plainte de 55 av. J.-C., également issue du nome Hérakléopolite, où une femme, Makaria, demandait justice au stratège contre son mari qui l'avait chassée de la maison et qui ne lui restituait pas la dot[151].

Conclusion

Cléopâtre avait donc indéniablement gouverné en souveraine déterminée à améliorer une situation économique et sociale désastreuse à son arrivée au pouvoir. Elle apparaissait totalement émancipée d'une éventuelle tutelle romaine dans ses actions. Son co-souverain Césarion n'était pas en âge d'entrer en rivalité avec elle. Ses efforts avaient en partie porté. Mais elle n'avait pu mettre fin à la corruption et à l'inefficacité d'une partie de son administration. Les malheurs provoqués par des inondations insuffisantes ne l'avaient pas épargnée. La fiscalité écrasante avait affaibli le potentiel de production par la fuite des paysans vers les sanctuaires bénéficiant du droit d'asile et vers Alexandrie. Les besoins croissants de la guerre contre Octavien avaient entraîné des dépenses que le Trésor royal ne pouvait totalement couvrir, ce qui était une faiblesse mortelle dans l'ultime combat pour maintenir l'indépendance du royaume.

151. *BGU* VIII, 1820.

Chapitre 4

Une vision impériale

L'affirmation de son pouvoir souverain sur l'Égypte et la vitalité de l'alliance avec les *imperatores* Jules César, puis Antoine, permettaient à Cléopâtre de déployer sa politique dans toute la Méditerranée orientale. Elle retrouvait les ambitions initiales de la dynastie des Ptolémées qui concevaient leur royaume, centré géographiquement sur l'Égypte, comme une puissance méditerranéenne. La propagande octavienne qui voulait réduire Cléopâtre à la seule dimension d'« Égyptienne » occultait donc la vocation impériale d'un royaume dont la capitale, Alexandrie, l'ouvrait au niveau géopolitique sur la vallée du Nil, mais aussi sur un outre-mer méditerranéen.

4.1 Les ambitions d'une reine macédonienne

Cléopâtre *néôtéra* et *Philopatris*

Les épiclèses royales définissaient dans les monarchies hellénistiques une idéologie où le souverain affirmait ses valeurs et son programme. Cette autoreprésentation par l'épithète ou les épithètes officielles était un moyen sûr de saisir les perspectives ou la tonalité politique que voulait donner un souverain à son règne. Cléopâtre avait d'abord adopté l'épithète royale de *Philopatôr*, « Qui aime son père », en abandonnant l'épiclèse voulue par Ptolémée XII de *Philadelphos* (« Qui aime son frère, Qui aime sa sœur »), qui n'avait plus de crédibilité dans le cadre du conflit avec son frère, Ptolémée XIII. Après leur réconciliation sous l'autorité de Jules

César, le frère et la sœur restaient les dieux *Philopatôres*, leur filiation créant le lien qui les unissait.

Un changement de titulature reflétant un nouveau choix politique intervint en 37/36 av. J.-C. Un papyrus grec d'Hérakléopolis, datable entre le 28 février et le 29 mars 35, en garde la trace[1]. Ce document conserve une procédure d'exécution judiciaire contre un débiteur, une procédure bien connue dans l'Égypte romaine, et qui en constitue la première attestation dans l'Égypte des Ptolémées[2]. Il est remarquable par sa double datation, « l'an 17 qui était aussi l'an 2 », et par la mention d'une titulature de Cléopâtre inconnue jusqu'à la publication de ce papyrus, en 1980. La datation trouvait son origine dans l'inauguration d'un nouveau comput des années de règne en 37/36, un comput qui resta en vigueur jusqu'en 30 av. J.-C., « l'an 22 qui est aussi l'an 7 ». Les souverains étaient désormais désignés comme la reine Cléopâtre « déesse, la cadette, qui aime son père, qui aime sa patrie », et Ptolémée XV comme « dieu, qui aime son père et qui aime sa mère[3] ». Deux épiclèses de Cléopâtre étaient des nouveautés, « la cadette » (νεώτερα), et « Qui aime sa patrie » (Φιλόπατρις). L'épiclèse *néôtéra* était connue exclusivement avant cette publication par des monnaies d'argent[4], qui portaient, au droit le buste drapé de la reine diadémée et la légende « la reine Cléopâtre, déesse, la cadette[5] », et au revers le portrait d'Antoine, tête nue[6], désigné en légende par ses titres d'*imperator* et de *triumvir*[7] (Figure 5). La frappe, probablement faite en Phénicie, datait sans doute de 36, tout en étant poursuivie les années suivantes[8].

Ces frappes monétaires en Phénicie ou en Syrie revêtaient une signification politique particulière pour ces espaces qui furent séleucides. Si l'on accepte la lecture de la première lettre de l'épiclèse *néôtéra* avec une minuscule, il faut comprendre que Cléopâtre ne se qualifiait pas de

1. *BGU* XIV, 2376.

2. Keenan, Manning et Yiftach-Firanko 2014, 5.4.6, p. 259-265.

3. *BGU* XIV, 2376, l. 1-2 : [Βασιλευόντων Κλεοπάτρας Θεᾶς νεωτέ]ρας Φ[ιλ]οπάτορος καὶ Φιλοπάτριδος καὶ Πτολεμαίου τοῦ καὶ Καῖσαρ Θεοῦ Φιλοπάτορος [καὶ Φιλομήτορος ἔτους ιζ τοῦ [καὶ β...].

4. *RPC* I, 4094-4096, p. 601-602, et Planche 155.

5. Βασίλισσα Κλεοπάτρα Θεὰ νεωτέρα.

6. Une tête de cheval apparaissait derrière celle d'Antoine sur l'une des monnaies : *RPC* I, 4095 (cf. aussi 4096).

7. Ἀντώνιος αὐτοκράτωρ τρίτον τριῶν ἀνδρῶν.

8. *BMC* 20, p. 158, n° 53 ; *RPC* I, 4094. Cf. Buttrey 1954.

« Nouvelle Déesse » ou de « Déesse Nouvelle[9] », mais de « cadette », de « junior » par rapport à une aînée, qui ne pouvait être dans un contexte syro-phénicien que la reine Cléopâtre *Théa*, la fille de Ptolémée VI et de Cléopâtre II, devenue reine séleucide par ses mariages successifs avec Alexandre Balas, Démétrios II, puis Antiochos VII, et mère d'Antiochos VIII et d'Antiochos IX[10]. L'épiclèse fondait donc les revendications de Cléopâtre VII comme héritière du royaume séleucide.

L'épiclèse *Philopatris* a été interprétée de manière divergente, la « patrie » de Cléopâtre étant comprise comme l'Égypte, comme Alexandrie, ou comme une référence à ses origines ethniques macédoniennes[11]. L'éditeur du papyrus, William Brashear, estimait que Cléopâtre voulait affirmer son lien de loyauté avec le pays et la population égyptienne, ce lien ayant été distendu par ses liaisons « scandaleuses » avec les Romains Jules César et Antoine. Il s'agirait de proclamer sa pleine insertion dans le destin de son pays, envers son « *Vaterland*[12] ». Les donations territoriales de 37/36, qui renforçaient la puissance du royaume, seraient alors comprises comme une preuve manifeste de cet amour du Pays, qui est l'un des termes traditionnels pour désigner l'Égypte dans la tradition égyptienne[13].

Dans cette volonté de rassurer ses sujets, les Alexandrins étant des destinataires privilégiés, on pourrait cependant aussi imaginer que la reine considérait que sa patrie était ici Alexandrie, siège du palais royal des Ptolémées. Cette perspective « égyptienne » a été adoptée par des savants qui estiment que Cléopâtre donna une inflexion religieuse forte à la monarchie ptolémaïque, en établissant un lien quasi mystique avec l'Égypte vue comme le Pays par excellence[14]. Les chercheurs qui estiment que Ptolémée XII

9. Schwentzel 2014, p. 169, estime à l'inverse que l'épiclèse « traduit une idéologie de la rénovation du monde […] la dernière déesse vivante (ayant) pour mission terrestre l'établissement d'un monde nouveau, meilleur et plus prospère ».

10. William Brashear, *BGU* XIV, p. 29 ; Bingen 1999, p. 119 ; Huß 2001, p. 756. Pour Schrapel 1996, p. 222-223, il s'agirait bien d'une « Nouvelle Déesse » (*Néôtéra*). La naissance de cette Nouvelle Déesse serait surprenante compte tenu de l'assimilation de la reine à d'autres divinités féminines, Isis, Aphrodite ou Sélénè.

11. Sur la *patris* dans les sources grecques, en particulier les sources littéraires cf. Sébillotte 1999. Sur le terme de *philopatris*, banal en épigraphie grecque, en particulier durant l'époque impériale romaine : Bingen 1999, p. 121-122. Il était utilisé, en général, pour honorer un personnage qui avait fait preuve d'un civisme exceptionnel envers sa ville natale.

12. William Brashear, *BGU* XIV, p. 29.

13. Schrapel 1996, p. 225.

14. Thompson 1994, p. 321 ; Chauveau 1998, p. 113-114, qui ajoute qu'il s'agirait d'« un rapport nationaliste avant la lettre ».

construisit une relation stable avec une fille de la classe sacerdotale memphite, dont seraient issus Cléopâtre, ses deux frères, et la cadette Arsinoè, adhèrent à ce point de vue qui conforte leur hypothèse[15]. D'autres, enfin, avancent une explication politique, l'épiclèse sonnant comme une proclamation d'indépendance « indigéniste » vis-à-vis de Rome[16].

Le caractère très codifié des épiclèses royales et la valeur juridique du terme de *patris* me conduisent cependant à privilégier une autre hypothèse, l'affirmation d'une identité personnelle qui désignait la patrie d'origine de la reine. La législation ptolémaïque donnait en effet une définition juridique de la patrie, qui indiquait l'origine d'une personne dans l'Égypte ptolémaïque. Une ordonnance de Ptolémée II, datée d'avril 260 av. J.-C., précisait que les personnes recensées pour le paiement de l'impôt devaient déclarer leur nom propre ainsi que « le nom de leur père et de leur patrie[17] ». Cette origine (πατρίς) et le nom personnel (ὄνομα) étaient protégés par les lois et ordonnances ptolémaïques, selon des règles connues par deux papyrus grecs de Berlin[18]. Le fonctionnaire qui changerait arbitrairement l'un des deux termes, ou les deux, patrie ou nom, était passible de la peine de mort. Cette patrie ancestrale était indiquée, pour les immigrants hellénophones, dans les actes officiels par la communauté d'origine : l'*ethnikon* (ethnique).

Les Grecs se définissaient en effet en Égypte juridiquement comme des étrangers désormais installés dans le pays d'accueil, et comme des hellénophones. Cette patrie pouvait désigner une cité grecque (πόλις) ou une communauté définie par une identité collective (ἔθνος) qu'elle fût grecque par son origine (Béotiens, Crétois, Macédoniens, Thessaliens…) ou par hellénisation (Galates, Iduméens, Juifs, Perses, Thraces…)[19]. Les Macédoniens constituaient une élite dans cette communauté des Hellènes, par le prestige que leur donnait la mémoire d'Alexandre le Grand, les origines de la dynastie des Ptolémées, les positions acquises dans l'élite dirigeante alexandrine, et leur place prééminente parmi les clérouques installés dans la *chôra*[20].

15. Huβ 2001, p. 756.

16. Sartre 2018, p. 132.

17. *C. Ord. Ptol.* 21, ligne 20 : πατρόθεν καὶ πατρίδος. Cf. aussi *P. Rev.*

18. *BGU* VI, 1250 (= Mélèze-Modrzejewski 2012, n° 7) (nome Arsinoïte, milieu du IIe siècle av. J.-C.) ; *BGU* VI, 1213, ligne 3 (nome Arsinoïte, IIIe siècle av. J.-C.).

19. Clarysse et Thompson 2006, II, p. 138-147.

20. Clarysse 1998, p. 9. Sur les clérouques macédoniens : Bagnall 1984 ; sur les ethniques étrangers dans l'Égypte ptolémaïque : La'da 2002.

En mettant en avant ses origines macédoniennes, Cléopâtre réfutait la propagande romaine qui voulait l'enfermer dans un statut d'« Égyptienne », alors que dans la vallée du Nil les seuls Égyptiens nommés par ce mot étaient les descendants des habitants de culture égyptienne d'avant la conquête d'Alexandre. L'épiclèse était avant tout un message programmatique destiné aux Alexandrins, aux Grecs de la *chôra*, mais aussi aux acteurs de la vie internationale[21]. Les Ptolémées étaient revenus dans le jeu des grandes puissances méditerranéennes, avec l'ambition de capter le double héritage macédonien des Ptolémées et des Séleucides ! L'adoption de ces deux épiclèses, ouvrant une ère nouvelle, était l'aboutissement d'une politique extérieure menée par Cléopâtre depuis la mort de Jules César et l'alliance nouée avec Antoine.

Tarse, été 41 : la formation d'un couple

Après la mort de Jules César le 15 mars 44 av. J.-C., Cléopâtre quitta Rome pour rejoindre Alexandrie. Partie deux ou trois semaines après l'assassinat, elle arriva en juillet dans sa capitale, en passant par Athènes, et sans doute par Chypre pour en affermir le contrôle face à sa sœur Arsinoè IV réfugiée à Éphèse. Sa politique était clairement d'éviter d'être entraînée dans la nouvelle guerre civile romaine. Sa position était difficile, car Jules César avait désigné par testament le jeune Octavien qui se gardait bien de s'affirmer son protecteur, alors que les assassins de César (les « Libérateurs ») contrôlaient des territoires aux frontières maritimes et terrestres de ses possessions. Brutus avait ses armées en Grèce d'Europe et en Asie Mineure, Cassius tenait la Syrie. En envoyant à Dolabella, l'un des héritiers politiques de César avec Antoine et Octavien, les quatre légions romaines stationnant en Égypte, elle retrouvait une pleine souveraineté sur l'Égypte, en donnant de plus des gages d'indépendance aux Alexandrins anti-Romains. Mais ces légions passèrent à Cassius, ce qui provoqua l'échec de Dolabella qui se suicida en juillet 43, et fit naître le projet de Cassius d'envahir l'Égypte. Le moment avait pu paraître propice à Cassius pour une invasion de l'Égypte affaiblie par la famine et une épidémie de peste bubonique, et dont il estimait que les troupes ptolémaïques manquaient de combativité[22]. Une flotte promise par Cléopâtre à

21. Bingen 1999, p. 122-123.

22. App., *Bell. civ.*, 4, 63. Cf. Van 't Dack 1988, p. 220-221 (= *JJP* 19, 1983, p. 77-86). Les troupes romaines avaient alors quitté le pays.

Dolabella n'avait pas quitté le port d'Alexandrie. Cassius recevait également le renfort de la flotte du gouverneur ptolémaïque (« stratège ») de Chypre, l'amiral Sérapion[23], ce qui fit douter les Césariens de la loyauté de la reine à leur égard. La position relativement forte de la reine se lisait cependant dans la reconnaissance fin 43 par les trois triumvirs césariens, Octavien, Antoine et Lépide, du titre de « roi d'Égypte » pour Ptolémée XV Césarion[24].

La bataille de Philippes d'octobre 42, en Macédoine, libérait doublement la reine, tout d'abord en raison de l'abandon par Cassius de son projet d'invasion de l'Égypte au moment où Brutus l'appelait pour combattre les triumvirs débarqués en Illyrie, et du fait de la victoire finale des Césariens. Cléopâtre avait elle-même tenté de participer aux combats aux côtés des Césariens en envoyant vers l'Adriatique une escadre qu'elle commandait personnellement, mais cette flotte fut détruite par une tempête au large de la Libye[25]. Elle rejoignit avec difficulté le port d'Alexandrie. La reine s'affirmait ainsi en chef militaire, conformément à la tradition des souverains hellénistiques.

À l'issue de la bataille de Philippes, les triumvirs se partagèrent l'espace romain. Octavien recevait l'Occident, Lépide était confirmé en Afrique, et Antoine se voyait attribuer l'Orient grec ainsi que la Narbonnaise. Alors qu'Octavien, malade, rentrait à Rome, Antoine entreprenait une tournée pour réunir les fonds indispensables pour payer les soldes et récompenses promises aux soldats et pour s'assurer de la loyauté des alliés.

Ce voyage le conduisit à Éphèse, capitale de la province d'Asie, où il entra en Dionysos incarné, en *néos Dionysos*, au sein d'un cortège dionysiaque formé de jeunes filles déguisées en Bacchantes, d'hommes et d'enfants habillés en Satyres et en Pans, très certainement des artistes dionysiaques[26]. Les habitants l'acclamèrent en le qualifiant de Dionysos *Kharidotès* (« Donneur de grâce ») et de Dionysos *Meilikhios* (« Doux comme le miel »). Le triumvir leur réclama cependant neuf années de tribut payables en vingt-quatre mois, ce qui lui valut l'apostrophe du rhéteur Hybréas de Mylasa « Si tu peux exiger de nous deux tributs par an, peux-tu aussi nous donner deux étés et deux automnes ? », et deux autres qualifications, *Omestès* (« Mangeur de chair crue ») et *Agriônios* (« Sauvage »).

23. Sur la carrière de Sérapion, cf. Schrapel 1996, p. 124-126.
24. Dio Cass., 47, 31, 4.
25. App., *Bell. civ.*, 4, 74 ; 4, 82.
26. Plut., *Ant.*, 24, 2-12.

En se posant en « nouveau Dionysos » l'*imperator* se comportait ouvertement en monarque hellénistique, héritier potentiel d'Alexandre le Grand.

La rencontre de Tarse, mentionnée rapidement par Dion Cassius[27], allusivement par Appien[28], est longuement décrite par Plutarque, qui a assuré la célébrité de l'épisode[29], et par Athénée de Naucratis[30]. Athénée citait un historien romain de langue grecque, contemporain des guerres civiles opposant Octavien à Antoine, Socrate de Rhodes. Cet auteur, qui n'est guère sollicité par les historiens modernes[31], permet mieux de saisir la portée idéologique de cette mise en scène où la reine jouait autant de références à l'Égypte que de références proprement hellénistiques.

« Socrate de Rhodes décrit dans son troisième livre de la *Guerre civile* le *symposion* que donna Cléopâtre, la dernière reine d'Égypte, qui épousa Antoine, commandant pour les Romains en Cilicie.

« Lorsque Cléopâtre rencontra Antoine en Cilicie, elle prépara pour lui un *symposion* royal dans lequel toutes les vaisselles étaient d'or, avec des pierres précieuses et travaillées avec un extraordinaire raffinement ; même les parois – dit-on – étaient recouvertes de tentures de pourpre et d'or. Cléopâtre fit couvrir les lits de douze *triklina* et invita Antoine avec les personnes qu'il voudrait amener. Lorsque Antoine manifesta de l'étonnement à la vue de tant de splendeur, Cléopâtre lui dit avec un sourire visible qu'elle lui faisait cadeau de tout. Le lendemain, elle l'invita de nouveau à souper avec ses amis et ses chefs des troupes. Cléopâtre y avait fait tout préparer, de manière que l'appareil précédent soit insignifiant, et elle le lui offrit encore. Les lits sur lesquels s'étaient couchés à table ses officiers et les supports pour les vases à boire, avec les couvertures de lit, furent également partagés et elle ordonna à chacun de les emporter. Lorsqu'ils s'en retournèrent, elle mit à disposition des litières à ceux du rang le plus distingué, avec également des porteurs ; et des chevaux harnachés de toutes pièces en argent pour la majorité d'entre eux, et à tous des esclaves éthiopiens pour les éclairer avec des flambeaux. Le quatrième jour, elle dépensa l'équivalent de plusieurs talents pour avoir des roses,

27. Dio Cass., 48, 24.
28. App., *Bell. civ.*, 5, 8.
29. Plut., *Ant.*, 26-27, 2.
30. Athen., *Deipn.*, 4, 147e-148b.
31. Sur la mise en valeur de l'importance de ce récit, cf. Schäfer 2006, p. 128-129, et Couvenhes 2013.

et le sol des salles de banquet en fut recouvert de plusieurs coudées de longueur tressées dans un filet qui se déployait[32]. »

L'univers égyptien apparaissait dans l'utilisation d'un navire de prestige, symbole de la puissance navale ptolémaïque, le rappel des ressources de l'Égypte par l'exposition d'un luxe exceptionnel, et la touche exotique des esclaves éthiopiens. Le monde grec hellénistique s'exprimait par l'assimilation à des divinités qui était conforme au langage politique des souverains, par l'organisation de banquets royaux qui avaient une triple origine, grecque, macédonienne et perse[33], et par la splendeur du cortège, la *pompè*, dans la continuité de la fête des *Ptolémaia* organisée à Alexandrie par Ptolémée II.

Cléopâtre déploya lors de la rencontre toutes les ressources que lui donnait son statut de reine d'un riche royaume, afin d'agir en femme séductrice et en femme d'État. Son « entrée » dans Tarse était un écho, en miroir, de l'« entrée » d'Antoine dans Éphèse, dans un parallélisme qui exprimait la complémentarité de leur programme religieux et politique[34]. Plutarque note : « C'était Aphrodite qui, pour le bonheur de l'Asie, venait en partie de plaisir chez Dionysos. » Les mots « pour le bonheur de l'Asie (ἐπ' ἀγαθῷ) » en résumaient le programme : la domination de l'Orient. La rencontre avait été préparée, tant par les informations que la reine avait cherché à réunir sur les goûts et les objectifs d'Antoine, que par

32. Athen., *Deipn.*, 4, 147e-148b : Σωκράτης δὲ ὁ Ῥόδιος ἐν τρίτῳ Ἐμφυλίου Πολέμου τὸ Κλεοπάτρας ἀναγράφων συμπόσιον τῆς τελευταίας. Αἰγύπτου βασιλευσάσης, γημαμένης δ' Ἀντωνίῳ τῷ Ῥωμαίων στρατηγῷ [ἐν Κιλικίᾳ] φησιν οὕτως· ἀπαντήσασα τῷ Ἀντωνίῳ ἡ Κλεοπάτρα ἐν Κιλικίᾳ παρεσκεύασεν αὐτῷ βασιλικὸν συμπόσιον, ἐν ᾧ πάντα χρύσεα καὶ λιθοκόλλητα περιττῶς ἐξειργασμένα ταῖς τέχναις· ἦσαν δέ, φησί, καὶ οἱ τοῖχοι ἁλουργέσι καὶ διαχρύσοις ἐμπεπετασμένοι ὕφεσι. Καὶ δώδεκα τρίκλινα διαστρώσασα ἐκάλεσε τὸν Ἀντώνιον μεθ' ὧν ἐβούλετο ἡ Κλεοπάτρα. Τοῦ δὲ τῇ πολυτελείᾳ τῆς ὄψεως ἐκπλαγέντος ὑπομειδιάσασα ταῦτ' ἔφη πάντα δωρεῖσθαι αὐτῷ καὶ εἰς αὔριον παρεκάλει συνδειπνῆσαι πάλιν ἥκοντα μετὰ τῶν φίλων καὶ τῶν ἡγεμόνων· ὅτε καὶ πολλῷ κρεῖττον διακοσμήσασα τὸ συμπόσιον ἐποίησε φανῆναι τὰ πρῶτα μικρά, καὶ πάλιν καὶ ταῦτα ἐδωρήσατο. Τῶν δ' ἡγεμόνων ἐφ' ᾗ ἕκαστος κατέκειτο κλίνῃ καὶ τὰ κυλικεῖα καθὼς ταῖς στρωμναῖς ἐμεμέριστο, ἑκάστῳ φέρειν ἐπέτρεψε. Καὶ κατὰ τὴν ἄφοδον τοῖς μὲν ἐν ἀξιώμασι φορεῖα σὺν τοῖς κομίζουσι, τοῖς πλείοσι δὲ καταργύροις σκευαῖς κεκοσμημένους ἵππους, πᾶσι δὲ λαμπτηροφόρους παῖδας Αἰθίοπας παρέστησε. Τῇ δὲ τετάρτῃ τῶν ἡμερῶν ταλαντιαίους εἰς ῥόδα μισθοὺς διέδωκε, καὶ κατεστρώθη ἐπὶ πηχυαῖα βάθη τὰ ἐδάφη τῶν ἀνδρώνων ἐμπεπετασμένων δικτύων τοῖς ἕλιξιν (trad. Couvenhes 2013 légèrement modifiée).

33. Couvenhes 2013, p. 243, insiste surtout sur l'origine macédonienne du *basilikon symposion*.

34. Pelling 1988, p. 179.

les entretiens qu'elle avait eus à Alexandrie avec un émissaire d'Antoine, Quintus Dellius. Il était convenu que la reine serait reçue en territoire romain, à Tarse, en Cilicie, cette cité grecque étant l'une des rares en Orient à n'avoir pas basculé avant Philippes du côté de Cassius et Brutus. Mais la reine venait par la voie maritime, sur un magnifique palais flottant (« thalamège »)[35], de manière à offrir le spectacle de sa puissance, en remontant à Tarse le fleuve Kydnos.

Cette mise en scène était constituée d'un cortège suivi de trois banquets royaux, qui eurent lieu à bord du navire royal. La succession des trois repas permettait à Cléopâtre de magnifier sa richesse en déployant chaque soir le luxe d'un changement de décor[36]. Antoine y monta comme invité, ce qui rétablissait l'équilibre avec la venue de la reine dans l'espace romain. Antoine répondit à son invitation après avoir découvert l'admirable spectacle nautique :

> « Elle se mit à remonter le Kydnos sur un navire à la poupe d'or, avec des voiles de pourpre déployées et des rames d'argent manœuvrées au son de la flûte marié à celui des syrinx et des cithares. Elle-même était étendue sous un dais brodé d'or et parée comme les peintres représentent Aphrodite. Des enfants, pareils aux Amours qu'on voit sur les tableaux, debout de chaque côté d'elle, la rafraîchissaient avec des éventails. Pareillement, les plus belles de ses servantes, déguisées en Néréides et en Grâces, étaient les unes au gouvernail, les autres aux cordages. De merveilleuses odeurs exhalées par de nombreux parfums embaumaient les deux rives. Beaucoup de gens accompagnaient le navire de chaque côté dès l'embouchure du fleuve, et beaucoup d'autres descendaient de la ville pour jouir du spectacle. La foule qui remplissait la place se précipitant au-dehors, Antoine finit par rester seul sur l'estrade où il était assis. Le bruit se répandait partout que c'était Aphrodite qui, pour le bonheur de l'Asie, venait en partie de plaisir chez Dionysos. Antoine envoya sur-le-champ la prier à dîner, mais elle demanda que ce fût plutôt lui qui vînt chez elle. Aussitôt, voulant lui témoigner courtoisie et complaisance, il se rendit à son invitation. Il trouva près d'elle des préparatifs défiant toute expression, mais il fut surtout frappé de l'abondance des lumières[37]. »

35. Sur les thalamèges, cf. *infra* Chapitre 5.1, *Les palais de la reine*.

36. Couvenhes 2013, p. 237-242.

37. Plut., *Ant.*, 26, 1-6 : (…) πλεῖν ἀνὰ τὸν Κύδνον ποταμὸν ἐν πορθμείῳ χρυσοπρύμνῳ, τῶν μὲν ἱστίων ἁλουργῶν ἐκπεπετασμένων, τῆς δὲ εἰρεσίας ἀργυραῖς κώπαις ἀναφερομένης πρὸς αὐλὸν ἅμα σύριγξι καὶ κιθάραις συνηρμοσμένον. Αὐτὴ δὲ κατέκειτο μὲν ὑπὸ σκιάδι χρυσοπάστῳ κεκοσμημένη γραφικῶς ὥσπερ Ἀφροδίτη, παῖδες δὲ τοῖς γραφικοῖς Ἔρωσιν εἰκασμένοι παρ'

Cléopâtre, qui était la puissance invitante, avait pour objectif dans le premier banquet, qui était un « banquet à boire » (συμποσίον), de provoquer l'étonnement et la stupéfaction des convives devant le luxe des tentures de pourpre et d'or, du mobilier, de la vaisselle d'or et d'argent, et par le spectaculaire agencement des lumières à bord. Les convives quittèrent le navire en emportant comme cadeaux des éléments de mobilier et de vaisselle. Le deuxième banquet offert le lendemain, « banquet à manger » (δεῖπνον), offrait une magnificence supérieure à celui de la veille. Les invités, des chefs de troupe, repartirent également avec des cadeaux, à savoir des *kulikeia* (des supports pour les vases à boire), des lits et leurs couvertures. Ils furent raccompagnés sur des chevaux somptueusement parés et des litières portées par des esclaves éthiopiens. Le troisième banquet offert par Cléopâtre, le quatrième jour, fut marqué par la beauté du décor floral, le sol de la salle étant recouvert de roses. Antoine offrit, à terre, le banquet du troisième jour, mais il reconnut qu'il était surpassé par la splendeur et l'élégance des réceptions de Cléopâtre : « Étant vaincu sur ces deux points, il fut le premier à railler la mesquinerie et la grossièreté de sa réception[38]. »

Cet esprit d'émulation, qui apparaissait ici pour la première fois, fut l'un des ressorts fondamentaux de leur relation. Plutarque et Athénée insistent sur la dimension festive et érotique de cette rencontre, qui était aussi un « mariage sacré » (ἱερὸς γάμος) entre Cléopâtre-Aphrodite et Antoine-Dionysos. Les conséquences politiques furent déterminantes pour les deux partenaires. Cléopâtre réussissait à convaincre Antoine de sa loyauté envers les Césariens dans la guerre menée contre Cassius, Brutus et Dolabella, et en donnait une preuve en livrant Sérapion réfugié à Tyr. Elle obtenait la promesse de l'élimination de sa sœur Arsinoè IV. Elle perdait cependant, avec la constitution de la province romaine de Cilicie-Chypre,

ἑκάτερον ἑστῶτες ἐρρίπιζον. Ὁμοίως δὲ καὶ θεραπαινίδες αἱ καλλιστεύουσαι Νηρηΐδων ἔχουσαι καὶ Χαρίτων στολάς, αἱ μὲν πρὸς οἴαξιν, αἱ δὲ πρὸς κάλοις ἦσαν. ὀδμαὶ δὲ θαυμασταὶ τὰς ὄχθας ἀπὸ θυμιαμάτων πολλῶν κατεῖχον. Τῶν δὲ ἀνθρώπων οἱ μὲν εὐθὺς ἀπὸ τοῦ ποταμοῦ παρωμάρτουν ἑκατέρωθεν, οἱ δὲ ἀπὸ τῆς πόλεως κατέβαινον ἐπὶ τὴν θέαν. Ἐκχεομένου δὲ τοῦ κατὰ τὴν ἀγορὰν ὄχλου τέλος αὐτὸς ὁ Ἀντώνιος ἐπὶ βήματος καθεζόμενος ἀπελείφθη μόνος. Καί τις λόγος ἐχώρει διὰ πάντων ὡς ἡ Ἀφροδίτη κωμάζοι παρὰ τὸν Διόνυσον ἐπ' ἀγαθῷ τῆς Ἀσίας. Ἔπεμψε μὲν οὖν καλῶν αὐτὴν ἐπὶ τὸ δεῖπνον: ἡ δὲ μᾶλλον ἐκεῖνον ἠξίου πρὸς ἑαυτὴν ἥκειν. Εὐθὺς οὖν τινὰ βουλόμενος εὐκολίαν ἐπιδείκνυσθαι καὶ φιλοφροσύνην ὑπήκουσε καὶ ἦλθεν. Ἐντυχὼν δὲ παρασκευῇ λόγου κρείττονι μάλιστα τῶν φώτων τὸ πλῆθος ἐξεπλάγη.

38. Plut., *Ant.*, 27, 1.

la possession exclusive de Chypre rendue par César à Ptolémée XIV et à Arsinoè en 48 av. J.-C. L'île connaissait désormais une double administration ptolémaïque et romaine[39]. Elle proposait enfin à Antoine de venir passer l'hiver à Alexandrie, ce qu'il accepta. Avant de la rejoindre, Antoine se rendit toutefois en Syrie pour régler des affaires urgentes.

La diplomatie de Cléopâtre de l'hiver 41 à 37 av. J.-C.

L'alliance entre Cléopâtre et Antoine était devenue manifeste aux yeux des Alexandrins et des sujets informés de la reine durant l'hiver 41/40 av. J.-C. Les récits d'Appien[40], de Plutarque[41] et de Dion Cassius[42] montrent leur parfaite entente, leur facilité à se déplacer dans la ville, et la manière de vivre à la grecque d'Antoine dans la capitale de Cléopâtre. Il est cependant frappant de constater que ce séjour s'était limité à Alexandrie, et que Cléopâtre n'avait pas organisé une croisière sur le Nil pour lui faire découvrir les merveilles de l'Égypte, à l'instar de ce qu'elle avait fait pour César. Plutarque livre une description dont le fil conducteur est de montrer les talents de manipulatrice de la reine, qui réduisit Antoine en « tutelle comme un enfant » (διεπαιδαγώγει τὸν 'Αντώνιον) : « Elle imaginait toujours quelque plaisir ou agrément pour le tenir en tutelle, en ne le quittant ni de jour ni de nuit. Elle jouait aux dés, buvait, chassait avec lui, et assistait à ses exercices militaires. » À l'en croire, Antoine « perdait son temps en bagatelles et s'amusait à des jeux d'enfants ». La flatterie, qu'elle utilisait sous des formes innombrables, était sa principale arme de séduction[43].

L'association de « la Vie inimitable » (σύνοδος 'Αμιμητοβίων), qu'ils fondèrent alors, aurait eu pour principal objectif de rivaliser pour le faste de leurs festins. Antoine aurait ainsi purement et simplement gaspillé son temps, le bien le plus précieux selon le sophiste athénien Antiphon. Le sentiment de supériorité prêté à Cléopâtre s'exprimait dans une anecdote qui ridiculisait Antoine pêchant dans le port un poisson salé du Pont-Euxin, intentionnellement attaché à sa ligne : « Grand général, dit

39. Van 't Dack 1988, p. 18 ; Schrapel 1996, p. 132-135.

40. App., *Bell. civ.*, 5, 11.

41. Plut., *Ant.*, 28-30, 1.

42. Dio Cass., 43, 24, 3.

43. Plutarque affirme qu'elle n'utilisait pas seulement les quatre formes de flatterie décrites par Platon (*Gorg.*, 461c-465b) : la cuisine (ὀψοποιητική), la coquetterie (κομμωτική), la sophistique (σοφιστική) et la rhétorique (ῥητορική).

Cléopâtre, laisse-nous la ligne à nous qui régnons sur Pharos et Canope : ta pêche à toi, ce sont les villes, des royaumes, des continents. » Antoine aurait basculé dans le ridicule, la bouffonnerie et l'ivresse, alors que Cléopâtre maîtresse d'elle-même affirmait son pouvoir réel sur l'Égypte. Antoine devint sous le calame de Plutarque l'exemple type de l'homme soumis aux femmes[44].

Le récit d'Appien fait apparaître Antoine sous un autre jour, un homme resté maître de lui-même et de ses perspectives politiques propres. Il aurait profité de ce séjour pour mieux connaître la ville et ses habitants, tout en soignant son image en adoptant le vêtement grec. Il visitait de fait les sanctuaires, les gymnases, et conversait avec les savants du Musée. Ce comportement d'homme privé pouvait être interprété comme le respect de la souveraineté de Cléopâtre sur le pays ou comme le souci de se dégager de ses obligations de triumvir pour se livrer aux délices de « vacances d'hiver[45] ». Mais même dans cette seconde hypothèse, le triumvir continuait à assumer ses obligations. Appien note bien qu'il avait installé ses troupes à Alexandrie qui était devenue son quartier général, et qu'il restait en contact avec l'Italie et le reste du monde.

Plutarque lui-même mentionne les exercices militaires qu'il dirigeait à Alexandrie en présence de Cléopâtre[46]. Dans le même sens, il faut considérer que cet hiver de plaisir, loin d'être une débauche, relevait tant d'une conception bien connue à Alexandrie du plaisir et de l'hédonisme, en particulier par la diffusion des principes de vie de l'école philosophique des cyrénaïques[47], que d'une mise en pratique de l'idéologie dionysiaque des Lagides où la *tryphè* (le luxe ostentatoire) était revêtue d'une signification politique positive. Ce séjour révélait en fait une égalité des partenaires, la force militaire pour Antoine, la maîtrise d'un riche royaume pour Cléopâtre, dans un esprit d'émulation s'exprimant symboliquement par leur rivalité pour l'organisation de banquets.

44. Polychronis 2018, p. 277.

45. Schäfer 2006, p. 136.

46. Plut., *Ant.*, 29, 2.

47. Laks 2007. Sur les fragments philosophiques conservés sur papyrus Pack 1965, 2560 à 2615. Les compléments sont apportés par la base en ligne Trismegistos (https://www.trismegistos.org/top/).

4.2 La construction de l'alliance entre Antoine et Cléopâtre

Une séparation de trois ans

L'indépendance politique de Cléopâtre se manifesta dans les années 40-37 av. J.-C., durant lesquelles les deux partenaires vécurent éloignés, dans un jeu politique et diplomatique où leur alliance aurait pu sombrer. Antoine quitta Alexandrie à la fin de l'hiver 40, donc au plus tard en février. Cléopâtre était alors enceinte. Des jumeaux vinrent au monde à l'automne, en octobre-novembre. Leur nom exprimait un programme politique hellénistique, Alexandre *Hélios* et Cléopâtre *Sélénè*. La reine reprenait pour le garçon le nom du conquérant macédonien, et pour la fille le sien propre. Les épiclèses renvoyaient aux deux astres, le Soleil et la Lune, jumeaux dans la mythologie grecque, et dont l'équivalent égyptien renvoyait à Rê et au disque solaire isiaque. Cléopâtre les présentait aussi comme des réincarnations d'Apollon et d'Artémis, enfants de Létô et de Zeus. Leur père, Antoine, n'était pas seulement un « nouveau Dionysos », il devenait aussi un « nouveau Zeus » ! Selon l'interprétation plutarquéenne, il s'agirait là d'une nouvelle « flatterie » pour séduire Antoine[48].

En dépit de ce nouveau lien, Antoine menait un jeu indépendant, en Italie et dans l'Orient romain, sans que l'on puisse savoir si le contact restait établi entre eux par la voie épistolaire ou par l'intermédiaire de messagers. On a pu parler de « traversée du désert » pour cette période[49]. Leur dialogue se poursuivait cependant selon trois voies, militaires, matrimoniales et symboliques, qui traduisaient les intérêts propres de chaque partenaire.

Le départ d'Antoine d'Alexandrie était dicté par des raisons strictement militaires, la poussée parthe contre Rome en Syrie. L'offensive victorieuse des Parthes conduits par Pacôros, le fils du roi Orodès II, était lancée fin 41-début 40, alors que le triumvir se trouvait encore à Alexandrie. Elle aboutit à la mise en place d'un nouveau souverain en Judée, intronisé à la fois comme roi et comme grand prêtre, Antigone Mattathias, un descendant de la dynastie hasmonéenne. Les trois principaux soutiens de Rome en Judée étaient marginalisés. Le grand prêtre Hyrcan II était

48. Schwentzel 2014, p. 76.
49. Schwentzel 2014, p. 74.

exilé en Mésopotamie, les oreilles coupées, les règles de la grande prêtrise interdisant son accès à un homme ainsi mutilé. Phasaël, qui portait comme son frère Hérode le titre de tétrarque de Galilée, se suicida. Hérode se réfugia avec sa famille dans la forteresse de Massada sur la mer Morte. Il comprit alors que son salut ne pouvait venir que d'une aide extérieure. Il y laissa les siens sous la protection de 800 hommes, et se rendit en Nabatène, à Pétra, auprès du roi Malichos Ier, qui lui refusa son aide.

Hérode traversa ensuite le Sinaï en cachette pour rejoindre Alexandrie, où il fut reçu par Cléopâtre[50]. Cette première rencontre était importante, car elle permettait de mesurer le rapport de force entre la reine d'Égypte et les Romains. Le but d'Hérode était en effet d'obtenir un appui décisif pour se faire reconnaître le titre royal sur la Judée et un soutien pour la conquête du royaume. Cléopâtre le reçut somptueusement et lui proposa de devenir le commandant en chef d'« une expédition qu'elle préparait ». Flavius Josèphe n'en précise pas l'objectif. Mais il pourrait s'agir d'une mise en défense du royaume sur son front oriental, les Parthes étant désormais aux portes du royaume. La reine aurait alors tenté de le séduire[51]. Hérode refusa et ses avances et sa proposition de se mettre militairement à son service[52]. Il embarqua pour Rhodes en dépit des conditions difficiles de la navigation durant l'hiver. Il rejoignit de là Brindisi pour Rome.

L'épisode inaugura les profondes dissensions entre Cléopâtre et Hérode, qui apparaissaient désormais comme des adversaires. Hérode a pu lui-même inventer de toutes pièces la rumeur de la tentative de séduction de Cléopâtre pour bénéficier de l'appui d'Antoine. L'enjeu était de toute évidence territorial, car la reine d'Égypte avait pour ambition d'annexer la Judée dans le cadre de sa politique de reconstitution de l'empire lagide, et d'offrir à Hérode, militaire de talent, une position d'officier et d'administrateur ptolémaïque. En cherchant l'appui romain, Hérode tentait de libérer la Judée de la tutelle parthe, et à la protéger d'une éventuelle mainmise ptolémaïque, pour devenir le roi d'un État client de Rome. C'est ce qu'il obtint du Sénat romain sur proposition d'Antoine, qui agissait en plein accord avec Octavien, Antipater, le père d'Hérode ayant eu des liens privilégiés avec Jules César. Hérode recevait le titre de roi et devenait un « roi allié et ami

50. Joseph, *Bell. Iud.*, 1, 279 ; *Ant. Iud.*, 14, 265-266.

51. Joseph, *Ant. Iud.*, 14, 266.

52. Schwentzel 2011, p. 44, estime ainsi qu'elle n'était pas devenue « sa pire ennemie » pour le refus d'une relation amoureuse, mais pour des raisons politiques.

du peuple romain » (*Rex socius et amicus Populi Romani*). Les Romains réalisaient ainsi une promesse faite en 43 av. J.-C. par Cassius à Hérode, alors tétrarque de Galilée, de le reconnaître comme roi de Judée, une fois la guerre terminée[53]. Le titre de roi lui aurait été accordé également, car son origine non juive lui interdisait de cumuler le titre royal et la charge de grand prêtre, ce handicap vis-à-vis des Juifs garantissant à Rome sa loyauté[54]. L'intérêt des Romains était ainsi de s'assurer l'alliance d'un excellent chef de guerre, connaissant parfaitement la région, pour chasser les Parthes de Syrie.

La décision de confier à Antoine la reconquête de la province fut prise en octobre 40 lors des accords de Brindisi entre Octavien et Antoine. Publius Ventidius Bassus, un ancien lieutenant de Jules César lors de la guerre des Gaules, fut chargé de mener cette reconquête achevée le 9 juin 38 par la mort de Pacôros lors d'une bataille près de la plaine d'Antioche. Le rétablissement de la royauté en Judée au profit d'Hérode s'accordait donc pleinement à la politique d'Antoine en Orient[55], et non à la volonté de renforcer Cléopâtre et son royaume.

La politique matrimoniale d'Antoine était sans doute encore plus insupportable aux yeux de Cléopâtre. En épousant Octavie, la sœur d'Octavien, en octobre 40, il actait une rupture d'autant plus visible qu'il passa avec elle deux ans à Athènes. Il rejoignit Cléopâtre seulement dans l'hiver 37/36 à Antioche. Cléopâtre avait subi auparavant la déconvenue de voir Antoine la quitter pour rejoindre sa troisième épouse légitime, Fulvie, à la suite du désastre de la guerre de Pérouse. L'épouse d'Antoine et son frère cadet, Lucius Antonius, avaient en effet uni leurs forces, en rassemblant huit légions contre Octavien. L'affrontement résultait du soutien apporté par Fulvie aux petits propriétaires italiens refusant de céder des terres pour installer les vétérans des armées césariennes, conformément aux promesses d'Antoine et Octavien, ainsi que du renvoi par ce dernier de sa femme, Clodia Pulchra, fille de Fulvie et de Publius Clodius Pulcher, son premier époux. L'outrage était d'autant plus flagrant qu'il affirma n'avoir jamais touché Clodia Pulchra. La situation était intenable pour Antoine, qui ne pouvait renier l'accord avec Octavien, s'aliéner les vétérans césariens, et abandonner Fulvie et Lucius Antonius qui veillaient sur ses intérêts en Italie.

53. Joseph, *Bell. Iud.*, 1, 225 ; *Ant. Iud.*, 14, 280.
54. Cf. en dernier lieu Schalit 2001.
55. Cf. Eckhardt 2007.

Plutarque affirmait que l'affrontement militaire avec Octavien fut une manœuvre de Fulvie « agitée et audacieuse » pour détacher Antoine de Cléopâtre[56]. Mais cette analyse psychologisante était conforme à l'œuvre de Plutarque[57], qui envisageait Antoine sans volonté propre, car totalement soumis aux femmes. Antoine retrouva Fulvie réfugiée à Athènes, et lui adressa force reproches envers sa politique qui pouvait ruiner la confiance de ses soldats. Il se rendit ensuite à Brindisi, en septembre, pour s'accorder avec Octavien sur le partage de l'empire, l'Occident revenant à Octavien et l'Orient à Antoine. Octavien contraignait Antoine au divorce avec Fulvie, qui mourut à la fin de l'été 40 en Grèce, à Sicyone, et lui fit promettre d'épouser ensuite sa sœur Octavie. Les actes d'Antoine manifestèrent une volonté de mettre en avant la concorde et l'harmonie du couple.

Ce mariage était avant tout une affaire politique[58]. Il avait dû faire l'objet d'un décret sénatorial puisque Octavie était alors enceinte de son premier mari, Caius Claudius Marcellus. Mais rien ne permet d'admettre que ce mariage politique ait subi des interférences venant de Cléopâtre. La naissance des jumeaux ne modifia rien à la relation du couple, selon nos sources. Des monnaies furent frappées portant au droit le portrait d'Antoine, et à l'avers celui d'Octavie[59]. Le couple passa l'hiver 40/39 à Rome – un séjour durant lequel fut conçu un enfant, Antonia *Maior* – puis les hivers 39/38 et 38/37 à Athènes. Antoine, présent à Samosate, lors de la campagne de 38 pour recueillir la soumission du roi Antiochos II de Commagène, beau-père du roi parthe Orodès, ne fit rien pour rejoindre ou pour faire venir Cléopâtre. Les fêtes qu'il organisa à Athènes célébraient son union avec Octavie selon une symbolique politico-religieuse semblable à la rencontre de Tarse, où avait été mise en scène une hiérogamie entre Antoine-Dionysos et Cléopâtre-Aphrodite.

Octavie, rivale de Cléopâtre à Athènes

Antoine se présenta en effet aux Athéniens comme un « nouveau Dionysos » célébrant un mariage sacré, une hiérogamie, avec Octavie-Athéna. La cérémonie est connue grâce au récit de Socrate de Rhodes

56. Plut., *Ant.*, 30, 4.
57. Polychronis 2018, p. 277.
58. Plut., *Ant.*, 31 ; App., *Bell. civ.*, 5, 64-66.
59. Province d'Achaïe : *RPC* I, 1453 ; 1454 ; 1455-6 ; 1459-62 ; 1463 ; 1464-5 ; 1468-70 ; province d'Asie : *RPC* I, 2201 ; 2202 ; province de Syrie : *RPC* I, 4089 ; 4090. Cf. aussi Schäfer 2006, Abb. 5 (*Aureus*, Geldmuseum der Bundesbank).

conservé par Athénée décrivant également la rencontre de Tarse et grâce à une inscription athénienne retrouvée sur l'Agora[60]. Elle formait comme le souligne Jean-Christophe Couvenhes « un contrepoint » à la cérémonie de Tarse[61]. Athénée présente le dispositif théâtral, au sens propre et au figuré, qu'Antoine installa dans le théâtre de Dionysos, au pied méridional de l'Acropole :

> « Le même (Socrate de Rhodes) rapporte que lorsque Antoine séjourna après cela quelque temps à Athènes, il avait fait construire, sur le théâtre, un édifice visible de tous côtés, un ponton couvert de verdure épaisse, comme celle qui couvre les grottes de Bacchus : il y accrocha des tambours, des peaux de faons et tout l'appareil des jeux bachiques ; [148c] et il gisait à l'intérieur avec ses amis, se mettant à table au lever du jour, et s'enivrant ; servi par des comédiens qu'il avait fait venir d'Italie. L'ensemble du monde grec était rassemblé au spectacle. Quelquefois, dit Socrate, Antoine se rendait à la citadelle, éclairé par les lumières que toute la ville tenait sur le bord des toits. Il ordonna que, dès ce moment, on le proclamât Dionysos par toute la Grèce[62]. »

Le dispositif dionysiaque était total avec le feuillage vert, les nébrides, les emblèmes de Dionysos, l'ivresse, et la présence de technites dionysiaques venus d'Italie, en raison de la disparition de tels artistes à Athènes à cette époque. Athénée précise que le public était formé de Grecs venus de toutes les cités grecques. Durant ces fêtes dionysiaques, Antoine montait parfois de nuit à l'Acropole, et demandait qu'« on le proclamât Dionysos par toute la Grèce ». L'inscription de l'Agora louait les éphèbes d'avoir participé durant leur année de service aux concours des *Théseia* et des *Antônieia*. Elle permet de situer ces fêtes dionysiaques dans le cadre des *Antônieia*, des fêtes créées en l'honneur d'Antoine et couplées à la fête traditionnelle des Panathénées qui avaient perdu temporairement leur

60. Athen., *Deipn.*, 4, 148b-c ; *IG* II^2, 1043.

61. Couvenhes 2013, p. 243.

62. Athen., *Deipn.*, 4, 148b-c : Ἱστορεῖ δὲ καὶ αὐτὸν τὸν Ἀντώνιον ἐν Ἀθήναις μετὰ ταῦτα διατρίψαντα περίοπτον ὑπὲρ τὸ θέατρον κατασκευάσαντα σχεδίαν χλωρᾷ πεπυκασμένην ὕλῃ, ὥσπερ ἐπὶ τῶν Βακχικῶν ἄντρων γίνεται, ταύτης τύμπανα καὶ νεβρίδας καὶ παντοδαπὰ ἄλλ' ἀθύρματα Διονυσιακὰ ἐξαρτήσαντα μετὰ τῶν φίλων ἐξ ἑωθινοῦ κατακλινόμενον μεθύσκεσθαι, λειτουργούντων αὐτῷ τῶν ἐξ Ἰταλίας μεταπεμφθέντων ἀκροαμάτων συνηθροισμένων ἐπὶ τὴν θέαν τῶν Πανελλήνων. Μετεβαινε δ' ἐνίοτε, φησίν, καὶ ἐπὶ τὴν ἀκρόπολιν ἀπὸ τῶν τεγῶν λαμπάσι δᾳδουχουμένης πάσης τῆς Ἀθηναίων πόλεως. Καὶ ἔκτοτε ἐκέλευσεν ἑαυτὸν Διόνυσον ἀνακηρύττεσθαι κατὰ τὰς πόλεις ἁπάσας (trad. Couvenhes 2013).

nom[63]. Le banquet d'Antoine était dans ce cadre un repas civique, et non une « bizarrerie de fêtard ». L'inscription définissait Antoine et Octavie comme dieux évergètes, et les identifiait à Dionysos et Athéna *Polias*.

La renommée et le prestige de l'événement consacraient, aux yeux des participants panhelléniques, l'union romaine d'Antoine et d'Octavie, en rejetant l'ancienne liaison avec Cléopâtre dans le passé. L'enracinement d'Antoine dans la vie d'Athènes se manifestait également par le fait qu'il assumait la fonction officielle de gymnasiarque dans la cité, cela sur le modèle des rois hellénistiques[64]. Son attitude évoquait plus l'attitude du roi Démétrios Poliorcète de Macédoine, en l'honneur duquel les Athéniens instaurèrent des *Dèmètrieia*, que celle d'un *imperator* romain[65]. L'inscription attestait que le couple divin jouissait d'une grande popularité auprès des Athéniens, et que l'image positive d'Antoine constituait un contraste fort avec celle qu'il s'était forgée en compagnie de Cléopâtre[66]. Appien insiste également sur le changement qui s'était alors opéré en Antoine[67] : « Dès la fin de l'hiver, il apparut un autre homme : il changea de costume et en même temps de visage. Ses portes à nouveau étaient environnées de licteurs, d'officiers généraux, de gardes dont la vue inspirait au public une crainte révérentielle. Les ambassadeurs, qui jusqu'alors patientaient en attendant sa convocation, étaient désormais reçus sans délai. Tout était en mouvement pour préparer la guerre. » La reprise de la guerre en Orient aboutit cependant à la restauration du lien politico-érotique entre Cléopâtre et Antoine.

De Tarente à Antioche : le retour vers Cléopâtre

Les accords de Tarente du printemps 37 av. J.-C. donnèrent à Antoine les moyens militaires de lancer enfin la grande offensive décisive contre les Parthes. Le succès de cette rencontre de Tarente devait beaucoup à l'entremise d'Octavie. Antoine et Octavien y renouvelaient le triumvirat pour cinq ans. Ils resserraient leurs liens personnels par une nouvelle alliance matrimoniale, Octavien promettant de donner Julie, la fille née

63. Raubitschek 1946, suivi par Couvenhes 2013, p. 245.

64. Plut., *Ant.*, 33, 7.

65. Couvenhes 2013, p. 247.

66. Cf. Habicht 2006, p. 395 : « (La) compagnie d'Octavie semble avoir exercé sur lui la meilleure influence. » Cf. aussi Chamoux 1986, p. 274, qui oppose la « chaste Octavie » et « l'influence perverse de Cléopâtre ».

67. App., *Bell. civ.*, 5, 76.

de Scribonia, alors âgée de deux ans, à M. Antonius Antyllus, fils aîné d'Antoine et de Fulvie, âgé de huit ans. Le mariage n'eut en fait jamais lieu. Sur le plan militaire, les deux triumvirs s'engageaient à s'apporter un appui décisif. Antoine mettait à la disposition d'Octavien 130 navires pour combattre Sextus Pompée ; et Octavien promettait de lui envoyer 20 000 légionnaires levés en Italie pour la guerre contre les Parthes. La rencontre achevée, Octavie retourna à Rome. Enceinte, elle donna naissance à un second enfant d'Antoine, Antonia *Minor*, et veilla sur l'éducation des deux fils qu'il avait eus de Fulvie, Antyllus et Iullus Antonius. Antoine partit pour Athènes, puis pour Antioche afin de préparer l'expédition. Antoine et Octavie ne se reverront jamais.

Les retrouvailles avec Cléopâtre résultèrent de la volonté d'Antoine qui l'invita à le rejoindre à Antioche à l'automne ou au début de l'hiver 37. Le triumvir envoya un fidèle, Fonteius Capito, avec pour mission de la conduire en Syrie, à Antioche. Plutarque présente les motivations d'Antoine sous le seul angle de sa passion amoureuse : « Mais le terrible mal, qui était en sommeil depuis longtemps, son amour (ἔρως) pour Cléopâtre, bien qu'on pût le croire affaibli et endormi par de meilleures idées, se ralluma avec une force et une vigueur nouvelles lorsqu'il s'approcha de Syrie. » La décision d'envoyer Fonteius Capito aurait été prise « contre tous les avis honnêtes et salutaires[68] ».

En fait, le triumvir et la reine d'Égypte avaient un intérêt commun à renouer leur alliance, au-delà de tout sentiment personnel de nature amoureuse. Cléopâtre sortait renforcée de ces trois années où elle avait pu affermir son pouvoir dans son royaume, sans le soutien d'une puissance extérieure. Son ambition de restaurer la puissance ptolémaïque en Méditerranée orientale était intacte. Et cette restauration ne pouvait se faire sans l'appui de Rome, en l'occurrence Antoine, maître de l'Orient romain. Antoine avait, lui, besoin de l'alliance égyptienne pour son offensive contre les Parthes.

4.3 Le partage de l'Orient

Antioche, hiver 37-36 : un mariage et des donations

Cléopâtre et Antoine demeurèrent dans la capitale de la Syrie romaine jusqu'au printemps 36, quand Antoine se lança à l'assaut de l'Arménie dans le cadre de sa campagne contre les Parthes, Cléopâtre retournant de

68. Plut., *Ant.*, 36, 1-2.

son côté à Alexandrie. Ce séjour marquait un tournant dans la construction politique de leur alliance. Antoine obtenait le soutien de Cléopâtre, de son royaume et de son empire, dans une guerre qu'il voulait décisive contre les Parthes. Cléopâtre renforçait sa position de reine vis-à-vis de ses sujets par son mariage avec Antoine, par la reconnaissance de leurs enfants par Antoine, et par l'extension territoriale de son empire. Ces trois aspects étaient liés, ce qui rend peu vraisemblable la date d'un mariage célébré en 34 av. J.-C. à Alexandrie[69].

Ce mariage ne revêtait pas la même signification juridique pour Antoine et Cléopâtre[70]. En droit romain, ce mariage était sans valeur, Cléopâtre étant une étrangère. Son épouse légitime, dans le cadre légal d'un *iustum matrimonium*, restait Octavie jusqu'au printemps 32, quand il décida de la répudier. En droit grec et hellénistique, il en allait tout autrement. En épousant Roxane, princesse de Sogdiane, Alexandre le Grand avait offert l'exemple d'un mariage royal mixte. Le mariage « mixte » entre des personnes issues de communautés juridiques différentes était reconnu dans l'Égypte ptolémaïque, le droit régissant le mariage étant celui choisi par les époux[71]. Une femme grecque d'Égypte pouvait épouser un citoyen romain, le droit matrimonial étant alors le droit commun grec d'Égypte (la *koinè* juridique). Le droit international des mariages entre membres de familles royales hellénistiques autorisait ces intermariages internationaux, qui brisaient pour les Ptolémées la tradition des mariages incestueux inaugurée par Ptolémée II et Arsinoè II, et quasiment devenue la règle à partir de Ptolémée IV[72]. Le profit principal du mariage allait à Cléopâtre, reconnue en Égypte comme une épouse légitime. Ce mariage permettait aussi à Cléopâtre de donner un statut d'enfants légitimes aux deux enfants du couple, les jumeaux Alexandre *Hélios* et Cléopâtre *Sélénè*. La naissance d'un troisième enfant à l'été 36, Ptolémée Philadelphe, vint conforter la fondation d'une future dynastie ptolémaico-antonienne, à côté de la dynastie ptolémaico-julienne déjà incarnée par Ptolémée XV Césarion.

Cléopâtre se révélait être, là encore, la grande bénéficiaire de cette reconnaissance en assurant, avec trois fils et une fille, l'avenir de la monarchie hellénistique. Antoine, de son côté, actait la rupture avec Octavie et son frère Octavien, et offrait à la propagande octavienne un argument

69. Pour Alexandrie, cf. Aufrère 2018, p. 108 (497) ; pour Antioche, cf. Sartre 2018, p. 193.
70. Sur ce mariage : Freyburger et Roddaz 1994, p. CXXVI-CXXVII.
71. Mélèze-Modrzejewski 2011, p. 367.
72. Vérilhac et Vial 1998, p. 97-98.

puissant pour dénoncer « l'Égyptienne » et son rôle de femme dangereuse. Ce mariage ne donnait aucun statut royal, comme *basileus* ou comme pharaon, à Antoine, qui restait aux yeux des Alexandrins et des habitants de la *chôra*, Grecs ou Égyptiens, seulement un *imperator* romain[73].

Les sources anciennes insistent cependant plus amplement sur les « donations » territoriales faites par Antoine à Cléopâtre (Carte 5). L'étendue exacte de ces donations a suscité de nombreux débats en raison des imprécisions géographiques de trois auteurs, Plutarque, Diodore de Sicile, Flavius Josèphe, et des confusions qu'ils ont pu faire entre ces donations et celles d'Alexandrie en 34[74]. Plutarque écrit ainsi : « À son arrivée, voulant lui complaire, il lui fit des présents qui n'avaient rien de petit ni de mesquin : la Phénicie, la Coelè-Syrie, Chypre et une partie de la Cilicie ; il y ajouta la région de Judée qui produit le baume et la partie de l'Arabie nabatéenne qui touche à la mer Extérieure[75]. » Et Dion Cassius : « Mais il était l'objet de violentes critiques à propos de Cléopâtre, parce qu'il avait adopté les enfants de celle-ci, les plus âgés Alexandre et Cléopâtre (ils étaient jumeaux) et le plus jeune, Ptolémée, appelé aussi Philadelphe ; et parce qu'il leur avait offert de nombreuses régions dans l'Arabie de Molchos (= Malichos) et dans celle des Ituréens (il fit tuer Lysanias qu'il leur avait lui-même donné pour roi, sous prétexte qu'il avait aidé Pacôros) et de nombreux domaines en Phénicie et en Palestine, certains en Crète ainsi que Cyrène et Chypre[76]. »

Le royaume hellénistique de Cléopâtre réincorporait par conséquent la totalité de l'île de Chypre, que César avait restituée à l'Égypte en 48, mais qui était passée en 41 lors des accords de Tarse sous une double administration ptolémaïque et romaine. Cette île riche en bois et en cuivre, dont les chantiers navals étaient réputés, et dont la position géographique en Méditerranée orientale était un enjeu stratégique vital, constituait pour Cléopâtre un remarquable gain[77]. Cléopâtre ne gagnait, selon Dion Cassius, que « certaines parties de la Crète ». La présence ptolémaïque en Crète répondait fondamentalement à l'objectif stratégique de contrôler l'espace maritime entre le sud de la mer Égée, suivant une ligne Crète-Karpathos-Rhodes, et le rivage égyptien. Il est possible que ces territoires

73. Traina 2003, p. 81.

74. Plut., *Ant.*, 36, 3-4 ; Dio Cass., 49, 32, 4-5 ; Joseph, *Ant. Iud.*, 15, 79 ; 15, 88 ; 15, 91 ; Joseph, *Bell. Iud.*, 1, 361. Sur ces sources, cf. Schrapel 1996.

75. Plut., *Ant.,* 36, 3.

76. Dio. Cass., 49, 32, 4-5.

77. Michel 2018, p. 244-247.

crétois aient été la cité d'Itanos et l'îlot Leukè, l'actuel Kouphonisi, au large de la côte sud-est de la Crète[78]. La Cyrénaïque, forte de ses prestigieuses cités grecques, renforçait la façade méditerranéenne du royaume, à l'ouest de l'Égypte. Dans le sud de l'Asie Mineure, Cléopâtre recevait la Cilicie Trachée, région côtière qui accentuait son contrôle maritime de la Méditerranée orientale.

Flavius Josèphe offre un tableau des donations plus détaillé : « Elle pressait Antoine d'enlever l'Arabie et la Judée à leurs rois et de les lui donner. [...] Pour ne point la fâcher en lui refusant tout ce qu'elle demandait, tout en évitant de passer pour injuste s'il lui accordait ce qu'elle voulait, il lui offrit les territoires qu'on avait retranchés de ces deux régions, et toutes les villes situées entre l'Éleuthéros et l'Égypte, sauf Tyr et Sidon qu'il savait avoir toujours été des cités libres, quoiqu'il n'y eût point d'efforts qu'elle ne fît pour les obtenir. À peine entrée en Syrie avec lui, elle se demanda comment elle pourrait s'approprier cette région. Elle fit accuser Lysanias, fils de Ptolémée, disant qu'il favorisait les Parthes, et il le fit tuer[79]. »

L'empire de Cléopâtre intégrait donc désormais, sur la bande côtière méditerranéenne, la Phénicie, amputée de Tyr et de Sidon, depuis le fleuve Éleuthéros (l'actuel Nahr el Kébir) qui marquait jusqu'en 200-198 av. J.-C. la frontière nord de l'espace ptolémaïque, jusqu'à l'Égypte (sud de Gaza). L'empire s'enrichissait de terres intérieures en Coelè-Syrie. Ces territoires comprenaient indéniablement la principauté ituréenne de Chalcis (l'actuel Majdel ʿAnjar au Liban) et probablement aussi Damas, un État contrôlé par Lysanias que Cléopâtre fit mettre à mort. Une discussion existe sur l'attribution de l'extrême sud de la Syrie romaine ouvrant sur la mer Rouge (port d'Aila, l'actuelle ʿAqaba) enlevé au roi nabatéen Malichos Ier, du Hauran actuel (sud de l'actuelle Syrie), et de l'oasis de Jéricho, réputée pour ses baumiers[80]. Mais Antoine ne lui donnait nullement, comme l'affirmait Plutarque, la totalité de la Syrie antique, constituée de la Phénicie et de la Coelè-Syrie.

En droit international romain, ces donations étaient légales, car elles furent avalisées à l'avance par le Sénat romain. Il est impossible d'affirmer que ces donations aient été comprises par les époux comme un don fait par l'époux à sa femme. Dans ce cas, elles inversaient totalement la pratique

78. Tzamtzis 2006.

79. Joseph, *Ant. Iud.*, 15, 91 (trad. Sartre 2001, p. 465-467).

80. Cf. Schwentzel 2014, p. 77-78 ; Sartre 2018, p. 183-189.

grecque de la dot, où la dot-territoire destinée au mari était bien attestée en droit grec et hellénistique du mariage[81]. Le roi d'Épire Pyrrhos avait ainsi reçu Corcyre de Lanassa, la fille du tyran de Syracuse, Agathocle[82]. La légalité de ces donations par Antoine expliquait que les historiens se soient peu appesantis, à l'exception de Flavius Josèphe, sur l'ambiance qui régnait à Antioche entre Antoine et Cléopâtre. Seul cet historien mentionne les festins auxquels elle l'appelait « tous les jours », afin d'essayer d'obtenir encore plus de territoires, en particulier la Judée[83]. Mais il ne décrit pas ces banquets comme d'autres historiens apportant force détails sur le luxe de ceux de Tarse avec Cléopâtre ou d'Athènes lors du séjour avec Octavie.

Un axe Antioche-Alexandrie ?

Ces donations entraient dans une réorganisation générale de l'Orient romano-hellénistique, où Antoine prenait acte des limites et des dangers d'une systématisation de la provincialisation, et de l'intérêt de maintenir des États clients. Le royaume de Cléopâtre était un partenaire parmi d'autres, même si son importance et la nature particulière des liens entre Antoine et Cléopâtre en faisaient un cas à part. Antoine supprimait deux provinces, celle de Cilicie-Chypre et celle du Pont. Il ne maintenait ainsi en Asie Mineure que deux provinces, l'Asie et la Bithynie. L'Asie s'enrichissait cependant de la Cilicie Plane. Trois royaumes étaient confiés en Anatolie à des hommes sûrs, la Galatie, qui s'étend par la Pisidie et la Lycaonie, jusqu'à la côte de Pamphylie ; le Pont, et la Cappadoce. Les cités de la Confédération lycienne conservaient leur autonomie. Ces territoires qui n'avaient jamais appartenu historiquement à l'empire ptolémaïque, même au moment de sa plus grande expansion, aux IVe et IIIe siècles av. J.-C., n'avaient pas dû être convoités par Cléopâtre.

Il en allait autrement de la Nabatène et surtout de la Judée. La reine désirait en effet intégrer à son empire la totalité de l'ancienne Phénicie ptolémaïque et de l'ancienne Coelè-Syrie. Or elle ne récupérait qu'une partie de la Nabatène du roi Malichos Ier, et elle voyait la Judée lui échapper presque totalement au profit d'Hérode. Ni Pétra, ni Jérusalem, ni les cités de Tyr et de Sidon ne lui étaient attribuées.

81. Vérilhac et Vial 1998, p. 137.
82. Plut., *Pyrrh.*, 9, 2.
83. Joseph, *Ant. Iud.*, 15, 77.

Flavius Josèphe précise qu'il y eut conflit entre Antoine et Cléopâtre, et qu'elle n'eut pas gain de cause pour toutes ses demandes : « Il (Antoine) ne put se résoudre à commettre une injustice si manifeste[84]. » Hérode était un allié fiable, qui avait su montrer ses qualités militaires dans la conquête de son propre royaume de 39 à 37, et qu'Antoine avait confirmé sur son trône après l'assassinat d'Aristobule III, héritier de la dynastie hasmonéenne[85]. Lors de l'entrevue où Antoine l'exonéra de ce crime, Hérode avait alors fort habilement fait parvenir à Antoine de somptueux présents[86], preuve qu'il pouvait l'appuyer non seulement militairement mais aussi financièrement. Face aux Parthes, le soutien d'Hérode comptait comme celui de Cléopâtre. Antoine pratiquait donc une *Realpolitik*, où l'Égypte et son empire lui apportaient la force navale, dont il s'était défait pour aider Octavien dans sa lutte contre Sextus Pompée. Cléopâtre retrouvait les ressources en bois qui manquaient à la vallée du Nil à Chypre, en Phénicie, au Liban et en Cilicie Trachée, et une série de ports dans toute la Méditerranée orientale pour espérer y ressusciter la thalassocratie ptolémaïque.

Les guerres parthico-arméniennes et les cérémonies d'Alexandrie

Antoine pouvait désormais lancer son offensive contre les Parthes en mai 36 av. J.-C., campagne suivie en 34 de l'expédition contre l'Arménie. La campagne parthique s'était soldée par un désastre en Médie du fait d'une préparation insuffisante des troupes, d'un choix malheureux de la saison du début de l'offensive, d'un manque de soutien logistique, et d'une connaissance insuffisante du terrain[87]. Le rôle de Cléopâtre était demeuré limité dans cette guerre. Elle accompagna Antoine jusqu'à Zeugma, sur l'Euphrate, puis revint en Égypte en passant par Apamée, Damas, puis par la Judée.

Flavius Josèphe, qui utilisa les *Mémoires* (perdues) d'Hérode, met en scène la rencontre entre Hérode et la reine, qui aurait à nouveau tenté de le séduire[88]. Elle lui aurait fait d'explicites avances érotiques lors de leur visite des baumiers et palmiers-dattiers de la région de Jéricho. Hérode,

84. Joseph, *Ant. Iud.*, 15, 91.
85. Joseph, *Ant. Iud.*, 15, 53-56. Cf. Schwentzel 2011, p. 51-52.
86. Joseph, *Ant. Iud.*, 15, 75.
87. Dąbrowa 2006, p. 346.
88. Joseph, *Ant. Iud.*, 15, 96-103.

scandalisé par ce comportement, aurait réuni le conseil de ses amis pour décider s'il devait la mettre à mort. Hérode se laissa convaincre de l'épargner, et la raccompagna courtoisement aux portes de l'Égypte après lui avoir fait des cadeaux... Hérode, qui se rallia à Octavien, et qui demeura après Actium un allié indéfectible de l'empire d'Auguste, avait tout intérêt dans ses *Mémoires* à peindre Cléopâtre comme une séductrice que vitupérait la propagande octavienne. Mais on peut aussi faire l'hypothèse que Cléopâtre avait tendu un piège bien réel à Hérode, pour le dénoncer à Antoine comme un dangereux rival, obtenir son exécution, et mettre ensuite la main sur la Judée[89].

Après son échec, Antoine se replia d'abord en Arménie, puis en Phénicie où il retrouva, à la fin de l'été 36, Cléopâtre, qui venait de mettre au monde leur troisième enfant, Ptolémée Philadelphe. Leur rencontre se déroula entre Bérytos (Beyrouth) et Sidon (Saïda). Elle lui apporta des vêtements et de l'argent pour ses soldats. Plutarque ne manque pas d'accabler Antoine, qui s'était révélé un piètre *imperator*, et qu'il présente comme anxieux et inquiet devant le retard de Cléopâtre à le rejoindre : « Il s'adonna à la boisson et à l'ivresse, mais, n'ayant pas la patience de rester étendu à table, il se levait souvent au milieu des buveurs pour courir voir si elle arrivait[90]. »

Au printemps 35, Antoine s'apprêta à lancer une nouvelle campagne militaire, cette fois contre l'Arménie. Plutarque place dans ce contexte un long développement reproduisant la propagande octavienne. Octavien aurait poussé sa sœur Octavie à rejoindre Antoine pour lui apporter, en personne, des renforts promis lors des accords de Tarente, 2 000 légionnaires, bien qu'il se soit alors engagé pour 20 000, et une flotte de 70 navires, qui étaient inutiles pour cette campagne terrestre. Elle lui apportait aussi des vêtements, des bêtes de somme, de l'argent, et des présents pour ses officiers et amis. Parvenue à Athènes, elle reçut une lettre d'Antoine lui demandant d'y demeurer, en attendant son retour d'Arménie.

Plutarque explique l'attitude humiliante d'Antoine envers Octavie par le talent théâtral de Cléopâtre. Craignant de voir Antoine revenir vers Octavie, elle aurait fait semblant de se laisser mourir pour émouvoir Antoine : « Cléopâtre voyant en elle une ennemie et craignant que, si elle joignait à la noblesse de son caractère et à la puissance de César

89. Cf. Van Henten 2014, p. 66-69 (notes).
90. Plut., *Ant.*, 51, 3.

les charmes de sa conversation et de son intimité, elle ne devînt invincible et ne s'emparât entièrement de son mari, feignit d'éprouver elle-même de la passion et affaiblit son corps en ne prenant que peu de nourriture[91]. » L'expédition tourna cependant court, Antoine comprenant que ses forces n'étaient pas assez régénérées, et les alliances qu'il espérait contre le roi d'Arménie Artavasdès tardant à se réaliser. Antoine partit alors avec Cléopâtre vers Alexandrie, alors qu'Octavie rentrait à Rome. L'expédition contre l'Arménie fut relancée en 34. Elle se conclut cette fois par une victoire. La capitale, Artaxata, fut pillée ; le roi Artavasdès, prisonnier, fut conduit à Alexandrie.

Le retour d'Antoine à Alexandrie marqua une nouvelle étape pour les ambitions territoriales de Cléopâtre (Carte 5). Les événements sont décrits par trois auteurs, Plutarque[92], Velleius Paterculus[93] et Dion Cassius[94], qui voulaient rendre compte de la stupeur et du scandale qui avaient saisi Octavien et les Romains qui les interprétèrent comme une trahison de la part d'Antoine. La cérémonie d'Alexandrie se déroula en deux temps. Le premier acte fut la célébration d'un « triomphe » sur l'Arménie. Le roi Artavasdès fut mené avec sa famille, ligoté avec des chaînes d'or, vers Cléopâtre siégeant sur un trône d'or placé sur une estrade d'argent pour dominer la foule. Le roi refusa de se prosterner devant la reine, ce qui justifia son exécution par décapitation après la défaite d'Actium. Antoine avait préalablement offert tout le butin de la campagne d'Arménie à Cléopâtre.

Le second acte eut lieu quelques jours plus tard au gymnase d'Alexandrie[95]. Antoine y fit venir une foule immense pour voir Cléopâtre et lui-même siégeant chacun sur un trône d'or, leurs enfants étant installés sur des trônes plus petits. Le récit plutarchéen est riche de détails pour dénoncer cette « manifestation théâtrale et arrogante d'hostilité contre Rome[96] » : « Il commença par proclamer Cléopâtre reine d'Égypte, de Chypre, de Libye et de Coelè-Syrie, et il associa à son règne Césarion, qui passait pour être le fils du premier César, qui avait quitté Cléopâtre alors qu'elle était enceinte. Il conféra ensuite le titre de roi des rois

91. Plut., *Ant.*, 53, 5.
92. Plut., *Ant.*, 50, 7 ; 54, 5-9.
93. Vell. Pat., 2, 82, 4.
94. Dio Cass., 49, 41.
95. Sur le gymnase d'Alexandrie comme lieu de rassemblement d'une foule importante, cf. Bernand 1998, p. 160-164.
96. Plut., *Ant.*, 54, 5.

aux fils qu'il avait eus lui-même de Cléopâtre, assignat à Alexandre l'Arménie, la Médie et l'empire parthe, lorsqu'il serait soumis, et à Ptolémée la Phénicie, la Syrie et la Cilicie. En même temps il les présenta tous les deux au peuple, Alexandre vêtu du costume des Mèdes avec la tiare et la *kitaris* droite, Ptolémée avec les sandales, la chlamyde et le chapeau macédonien (*kausia*) surmonté d'un diadème. Cette tenue était celle des successeurs d'Alexandre, et l'autre celle des Mèdes et des Arméniens. Lorsque les deux enfants eurent embrassé leurs parents, ils furent entourés, l'un d'une garde d'Arméniens, l'autre d'une garde de Macédoniens. Dès ce moment et dans la suite, Cléopâtre ne parut plus en public que revêtue de la robe sacrée d'Isis, et donna ses audiences en tant que nouvelle Isis[97]. »

Dion Cassius donne des informations complémentaires sur les titres de Cléopâtre, de Césarion et sur l'étendue territoriale des différents royaumes. Cléopâtre était nommée « reine des rois » (βασιλέα βασιλέων) ; Césarion « roi des rois » (βασιλεὺς βασιλέων). Il ajoute qu'il « procéda à une nouvelle distribution et leur accorda l'Égypte et Chypre[98] ».

La réalité de la donation de titres et de territoires par Antoine doit être analysée par rapport à la situation politico-territoriale définie à Antioche durant l'hiver 37/36. Dans le discours tenu au gymnase d'Alexandrie, Antoine n'annonçait rien de nouveau quant à la royauté de Cléopâtre et de Césarion. Elle était dans sa dix-huitième année de règne, et Césarion lui était associé depuis 42. Le changement de comput, qui inaugura une nouvelle ère, se fit en 37/36 comme conséquence des accords d'Antioche, et non en 34 à Alexandrie. Il s'agissait donc seulement d'une confirmation qui a pu cependant avoir son importance par le simple fait qu'elle venait d'Antoine[99]. La véritable nouveauté résidait dans la promesse faite aux deux fils d'Antoine et Cléopâtre, Ptolémée et Alexandre, d'étendre leur domination essentiellement sur des terres non romaines. Ptolémée Philadelphe régnerait sur toute l'Asie Mineure jusqu'aux Détroits, ce qui impliquait la disparition des États clients de Cappadoce, du Pont, de Galatie et de Paphlagonie. Il annexerait également les provinces romaines d'Asie et de Bithynie. Quant à Alexandre *Hélios*, il recevait les terres au-delà de l'Euphrate jusqu'à l'Inde, la Médie et l'empire parthe restant

97. Plut., *Ant.*, 54, 6-9.

98. Dio Cass., 49, 41, 2.

99. Pour Sylvie Cauville 2018, p. 180, c'est à ce moment qu'il « devint véritablement un pharaon ».

à conquérir. Il était par ailleurs promis par mariage à Iotapè, la fille du roi des Mèdes Artavasdès Ier[100]. Cléopâtre (*Sélénè*) se voyait seulement confirmer la Cyrénaïque. Il est symptomatique que rien ne soit dit de la Judée d'Hérode, toujours convoitée par Cléopâtre VII, mais qui n'était accordée ni à la reine ni à Ptolémée Philadelphe.

La Grèce d'Europe et la Macédoine restaient sous la domination romaine. Ptolémée, qui était un enfant de six ans, et Alexandre, un petit de deux ans, ne prenaient donc possession dans l'immédiat d'aucune terre. Il s'agissait d'une simple promesse, qui ne s'accomplira jamais[101]. Le prétendu triomphe à la romaine était en fait un simple cortège de vaincus enchaînés. Un vrai triomphe exigeait la présence du Sénat romain, du peuple de Rome et des dieux romains[102]. La clé d'interprétation de ces cérémonies se trouve dans la mention par Dion Cassius du festin offert par Antoine aux Alexandrins dans le gymnase, et dans le récit de Velleius Paterculus qui montre clairement qu'il s'agit d'une cérémonie dionysiaque : « Déjà il s'était fait appeler le Nouveau Bacchus et promener dans Alexandrie, sur un char, comme Bacchus, paré de guirlandes de lierre, chaussé du cothurne, une couronne d'or sur la tête, un thyrse à la main[103]. »

La double cérémonie d'Alexandrie était donc avant tout un spectacle, où l'essentiel se concentrait dans la symbolique du pouvoir. Il faut donc relativiser la portée historique de l'événement, qui ne modifiait pas substantiellement les accords d'Antioche. Antoine restait dans la logique de la rencontre de Tarse avec Cléopâtre, et des fêtes d'Athènes avec Octavie. Ces cérémonies célébraient l'union de Cléopâtre-Isis avec Antoine-Dionysos-Osiris. Le principal bénéficiaire était incontestablement Cléopâtre qui confortait son pouvoir et celui de ses quatre enfants, en déployant son dessein de reconstituer au profit de la dynastie ptolémaïque l'empire d'Alexandre le Grand. Cette mise en scène, à Alexandrie, dans le gymnase, affirmait aux yeux des Alexandrins et de ses sujets rassemblés sa puissance royale et impériale. Cette propagande portait. Elle fut reconnue dans une inscription démotique datée du 19 janvier 30 conservant un contrat établi par des tisserands égyptiens de Koptos comme « la mère

100. Sur Iotapè, cf. Schwentzel 2010.

101. Le terme de « donations » devrait donc être évité. Cf. Sartre 2018, p. 204-211.

102. Chamoux 1986, p. 313, voit malgré tout dans « ce triomphe d'Antoine, le seul triomphe qu'un général romain eût jamais célébré hors de Rome ».

103. Vell. Pat., 2, 82, 4. Sur ce caractère dionysiaque, cf. déjà Will 1979-1982, t. II, p. 550 (mais il place par erreur la cérémonie dans le Sérapeion d'Alexandrie).

des rois, la reine des rois[104] ». L'émission des belles monnaies d'argent, déjà mentionnées[105], où était gravée l'inscription *Cleopatrae reginae filiorum regum* (« [Monnaie] de Cléopâtre, reine des rois et de ses fils/ fille les rois ») assurait la diffusion de ces décisions en dehors de l'Égypte. Antoine actait l'adoption du comportement public d'un roi hellénistique, mais sans en prendre le titre. Il devint pleinement un personnage janiforme, *imperator* et triumvir pour les Romains et ses soldats, personnage quasi royal pour les sujets de Cléopâtre.

Conclusion

Cléopâtre avait donc réussi, entre 37 et 34 av. J.-C., un coup de maître. Antoine, détaché d'Octavie, liait son destin politique et militaire avec la reine d'Égypte qui lui apportait les richesses économiques du royaume, l'aide d'une flotte de guerre prestigieuse et des satisfactions sensuelles et intellectuelles. La nouvelle Isis lui offrait une vie dionysiaque où il était célébré en public, dans le gymnase d'Alexandrie, comme un nouveau Dionysos. Cléopâtre, désormais épouse légitime selon le droit grec et hellénistique, construisait l'avenir de ses enfants, en assurant à la dynastie des Ptolémées la domination de presque tout l'ancien empire d'Alexandre, la Grèce balkanique et la Macédoine devant cependant demeurer sous l'emprise de Rome. Dans l'immédiat Cléopâtre et Antoine apparaissaient comme des partenaires internationaux égaux, tirant l'un et l'autre bénéfice de leur soutien politique mutuel stimulé par leur proximité érotique.

104. *British Museum*, EA 1325 (trad. Chauveau 1998, p. 115).
105. Cf. *supra* Chapitre 3.3, *La politique monétaire*.

Chapitre 5

Cléopâtre et les élites du royaume

L'enracinement de la reine dans l'espace territorial égyptien s'exprimait dans les relations construites avec trois grandes composantes du royaume, les Alexandrins, les Grecs et les Égyptiens de la *chôra*, ainsi qu'avec les Juifs. Ces relations ont été appréhendées dans les chapitres précédents par l'étude des relations politiques, sociales et économiques avec des groupes qui ont pu voir leur rapport au pouvoir de la reine évoluer de 52 à 30 av. J.-C. Mais elles peuvent aussi être appréciées par le rôle tenu par Alexandrie, capitale du royaume et de l'empire ptolémaïque reconstitué, qui portait l'empreinte architecturale du règne, avec trois monuments, le Kaisareion[1], le palais ou les palais, ainsi que le tombeau de Cléopâtre. La relation avec les habitants de la *chôra* sera aussi appréciée par la place accordée aux temples grecs et égyptiens et à leur clergé. Les Juifs, présents à Alexandrie et dans toute l'Égypte, formaient une communauté dont les liens avec la reine restent une source d'interrogation quant à l'hypothèse d'un philosémitisme de Cléopâtre.

5.1 Alexandrie, capitale du royaume

Le Kaisareion : de Cléopâtre à Auguste

L'archéologue britannique David George Hogarth écrivait dans un télégramme fameux des années 1890 : « Il n'y a rien à espérer à Alexandrie ; archéologues classiques, qui avez tant à trouver en Grèce

1. En grec, le Kaisareion est également nommé Sébasteion ; en latin sa graphie est Cesareum.

ou en Asie Mineure, oubliez cette cité[2]. » Les destructions de monuments dès l'Antiquité, la submersion d'une partie de la ville antique à partir de la fin du IVe siècle av. J.-C.[3], le remodelage du centre de la mégapole moderne, expliquent la modestie des connaissances sur la localisation et l'aspect des monuments de la capitale des Ptolémées[4]. Les sources littéraires anciennes sont souvent trop allusives. Les Alexandrins eux-mêmes n'avaient pas su conserver toute la mémoire de leur ville. Jean Chrysostome constatait au IVe siècle apr. J.-C. qu'ils ne connaissaient plus l'emplacement du tombeau d'Alexandre le Grand. L'Alexandrie de Cléopâtre a cependant laissé des traces physiques[5]. Le Kaisareion, le sanctuaire commencé par Cléopâtre pour instituer un culte en l'honneur d'Antoine et terminé par Auguste qui le consacra au culte impérial, est localisé, mais l'aspect qu'il avait sous Cléopâtre reste inconnu (Figure 16)[6]. Seul l'autel destiné au culte d'Antoine devait être alors construit.

La description que propose Philon d'Alexandrie du temple d'Auguste (Sébasteion), au milieu du Ier siècle apr. J.-C., donne à imaginer un splendide monument[7] : « Car aucun sanctuaire n'est comparable à celui qu'on appelle "Sébasteion", temple de "César de l'arrivée à bon port" qui, face à des ports aux excellents mouillages, se dresse sur la hauteur immense et bien en vue, rempli, comme aucun autre ailleurs, d'ornements votifs, garni tout autour de peintures, de statues, d'objets d'argent et d'or, vaste sanctuaire, pourvu de portiques, de bibliothèques, de salles de réunion, de bosquets, de portes monumentales, de places spacieuses, d'esplanades, de tout ce qui contribue à la plus somptueuse ordonnance, espérance de salut pour ceux qui prennent le large et pour ceux qui entrent au port. »

Le Kaisareion n'était donc pas seulement un temple qui sera dédié à Auguste, mais aussi un vaste complexe culturel pourvu de portiques,

2. Cf. Bernand 1998, p. 68-69.

3. Un raz-de-marée, qui toucha toute la Méditerranée orientale, déferla sur Alexandrie en 365 apr. J.-C. Entre 320 et 1303, année de l'effondrement final du Phare, la ville connut 22 tremblements de terre répertoriés dans les sources littéraires.

4. Cf. Empereur 1998, p. 12-17 ; Goddio *et al.* 1998, p. 245-253.

5. Goddio 1997, en particulier p. 12 : « Nous rêvons à cette Alexandrie engloutie [...]. Alexandrie et son histoire, ses histoires : la villa royale de Cléopâtre sur l'île d'Antirrhodos, le Timonium construit par Antoine pour y abriter son désespoir et ses amères réflexions, le port royal où les galères s'amarraient à des quais bordant des bassins creusés dans le roc, les palais édifiés par les Ptolémées, et peut-être aussi, qui sait, le mausolée de Cléopâtre... »

6. Empereur 2017, p. 1-11 ; Empereur 1998, p. 111-123.

7. Philo, *Leg.*, 151 (trad. Pelletier).

Figure 16. Les « Aiguilles de Cléopâtre » à Alexandrie. Au second plan la tour des Romains, probablement un vestige de l'enceinte antique. Aquarelle de Dominique Vivant Denon.

de bibliothèques et d'esplanades, comme le Sarapieion d'Alexandrie. Les fouilles de sauvetage effectuées en 1992-1993 par Jean-Yves Empereur indiquent de fait une construction « dans la seconde moitié du Ier siècle av. J.-C., sans doute au début de la période augustéenne[8] ».

Ce temple combinait des éléments architecturaux grecs et égyptiens. Il était de style grec dorique, si l'on en croit l'observation des vestiges faite par Saint-Genis lors de l'expédition de Bonaparte[9]. Les deux obélisques

8. Empereur 1997, p. 9.
9. Saint-Genis 1818, p. 42. Cf. Empereur 1997, p. 9, et Empereur 1998, p. 114.

dédiés à Rê, le dieu Soleil, élevés par le pharaon Thoutmosis III (1478-1426 av. J.-C.) à Héliopolis, le site étant alors en ruine, furent transportés et placés par Auguste en 13/12 av. J.-C. à l'entrée du sanctuaire, selon le témoignage convergeant de Pline et d'une inscription alexandrine. Cette inscription bilingue, grecque et latine, était gravée sur la pince d'un crabe de bronze, conservé aujourd'hui au Metropolitan Museum de New York, qui était destiné à caler, avec trois autres crabes, un des deux monolithes, à savoir l'obélisque oriental resté debout[10] :

> « (Texte grec) L'an 18 de César (= Auguste), Barbarus a fait ériger [cet obélisque] Pontius étant l'architecte. »
> « (Texte latin) L'an 18 de César (= Auguste), Barbarus, préfet d'Égypte, a fait ériger [cet obélisque] Pontius étant l'architecte[11]. »

Le texte grec qui était gravé sur la face extérieure de la pince du crabe avait la prééminence sur le texte latin inscrit sur la face intérieure en lettres plus petites. Il faisait apparaître le préfet d'Égypte P. Rubrius Barbarus, qui apparaissait également sur la dédicace du temple voué au culte d'Auguste à Philae[12]. Le rôle de l'ingénieur Pontius, un « architecte », avait consisté à transporter le monument, à l'ériger, et à assurer son assise[13]. Ces monolithes s'inséraient donc dans ces *pharaonica* enlevés dans l'antique métropole du culte du Soleil (Hélios-Rê), où ils constituaient l'essentiel des pièces architecturales égyptiennes transportées à Alexandrie durant l'époque romaine[14].

Ces deux obélisques ornent, depuis la fin du XIXe siècle, les bords de la Tamise à Londres (1878) qui accueillit le monolithe couché, et Central Park à New York (1881), qui reçut le monolithe resté debout. Lors de leur enlèvement, les obélisques se trouvaient près du rivage, alors qu'ils étaient situés dans l'Antiquité à l'intérieur de la ville, à une centaine de mètres du port. Le nom donné aux obélisques par les voyageurs depuis le XVIe siècle, les « Aiguilles de Cléopâtre », était donc un anachronisme. Cet autel, sans doute un *héroôn*, peut être rapproché d'une inscription grecque

10. Plin., *n.h.*, 36, 69 ; *I. Alex. Imp.* 2.
11. *I. Alex. Imp.* 2 :
Texte a (grec) : (ἔτους) ιη´ Καίσαρ[ο]ς | Βάρβαρος ἀνέθηκε, | ἀρχιτεκτονοῦντος | Ποντίου.
Texte b (latin) : *a[n]no ẊṾIII Caesaris* | *Baṛbaṛus p̣raef(ectus)* | *Aegypti posuit,* | *ạrchitectante Pontio.*
12. *I. Philae* II, 140.
13. Pontius n'est pas connu par ailleurs, cf. François Kayser, *I. Alex. Imp.*, p. 12 (1).
14. Yoyotte 1998.

d'Alexandrie figurant sur la base de granit noir d'une statue d'Antoine élevée par un certain Parasitos le 28 décembre 34 av. J.-C.[15] : « (Statue) d'Antoine le Grand, l'Inimitable en amour, (élevée par) Parasitos à son propre dieu et à son bienfaiteur ; l'an 19 qui est aussi l'an 4, le 20 Choiak. » La dédicace ne manquait pas d'humour avec le calembour sur l'association de la Vie inimitable qui se concentrait sur la qualité d'amant d'Antoine.

Les palais de la reine

L'archéologie alexandrine a probablement permis d'identifier l'emplacement du Timoneion, le palais royal temporairement habité par Antoine à l'extrémité de la péninsule du Grand Port (Carte 3). Cette péninsule longue de 350 mètres et large d'environ 150 mètres, située au sud-ouest du cap Lochias, qui était dotée de quatre ouvrages portuaires, et qui portait le temple de Poséidon, a été fouillée et cartographiée par Franck Goddio dans les années 1996-1997[16]. La péninsule correspond de fait à la description de Strabon[17] : « Antoine prolongea (ce coude) encore davantage par un môle au milieu du port, au bout duquel il fit construire une résidence royale surnommée le Timoneion[18]. » Mais le plan et l'architecture de cette résidence n'ont pu être établis, les trois principales zones de construction localisées ne permettant aucune déduction. Ce monument construit par Antoine avait sans doute été détruit par Octavien vainqueur.

Un palais de Cléopâtre se situait face à la péninsule sur l'île d'Antirrhodos[19]. Ce palais de Cléopâtre et la résidence d'Antoine se faisaient donc face, n'étant séparés que par une étroite passe dans le port. Strabon écrit à son sujet :

> « Qui arrive en bateau voit sur sa gauche, les palais intérieurs faisant suite à ceux du Lochias, où l'on trouve beaucoup de résidences et de jardins en tout genre ; en contrebas se trouve le port artificiel à usage privé de la famille royale, de même qu'Antirrhodos, un îlot situé en avant du port

15. *SB* V, 8777 (trad. Étienne Bernand 1998, p. 331). Cf. Schettino 2006, p. 71.

16. Goddio *et al.* 1998, p. 21-27.

17. Strab., 17, 1, 9 : Εἰσπλεύσαντι δ' ἐν ἀριστερᾷ ἐστι συνεχῆ τοῖς ἐν τῇ Λοχιάδι τὰ ἐνδοτέρω βασίλεια, πολλὰς καὶ ποικίλας ἔχοντα διαίτας καὶ ἄλση· τούτοις δ' ὑπόκειται ὅ τε ὀρυκτὸς λιμὴν καὶ κλειστός, ἴδιος τῶν βασιλέων, καὶ ἡ Ἀντίρροδος νησίον προκείμενον τοῦ ὀρυκτοῦ λιμένος, βασίλειον ἅμα καὶ λιμένιον ἔχον· ἐκάλεσαν δ' οὕτως ὡς ἂν τῇ Ῥόδῳ ἐνάμιλλον.

18. Cf. aussi Plut., *Ant.*, 70, 6.

19. Yoyotte, Charvet et Gompertz 1997, p. 88 (note 106).

artificiel qui fait à la fois office de résidence royale et de petit port – ainsi nommé parce qu'il serait le rival de Rhodes[20]. »

Les fouilles subaquatiques menées par l'équipe de Franck Goddio ont permis de situer ce palais sur la branche principale de l'île au sein d'une vaste esplanade centrale où les vestiges architecturaux retrouvés étaient denses[21]. Cette vaste esplanade faisait face en ville au Kaisareion, ce qui permettait de situer le centre du pouvoir de Cléopâtre dans ce triangle formé par son palais d'Antirrhodos, le Timoneion d'Antoine, et l'autel dédié à Antoine. L'emplacement de ce palais dans cette île signifiait aussi bien une volonté d'isolement et de sécurité de la reine que l'ouverture vers l'outre-mer ptolémaïque. Ce palais n'était pas le seul dédié à la reine, car elle disposait d'un autre palais, sans doute plus important sur le front de mer dans les Quartiers royaux (*Basileia*). Les scènes concernant la guerre d'Alexandrie et la vie de la reine après Actium incitent à admettre que la reine avait deux palais, l'un, le grand palais, dans les Quartiers royaux, et l'autre, plus modeste, dans l'île.

L'architecture des palais alexandrins n'est connue que grâce aux sources littéraires, alors que d'autres palais hellénistiques ont pu être reconstitués – au moins en partie – grâce aux découvertes archéologiques. Ces sources permettent cependant d'établir la singularité du modèle palatial ptolémaïque[22]. Les Ptolémées n'occupaient pas systématiquement le palais de leurs prédécesseurs, mais faisaient construire leur propre résidence[23]. Les Quartiers royaux d'Alexandrie, situés au nord-est de la ville, ressemblaient donc plus à l'ensemble de Topkapi dans la Constantinople ottomane ou à la Cité impériale de Pékin qu'aux châteaux de Versailles ou de Schönbrunn. Ces quartiers royaux occupaient selon Strabon un quart ou même un tiers de la ville[24]. Ils abritaient également des pavillons (κατάλυματα) pour les invités des rois, ainsi que le Musée avec sa bibliothèque.

Le palais alexandrin nommé *aulè* (« cour ») ou *palation* (« palais ») aurait été constitué d'une porte monumentale (χρηματιστικòν πυλών) et d'un hall d'entrée majestueux (μέγιστον περίστυλον) qui pouvaient être utilisés pour les audiences royales, en particulier pour les séances

20. Strab., 17, 1, 9.
21. Goddio *et al.* 1998, p. 43.
22. Nielsen 1994, p. 130-138.
23. Bernand 1998, p. 156-158.
24. Strab., 17, 1, 8.

judiciaires. Un couloir voûté ou une galerie permettait de communiquer directement avec le théâtre de la ville. L'élément architectural le plus important était la grande salle où pouvaient se tenir les banquets. Les vastes dimensions et le luxe de ces salles pour le banquet grec sont connus pour le palais alexandrin de Ptolémée II Philadelphe et pour le navire-palais construit par Ptolémée IV *Philopatôr* pour naviguer sur le Nil. La description de la procession dionysiaque des *Ptolémaia* organisée par Ptolémée II, que conserve Athénée de Naucratis en citant Callixène de Rhodes, était précédée de celle du pavillon (σκηνή) du roi, où était dressé le banquet pour plus de cent convives[25] : constructions en bois, tentures phéniciennes, tapis perses, lits de banquet en or aux montants à pattes de sphinx, peintures d'artistes sicyoniens… Le palais flottant de Ptolémée IV est lui aussi connu grâce à Athénée[26]. Construit avec des bois précieux (thuya, cèdre, cyprès milésiens, bois tropicaux), il comportait, sur le pont-rez-de-chaussée et à l'étage, plusieurs salles de banquet, des portiques, des galeries et de nombreuses chambres, d'où son nom de thalamège[27].

La description la plus remarquable de la salle de banquet du palais de Cléopâtre se trouve chez Lucain à propos de la splendide réception qu'elle donna en l'honneur de Jules César :

> « Cléopâtre étale un luxe tapageur que la société romaine n'avait pas encore admis. Le lieu en était comme un temple, tel qu'en élèverait à peine une époque plus corrompue ; les voûtes lambrissées étaient chargées de richesses ; d'épaisses lames d'or cachaient les pièces de bois ; les marbres, mais non pas découpés en placages superficiels, faisaient briller la demeure ; il s'y dressait des masses entières et solides d'agate et de porphyre ; c'était dans tout le palais une profusion d'onyx sur lequel on marchait ; l'ébène maréotique ne recouvre pas les vastes jambages des portes, mais s'y dresse au lieu du chêne vulgaire, servant de support et non pas d'ornement à la demeure. L'ivoire revêt les galeries de l'atrium, et sur les portes sont appliquées les écailles de la tortue indienne, coloriées à la main, émaillées de taches dans chacune desquelles s'enchâsse une émeraude. Les gemmes étincellent sur les lits, le jaspe donne aux buffets de fauves reflets ; des tapis resplendissent ; la plupart ont été longtemps trempés dans la pourpre de Tyr et ont passé dans plus d'une cuve de cuivre pour bien absorber la drogue ;

25. Athen., *Deipn.*, 5, 196.

26. Athen., *Deipn.*, 5, 203c-206d.

27. Le mot θαλαμηγός signifie « qui conduit une chambre, un appartement (θαλάμη) ». Reconstruction graphique par Michael Pfrommer dans Grimm 1998, Abb. 53-54.

> d'autres brillent de brocarts d'or, d'autres sont fulgurants d'écarlate, dans la manière artistique qu'ont les Égyptiens d'ourdir leurs tissus[28]. »

Ce palais pourrait cependant être le palais occupé par la reine dans les Quartiers royaux. Le palais d'Antirrhodos fut sans doute construit ultérieurement, quand son pouvoir fut conforté. La pièce rassemblait des matériaux de construction et de décoration venus du monde entier. Elle célébrait la richesse du royaume, née de ses ressources propres et de la puissance de ses réseaux commerciaux.

Le tombeau de Cléopâtre

Le tombeau de Cléopâtre, commencé de son vivant, inachevé à sa mort, fut terminé par Octavien[29]. Strabon ne le mentionne pas. Dion Cassius y fait sobrement allusion dans son récit de la mort d'Antoine[30]. Il montrait la reine se précipiter vers le monument (μνημεῖον) à l'annonce de l'ultime défaite des troupes d'Antoine devant Alexandrie. Elle se pencha du haut du tombeau pour voir ce qui se passait en dehors. Elle pouvait en effet voir au-dehors, car « les parties supérieures proches du toit » n'avaient pas encore été construites. Le bâtiment présentait des spécificités techniques : « Par un certain mécanisme, les portes du tombeau, une fois fermées, ne pouvaient plus être ouvertes. » L'aspect d'un édifice en construction était précisé par la mention de cordes utilisées pour soulever des pierres, mais qui servirent à soulever le corps d'Antoine pour le hisser à l'intérieur, ce qui permit à Cléopâtre de le voir expirer dans ses bras.

Plutarque donne, dans une version semblable de la fin d'Antoine, des détails plus précis sur le monument[31]. Le monument (τάφός) pouvait être fermé par des herses « fortement assujetties par des serrures et des verrous ».

28. Luc., *Bell. civ.*, 10, 109-126 : *Explicuitque suos magno Cleopatra tumult | Nondum translatos Romana in saecula luxus. | Ipse locus templi, quod vix corruptior aetas | Exstruat, instar erat : laqueataque tecta ferebant | Divitias, crassumque trabes absconderat aurum. | Nec summis crustata domus sectisque nitebat | Marmoribus : stabatque sibi non segnis Achates | Purpureusque lapis ; totaque effusus in aula | Calcabatur Onyx. Hebenus Meroetica vastos | Non operit postes, sed stat pro robore vili, | Auxilium, non forma, domus. Ebur atria vestit, | Et subfixa manu foribus testudinis Indae | Terga sedent, crebro maculas distincta smaragdo. | Fulget gemma toris, et iaspide fulva supellex : | Strata micant : Tyrio quorum pars maxima suco | Cocta diu, virus non uno duxit aheno ; | Pars auro plumata nitet ; pars ignea cocco, | Ut mos est Phariis miscendi licia telis.*

29. Suet., *Div. Aug.*, 17, 9. Cf. Adriani 1966, et Fraser 1972, t. II, p. 33-34.

30. Dio Cass., 51, 10.

31. Plut., *Ant.*, 76, 4.

Cléopâtre découvrit le spectacle d'Antoine agonisant depuis « une fenêtre, d'où elle fit descendre des cordes et des chaînes auxquelles on attacha Antoine ». Elle y avait fait transporter des richesses prises dans les trésors royaux : « or, argent, émeraudes, perles, ébène, ivoire, cinnamone, puis une grande quantité de torches et d'étoupes ». La présence de ces derniers objets et matériaux était une menace envers Octavien qui pouvait craindre de voir ce futur butin réduit en cendres si elle cédait à « un accès de désespoir ».

Cléopâtre fut le seul souverain ptolémaïque à faire construire son tombeau en dehors du péribole des tombes royales[32]. La raison pouvait s'en trouver dans un manque de place disponible dans ce lieu, mais elle pourrait aussi s'expliquer par l'ambitieux désir de se doter d'un monument singulier. Elle aurait choisi un espace près d'un temple d'Isis et près de la mer. Plutarque affirme en effet qu'il était édifié « près du temple d'Isis », qu'il comportait « des caveaux et des tombeaux d'une beauté extraordinaire[33] », et qu'il se trouvait à proximité du rivage[34]. L'espace du cap Lochias, qui était dominé par le temple d'Isis Lochias, pourrait correspondre à cette localisation. Mais il existait d'autres sanctuaires d'Isis à Alexandrie, en particulier celui d'Isis *Plousia*. La proximité d'un temple d'Isis trouvait sa justification dans le fait que Cléopâtre était une « Nouvelle Isis ».

En l'absence de découvertes archéologiques[35], plusieurs conceptions architecturales du tombeau alexandrin de Cléopâtre ont été proposées. L'archéologue Hermann Thiersch, qui a attaché son nom à une tentative de modélisation du phare d'Alexandrie d'après les témoignages antiques et médiévaux[36], proposait de concevoir une tombe avec une double façade historiée connue par exemple sur les tombes rupestres à Pétra[37]. L'hypothèse d'une tour comportant plusieurs étages a ainsi été suggérée par référence à d'autres monuments funéraires bien attestés dans le monde hellénistique[38]. On a aussi pensé à un monument à deux étages, pourvu de fenêtres.

32. Sur ce péribole, cf. la tentative de reconstitution de Michael Pfrommer 2001, p. 83 (Fig. 97) et p. 95 (Fig. 99).

33. Plut., *Ant.*, 74, 1.

34. Plut., *Ant.*, 86, 5.

35. La proposition de Marie-Louise Bernhard 1956 de reconnaître les principaux monuments de la nécropole royale d'Alexandrie, en particulier le tombeau de Cléopâtre, sur une lampe romaine du musée de Poznan (inv. n° 1941-278) ne peut être retenue. Il s'agit en fait d'une vue du port d'Alexandrie.

36. Thiersch 1909.

37. Thiersch 1910, p. 66-67.

38. Chamoux 1986, p. 374.

La grande salle du rez-de-chaussée et la pièce y donnant accès auraient été entourées par une galerie circulaire. Ce mausolée se serait inspiré de l'architecture des palais royaux[39]. Il semble cependant qu'il faille en fait rechercher dans la tradition des tombes macédoniennes. Un passage difficile des *Oracles sibyllins*[40], qui date probablement du IIe ou du IIIe siècle, caractérise le monument (μνῆμα) comme un tumulus rond (περίδρομος τύμβος) rattaché au « haut » palais de la reine, en le qualifiant de « beau et de richement travaillé ». Suétone mentionne également un tumulus[41].

La découverte des trois tombes royales macédoniennes de Vergina, l'ancienne capitale royale d'Aigai, peut fournir un parallèle, qui vaudrait aussi pour le tombeau alexandrin d'Alexandre[42]. On peut admettre que l'édifice funéraire achevé ait été recouvert, selon l'usage macédonien, par ce tumulus de terre. La grande tombe royale de Vergina, dégagée en 1977 par Manolis Andronikos, était composée d'une chambre principale et d'un vestibule. La chambre carrée (4,46 x 4,46 mètres) présentait une hauteur de 5,30 mètres. Elle communiquait avec le vestibule par une porte de 1,90 mètre de large ; elle était composée de deux vantaux, intacts, hauts de 3,15 mètres. Sa voûte, recouverte d'une épaisse couche de chaux, était constituée de deux parties, ce qui montre que celle du vestibule avait été construite dans un second temps. La façade de la tombe était dorique. Le fronton était orné d'une frise peinte, haute de 1,16 mètre et longue de 5,56 mètres, représentant une chasse : trois cavaliers, sept fantassins, des animaux sauvages (lion, chevreuil, sangliers), des chiens de chasse, des arbres et des rochers. Le cavalier d'âge mûr qui frappait le lion était mis en valeur.

La porte de marbre, avec ses deux vantaux, était intacte au moment de la fouille, ce qui obligea les fouilleurs à dégager la voûte pour entrer dans la tombe. Les murs de la chambre n'étaient pas peints, à la différence d'autres tombes macédoniennes en particulier les tombes I et II de Vergina où étaient figurés l'*Enlèvement de Perséphone par Hadès* et une *Chasse au lion et aux sangliers*, qui demeurent les plus grandes compositions picturales connues de la Grèce ancienne.

La tombe comportait un admirable mobilier : un lit de bois orné de petites têtes en ivoire ; les armes du défunt (cuirasse, jambières, bouclier et casque) ; de grands ustensiles pour la conservation, le chauffage et

39. Schäfer 2006, p. 242.
40. *Oracula sibyllina* 11, 294-296.
41. Suet., *Div. Aug.*, 17, 9.
42. Andronikos 1981 ; Andronikos 1992.

le puisage de l'eau ; des vases en argent pour le vin ; des vases en terre cuite ; des objets ayant appartenu au défunt, ainsi un diadème royal, un trépied de bronze, une lanterne en bronze, une torche et une éponge.

Les ossements calcinés du mort se trouvaient dans un coffret en or placé dans le sarcophage de marbre. Ils étaient enveloppés dans un manteau de pourpre. Une couronne d'or de feuilles et de fruits de chêne se trouvait aussi dans le coffret. Son couvercle était décoré avec l'étoile solaire qui figurait sur les monnaies et les boucliers macédoniens. Les têtes d'ivoire représentaient, entre autres, Alexandre jeune, une femme mûre qui pourrait être Olympias, sa mère, et un homme barbu d'âge mûr, certainement Philippe II. Le vestibule contenait en particulier un sarcophage contenant lui aussi un coffret en or frappé du même emblème solaire et renfermant de même des os calcinés, qui étaient ceux d'une femme. L'architecture et les objets dateraient du IVe siècle av. J.-C., et plus précisément d'environ 340 av. J.-C. Selon l'inventeur de la tombe, M. Andronikos, le défunt de la chambre serait Philippe II, et celui du vestibule peut-être sa dernière épouse, Cléopâtre. La crémation du corps et le début de la construction du monument dateraient de l'année de l'assassinat du père d'Alexandre le Grand, en 336 av. J.-C. Mais on a aussi proposé le nom d'autres souverains macédoniens, et pensé pour le défunt du vestibule à l'une des épouses non grecques de Philippe II, par exemple Méda.

Or une telle tombe macédonienne à tumulus a été découverte à Alexandrie dans le cimetière latin Terra Santa (Figure 17). La première publication la concernant est due à Evaristo Breccia en 1907. Cette « tombe d'Albâtre », qui porte ce nom en raison de son matériau, ne conserve que son vestibule, la chambre restant introuvable, en dépit des fouilles menées dans le secteur, en particulier en 2002 par le Centre d'études alexandrines (CEAlex). Achille Adriani a proposé d'y voir une tombe d'Alexandre, en raison de sa grande qualité architecturale et de sa situation probable à la croisée de deux axes majeurs dans la ville, la voie Canopique et la voie conduisant vers le cap Lochias[43]. La tombe était recouverte d'un tumulus, comme l'atteste le témoignage de Lucain sur la visite de Jules César, qui descendit dans le caveau funèbre (*in antrum*) où reposaient ses restes (*membra*)[44]. Le tumulus artificiel désigné par Strabon sous le nom de Paneion, au centre de la cité, a parfois été désigné comme le tumulus recouvrant la tombe[45].

43. Adriani 2000.
44. Luc., *Bell. civ.*, 8, 694 ; 10, 19-23.
45. Chugg 2005, p. 236-237.

Figure 17. Tombe d'albâtre dans le cimetière latin Terra Santa d'Alexandrie.

Si la tombe d'Albâtre est bien celle d'Alexandre, son architecture s'insérerait – selon Isabelle Hairy[46] – dans un projet très ambitieux reposant sur des fondements platoniciens, également à l'œuvre dans la construction du Phare. Le Phare et la tombe seraient en effet construits d'après un plan d'architecte les structurant selon des triangles équilatéraux dont la formule se trouvait chez Pythagore et chez Platon. Le modèle théorique de ces deux constructions aurait donc son origine dans les mathématiques et la géométrie grecques. Mais les preuves d'une identification formelle de cette tombe comme étant celle du fondateur de la cité manquent en l'absence de toute iconographie et de toute inscription. Il pourrait aussi s'agir de la tombe d'un notable alexandrin. Le choix d'un tombeau à la macédonienne par Cléopâtre avec une chambre et un vestibule ensevelis sous un tumulus affirmerait la continuité gréco-macédonienne de la dynastie.

46. Hairy 2007.

5.2 Cléopâtre, les dieux et les prêtres

Les relations avec les prêtres des temples égyptiens

Héritière de l'idéologie royale ptolémaïque, Cléopâtre était à la fois une reine grecque et un pharaon égyptien[47]. Cette qualité de pharaon était reconnue par l'attribution d'une titulature royale égyptienne lors du couronnement, par la participation à des cérémonies cultuelles dans les temples, par l'édification ou l'enrichissement des sanctuaires, et par un dialogue permanent avec le clergé égyptien[48]. Si la langue grecque usait du féminin « reine » (βασίλισσα) pour la désigner comme souverain, l'égyptien démotique utilisait le marqueur féminin. *t* (*pr-ʿ3. t, per-âât*) pour qualifier le titre de pharaon au féminin (masculin : *pr-ʿ3, per-ââ*)[49]. La titulature pharaonique de Cléopâtre reconnaissait également sa féminité en la désignant comme « Horus féminin » (*Horet*), et en lui donnant des qualificatifs génériques féminins, « la fille du souverain », « la souveraine[50] », « la maîtresse du Double Pays » ou « la déesse *Philopatôr* ». Cette titulature féminisée pour le pharaon était d'un usage tardif dans la langue égyptienne, puisque le mot *per-âât* (la « reine », la « souveraine »), bien attesté en démotique, était inconnu en écriture hiéroglyphique. Le titre d'Horus féminin fut utilisé pour la première fois dans les documents démotiques de l'Égypte hellénistique avec Bérénice II[51].

Des stèles représentaient Cléopâtre sous l'apparence du pharaon masculin[52]. Deux documents sont discutés : une stèle grecque du Fayoum datée entre 44 et 30 av. J.-C.[53], et une stèle démotique d'Akhmin (Panopolis) datée de 32 av. J.-C.[54]. En revanche le doute n'est pas possible pour une stèle de Léontopolis conservée à Pékin[55]. Le cartouche de Cléopâtre était visible au-dessus de la représentation du pharaon (au masculin) présentant ses offrandes au dieu Mihôs, un dieu lion mâle dont le culte était lié à la royauté.

47. Sur sa pleine participation au culte royal grec et égyptien : Pfeiffer 2008, p. 122.
48. Joliton 2018, p. 192.
49. *Demotisches Glossar*, p. 133 ; *Chicago Demotic Dictionary*, Lettre P, p. 77-78.
50. Le terme est parfois rendu par les traducteurs avec le mot « la Régente ».
51. Cf. Carrez-Maratray 2014, p. 155-175.
52. Clarysse et Yan 2007 ; Bussi 2015-2016, p. 18.
53. *IG Fay.* III, 205.
54. *Musée égyptien, Le Caire* JE 55941.
55. *Peking University Museum*, inv. 95.0879.

L'étude des constructions égyptiennes entreprises sous le règne de Cléopâtre permet de mesurer la loyauté du clergé égyptien envers la reine grâce aux reliefs et aux textes gravés. La reine était en effet très active dans les fondations, constructions et donations aux temples égyptiens, à Panopolis (pour une divinité inconnue), Dendara (Hathor), Koptos (Geb), Hermonthis (Horus), Tuphion (Montou), Kom Ombo (Sobek et Haroéris), au Sarapieion de Memphis, et en Nubie à Kalabsha (Mandoulis) pour un temple achevé sous Auguste qui s'y représentait en pharaon[56]. Les sources iconographiques et hiéroglyphiques se référant de manière certaine à Cléopâtre sont cependant très limitées[57]. Trois monuments, tous situés en Haute-Égypte, peuvent être sollicités pour montrer la prise en compte par le clergé égyptien de la montée en puissance de la reine : le temple d'Hathor à Dendara (Tentyra), le *mammisi* d'Hermonthis (Armant) et la « chapelle de Cléopâtre » à Koptos[58].

Le temple d'Hathor de Dendara, dont la construction s'effectua de 54 à 21/20 av. J.-C., comportait des cryptes, en particulier la crypte ouest n° 1, où Cléopâtre apparaissait en officiante du culte sur les parois est et nord de la chambre F (Figure 18)[59]. La datation de ces scènes peut être fixée sous le règne de Ptolémée XII, quand Cléopâtre était alors associée à son père comme corégente, fin 52/début 51. Elle était placée derrière le roi, qui consacrait seul l'offrande à la déesse Hathor. Son statut était celui d'une accompagnante, d'une escorte passive du roi. L'image de la reine et ses titres étaient en tout point conformes à ceux des reines ptolémaïques qui l'avaient précédée. Elle portait de fait la traditionnelle robe fourreau, le collier *ousekh*, le diadème à *uraeus* et les bracelets. Sa tête était coiffée du *basileion*, la couronne formée de deux grandes plumes associées à des cornes hathoriques enserrant un disque solaire[60]. Elle tenait le signe de la croix ansée dans la main droite, et faisait le signe « de protection » de la main gauche (Figure 18, paroi nord). Ses titres la désignaient comme il était d'usage depuis le Nouvel Empire pour toute souveraine égyptienne accompagnant son mari, le pharaon : elle était la « Régente, maîtresse des Deux Terres[61] ».

56. Hölbl 1994, p. 244-254, Huß 2001, p. 753-754.

57. Inventaire complet dans Thiers 2012.

58. Jolivet 2018. Cf. aussi Bussi 2015-2016, p. 20-22.

59. *Dendara* VI, pl. DXXXVI (dessins des parois est et nord), pl. DXXXVII (photographie de la paroi est), pl. DXXXIX (photographie de la paroi nord). La planche de dessins DXXXVI est reprise dans *Dendara* V-VI *Traduction*, pl. LI. Cf. Quaegebeur 1991, p. 55-57.

60. Veymiers 2014, p. 218-221.

61. *Dendara* VI, 97, 11 ; 99, 12 (trad. Cauville, *Dendara* V-VI *Traduction*).

Figure 18. Cléopâtre à Dendara. Crypte ouest n° 1, Chambre F, parois est et nord.

Cette représentation où elle apparaissait en second changea dans la « chapelle de Cléopâtre » du parvis de Geb à Koptos, qui est sans doute datable du début du règne conjoint de Cléopâtre et Ptolémée XIV[62]. La reine qui était assimilée à Isis était ainsi honorée dans ce sanctuaire dédié à son père, Geb[63]. Sur le premier registre de la paroi est, la reine était désormais représentée seule, sans présence masculine, pour offrir une cassolette d'encens aux divinités Min, Isis, et Horus, fils d'Isis (Figure 19)[64]. La reine semblait porter, autant qu'on puisse en juger, la même tenue que les déesses, à l'exception de la coiffure. Celle-ci était constituée d'une perruque à natte surmontée de la double plume droite, qui émergeait d'un mortier bas orné d'*uraei*. Le roi était représenté symétriquement sur la paroi ouest sans présence de la reine. La reine et le roi étaient donc placés en situation d'égalité chacun jouissant de son autonomie face aux dieux. Sa titulature s'était amplifiée. Elle était désormais un Horus féminin, une fille du dieu : « Le grand faucon femelle (= Horus féminin), la fille de Geb, l'efficiente de conseil, la dame du Double Pays (Cléopâtre *Philopatôr*)[65]. »

62. *Coptos*, p. 320-321. Ashton 2008, p. 26, propose l'époque du mariage avec Ptolémée XIII ou Ptolémée XIV.

63. *Coptos*, p. 274.

64. *Coptos*, p. 285, n° 64.

65. *Coptos*, p. 273, n° 62, § 228-229 (trad. Traunecker). Ces titres étaient portés par des reines ptolémaïques dont on connaît la titulature complète : « Grand Faucon femelle » par Bérénice II,

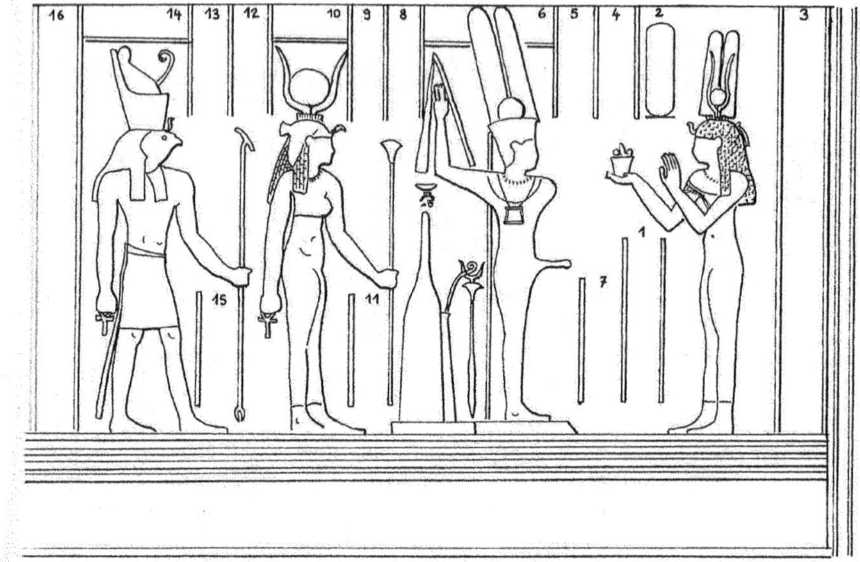

Figure 19. Cléopâtre à Koptos.
Chapelle de Cléopâtre, paroi est, 1er registre.

Les reliefs datant du règne conjoint de Cléopâtre et de Césarion exprimaient la suprématie de la reine. Ils étaient situés sur l'arrière du naos du temple d'Hathor de Dendara et sur les décors du *mammisi* d'Hermonthis. Sur les soubassements du *naos* du temple de Dendara, on voyait la reine défiler face aux divinités[66]. Elle se trouvait en tête, précédant le roi. Sa titulature se développait encore : « Horus féminin, la fille du Régent, façonnée par Khnoum, celle dont la force est grande, que Neith maîtresse de Saïs a exaltée, que Mouth et Hathor ont magnifiée de leurs pouvoirs parfaits, celle dont le conseil est transcendant, la maîtresse des Deux Terres (Cléopâtre) la Déesse *Philopatôr*[67]. » Le texte se poursuivait immédiatement par la mention de Césarion « avec son fils, le roi de Haute

Cléopâtre Ire et Cléopâtre III ; « Fille de Geb » par Arsinoè II (Bérénice II et Cléopâtre Ire étaient « Fille de Thot » ; « Efficace de conseil » par Bérénice II.

66. *Dendara* XII, 2, pl. 1-2, pl. 6 (en bas) pour le soubassement sud côté est, et *Dendara* XII, 2, pl. 1, pl. 3 et pl. 17 (en haut) pour le soubassement sud côté ouest.

67. *Dendara* XII, 1, 15 (trad. Cauville 2018, p. 182).

et de Basse-Égypte, le maître des Deux Terres (Ptolémée), le fils de Rê, le maître des couronnes (César), vivant éternellement, l'aimé de Ptah et d'Isis, le Dieu *Philopatôr, Philomètôr*[68] ». Le *mammisi* d'Hermonthis, détruit en 1867, est seulement connu grâce aux dessins de Karl L. Lepsius réalisés en 1842-1845[69], et grâce aux photographies de Francis Frith publiées en 1857[70]. Les décors de cet édifice célébraient la naissance du dieu enfant Horus. La scène ne représentait pas la naissance de Césarion, qui est absent des deux scènes principales représentant l'accouchement et l'allaitement du nouveau-né[71]. Cléopâtre y était représentée sur un tiers des registres principaux des parois du monument, ce qui était un record pour une reine dans un monument d'époque ptolémaïque. Elle y figurait quasiment toujours seule face aux dieux, et était coiffée d'une couronne originale, la couronne dite « d'Arsinoè[72] ». Tout était donc fait pour mettre en valeur la gloire de Cléopâtre, mère du pharaon, et corégente principale du partenariat royal avec Césarion.

L'iconographie des temples pouvait aussi respecter strictement la tradition égyptienne, qui plaçait le souverain avant la reine dans les scènes cultuelles. C'était le cas sur la façade extérieure arrière sud du temple d'Hathor à Dendara, qui ne fut décorée que peu avant la mort de Cléopâtre. On y voit Césarion précéder Cléopâtre (Figure 20). Les prêtres égyptiens concepteurs de ce relief avaient ici mis en avant l'élément masculin du couple royal, qui portait l'avenir de la dynastie. Mais il leur fallait l'assentiment royal de la reine[73]. La reine et le roi étaient revêtus l'un et l'autre des attributs pharaoniques traditionnels, accomplissant des gestes intemporels, et portant des titres des maîtres légitimes du pays[74] :

> « Le roi de Haute et Basse-Égypte, le maître des Deux Terres (Ptolémée), le fils de Rê, maître des couronnes (Ptolémée nommé César, vivant éternellement, l'aimé de Ptah et d'Isis), le Dieu *Philopatôr*, *Philomètôr.* »
> « La Régente, maîtresse des Deux Terres (Cléopâtre), la Déesse *Philopatôr* avec son fils, le fils de Rê, maître des couronnes (Ptolémée nommé César, vivant éternellement, l'aimé de Ptah et d'Isis), le Dieu *Philopatôr*, *Philomètôr.* »

68. *Ibid.*
69. Lepsius, *Denkmaeler*, IV, 59c-65b et *Text* IV, p. 1-11.
70. Frith 1857, pl. 30.
71. Quaegebeur 1991, p. 52.
72. Sur cette couronne d'Arsinoè II, cf. Dils 1998, et Veymiers 2014, p. 198.
73. Bingen 1999, p. 60.
74. Traduction Cauville 2018, p. 179.

Figure 20. Césarion précédant Cléopâtre. Dendara, face arrière du temple d'Hathor.

Les prêtres égyptiens qui avaient élaboré ces images et ces textes furent récompensés par Cléopâtre. À Dendara, deux prêtres, Paâkhem et Paenmenekh, le père et le fils, reçurent de la reine le bandeau d'or de la récompense[75]. Ces deux hommes étaient typiques de l'intégration massive de l'élite sacerdotale égyptienne dans l'administration grecque. Ils furent en effet stratèges de plusieurs nomes, et en même temps prêtres de

75. Statue de Paâkhem (inscription) : *Musée de Détroit* 51.83 ; Statue de Paenmenekh (inscription) : *Musée égyptien, Le Caire* JE 46059.

leurs dieux. Venus d'Edfou, ils avaient supplanté les anciennes familles sacerdotales de Dendara. Octavien, qui devait douter de leur loyauté, les remplaça par Panas et ses descendants[76].

Le dialogue se poursuivait avec le clergé de Memphis engagé depuis les premiers Ptolémées, sinon depuis Alexandre, dans une politique active de collaboration avec le pouvoir royal. À la mort en 41 de Psenptah III, grand prêtre de Ptah mis en place par son père Ptolémée XII en 76, Cléopâtre nomma Psénamounis I, beau-frère du défunt. Ce dernier mort en juillet 39, elle le remplaça par le fils de Psenptah III, Imouthès/Pétobastis IV (Figure 21), alors âgé de sept ans[77]. Ce grand prêtre mineur ne pouvait être un danger pour le pouvoir de la reine. Il décéda à seize ans, deux jours avant l'entrée

Figure 21. Une stèle du prêtre égyptien Imouthès-Pétobastis IV.

76. De Meulenaere 1959.

77. Thompson 1988, p. 138-142. Cf. Conclusion.

triomphale d'Octavien dans Alexandrie, le 1er août 30. Octavien attendit deux ans et demi avant de lui choisir un successeur. Le lien entre ces grands prêtres de Ptah et la dynastie ptolémaïque fut conforté avec Psenptah III qui reçut à sa nomination le titre de « prophète du pharaon (vivant) », un titre qui n'est pas connu dans d'autres sanctuaires égyptiens[78].

Cléopâtre accorda, en 44/43 av. J.-C., le titre honorifique d'« épouse de Ptah » à Tnéphéros, l'épouse de Psénamounis I, un titre qui s'ajoutait à celui de « joueuse de sistre ». Cette innovation illustrait la faveur du haut clergé memphite en concurrence avec le clergé d'Amon à Thèbes, où l'épouse du grand prêtre avait traditionnellement le titre d'« épouse d'Amon[79] ». Akoreus, prêtre memphite et conseiller royal, était pour Lucain le symbole de la loyauté, de la sagesse et de la fidélité à la parole donnée[80]. Jules César l'avait consulté en tant qu'expert pour comprendre la civilisation égyptienne lors du somptueux festin offert par Cléopâtre dans son palais alexandrin :

> « Vieillard voué au culte, et, comme le témoigne ton âge, non détesté des dieux, explique-moi les origines de la race de Pharos, le climat du pays, les mœurs du peuple, les rites et les différentes formes de ses dieux ; apprends-moi les caractères gravés sur ses antiques sanctuaires, dévoile-moi des dieux qui ne demandent qu'à être connus[81]. »

Les relations avec les prêtres des temples grecs

Cléopâtre avait aussi pleinement utilisé les ressources du culte royal grec et de son assimilation à des divinités grecques ou hellénisées pour renforcer son pouvoir. Les prêtres de ces divinités avaient dû se sentir honorés de ces assimilations qui les mettaient au service de cultes dynastiques. Ils en tiraient prestige et privilèges. Les choix de la reine l'orientèrent vers l'identification à Aphrodite, à Isis et à Sélénè. Il s'agissait en fait de la même divinité, Isis étant l'*interpretatio Aegyptiaca* d'Aphrodite, et la déesse Lune (Sélénè) étant une forme d'Isis. Elle suivait en cela une tradition inaugurée par des reines ptolémaïques prestigieuses – Arsinoè II fut la première à partager attributs et lieux de culte

78. Thompson 1988, p. 134-135.
79. Thompson 1988, p. 133-144.
80. Luc., *Bell. civ.*, 8, 472-481 ; 10, 172-331.
81. Luc., *Bell. civ.*, 10, 176-181 : *O sacris deuote senex, quodque arguit aetas, | non neglecte deis, Phariae primordia gentis | terrarumque situs uulgique edissere mores | et ritus formasque deum ; quodcumque uetustis insculptum est adytis, profer noscique uolentes | prode deos.*

avec Aphrodite et Isis –, mais aussi sans doute une inclination nourrie de son expérience personnelle en Égypte. Il est par exemple frappant de constater qu'Isis était désignée sur le deuxième pylône de Philae, où elle fut intronisée comme reine par Geb, comme « la fille du roi ; l'épouse du roi, la mère du roi, qui élève son fils pour être roi », et que cette formulation était véritablement programmatique pour Cléopâtre[82]. Mais la question demeure de l'occasion où elle aurait pu voir ce texte, le lire elle-même, si elle connaissait vraiment les hiéroglyphes, ou se le faire traduire. Était-ce dans sa jeunesse ou lors de sa croisière sur le Nil avec César au début de 47, si leur remontée du fleuve les avait bien conduits jusqu'à Philae ?

Les choix qu'elle opérait idéologiquement pouvaient s'exprimer selon deux langages, grec et égyptien. Un bon exemple est une monnaie de bronze frappée à Paphos (Chypre)[83]. Elle montrait au droit le buste de Cléopâtre tenant dans ses bras Césarion. L'enfant avait la tête tournée vers sa mère dans une posture proche de l'allaitement. La reine portait autour de la tête une *stéphanè* (« couronne »), et sa main tenait un sceptre. Au revers était inscrite la légende (Monnaie) « de la reine Cléopâtre », le monogramme de l'atelier chypriote, et une double corne d'abondance. Cette mère allaitant le nouveau-né renvoyait aussi bien au registre grec d'Aphrodite nourrissant Éros, qu'au registre égyptien d'Isis donnant le sein à Horus. La couronne, qui doit être distinguée du bandeau royal, était celle des divinités, en l'occurrence celle d'Aphrodite. La double corne d'abondance, symbole de richesse, était typiquement grecque, et renvoyait à Chypre au culte d'Arsinoè II.

La mise en scène programmatique de la rencontre de Cléopâtre à Tarse, puis de son union et de sa vie avec Antoine, qui reposait idéologiquement sur leur assimilation respective à Isis-Sélénè-Aphrodite et à Sarapis-Osiris-Dionysos, constituait sans nul doute le sommet de son art de la propagande. En 34 av. J.-C., lors de la cérémonie du gymnase d'Alexandrie, elle apparaît en *Néa Isis* (νέα Ἶσις), une « Nouvelle Isis », un titre que lui donnait Plutarque[84], mais qui n'est pas attesté dans les sources documentaires. Plutarque avait peut-être confondu son titre officiel de *néotéra* qu'elle portait depuis 37/36, et son identification

82. Cauville 2018, p. 186.

83. *BMC* 6, p. 122, n° 2 ; *RPC* I, 3901. Cf. Schwentzel 2014, p. 186-187 ; Michel 2018, p. 255-256.

84. Plut., *Ant.*, 54, 6.

affirmée à la déesse. Selon Plutarque, elle portait désormais en public en permanence la robe sacrée de la déesse. Cette mise en scène théâtrale de ses apparitions était conforme au portrait qu'il dressait de la reine[85]. Il est aisé de proposer une image artistique de la reine en se fondant sur l'iconographie des reines ptolémaïques identifiées à Isis vêtues d'une longue tunique moulante, décorée de franges et nouée sur la poitrine, coiffées d'une chevelure ondulante, et portant une couronne décorée d'un ou plusieurs cobras (*uraeus*) ou du *basileion*[86]. L'ambiance que décrivait Dion Cassius après 34 plaçait en effet au premier plan les incarnations divines de Cléopâtre et d'Antoine[87] : « (Antoine) s'était fait aussi représenter avec elle en peinture et en sculpture, prétendant lui-même être Osiris et Dionysos et elle, Sélénè et Isis. » Le mariage de 32 entre Cléopâtre et Antoine, conforme au droit local, devenait un mariage sacré, une hiérogamie, inspirée de l'union entre Isis et Sarapis d'une part, Aphrodite et Dionysos d'autre part.

Leur association de la Vie inimitable correspondait à la fois à un style de vie dionysiaque, et à un idéal de perfection dicté par le nécessaire charisme des monarques-divinités hellénistiques[88]. L'épisode de la perle rapporté à Rome par Plancus, un transfuge qui quitta Antoine, comme Marcus Silanus et Quintus Dellius, après la répudiation d'Octavie en 32[89], était révélateur de l'ambiance qui régnait alors à la cour d'Alexandrie. La scène, conservée par Pline l'Ancien[90], montrait Cléopâtre dissolvant une perle dans du vinaigre et absorbant cette potion. Elle a pu être interprétée comme un signe de mépris vis-à-vis des biens de ce monde, ou – à l'inverse – comme la manifestation d'une vie luxueuse. Mais il s'agissait bien plus sûrement d'une manifestation de la divinité de Cléopâtre et de sa hiérogamie avec Antoine[91]. La perle était symbole de pureté par sa couleur et sa matière, et par conséquent un symbole d'Isis-Sélénè. Quant au vinaigre, il rappelait l'usage militaire qu'en faisaient les armées romaines et un symbole dionysiaque. La potion était donc doublement signifiante

85. Polychronis 2018.

86. Weill Goudchaux 2014, p. 73-80. Cf. Dunand 2008.

87. Dio Cass., 50, 5, 3.

88. Traina 2003, p. 73 et 82.

89. Plut., *Ant.*, 59, 8. Dellius racontait qu'il craignait pour sa vie, car il « avait vexé la reine en disant qu'à table on leur versait de la piquette, tandis qu'à Rome Sarmentus buvait du Falerne », en écho déformé de cet épisode de la perle dissoute dans le vinaigre.

90. Plin., *n.h.*, 9, 120-121.

91. Schettino 2006, p. 72.

comme symbole tangible de la divinité de Cléopâtre et de la présence à son côté de l'*imperator*.

Un document exceptionnel doit enfin être mentionné quant à la relation que Cléopâtre entretenait avec les divinités hellénisées de l'Égypte ptolémaïque, la tasse Farnèse (Figure 22). Cette coupe à libation en sardonyx de 20 centimètres de diamètre, qui est l'une des plus belles que nous ait léguées l'Antiquité, pose à l'historien, à l'historien de l'art, à l'archéologue, au papyrologue, de redoutables difficultés, nées de l'absence de toute inscription[92].

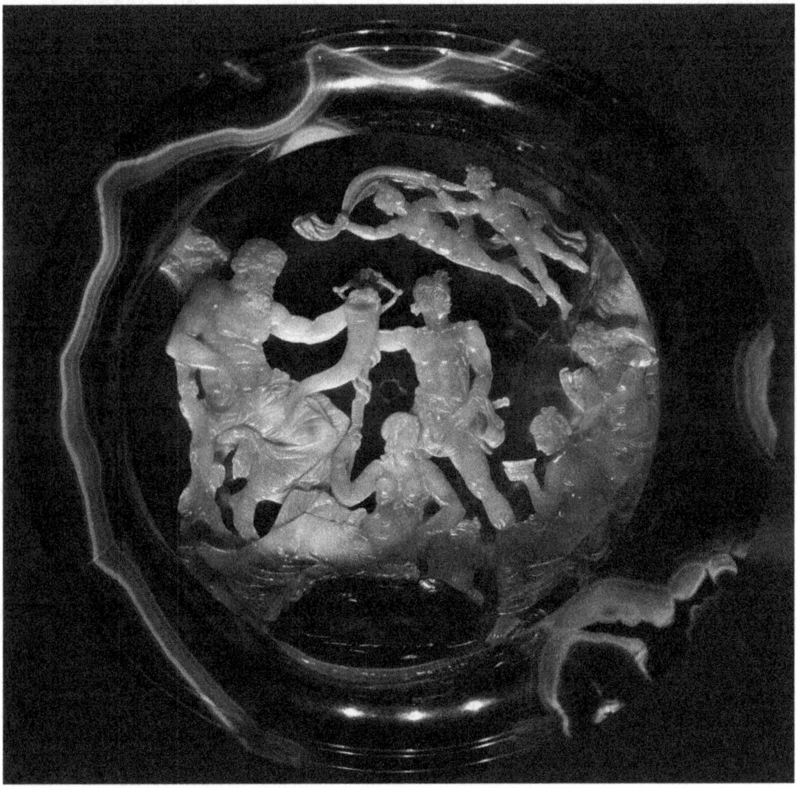

Figure 22. Tasse Farnèse.

92. *Tazza Farnese*, Musée archéologique de Naples, inv. 27611.

Eugenio La Rocca a proposé une interprétation qu'il faut rapprocher de celle formulée par John Pollini[93]. Eugenio La Rocca, qui plaça la création de la tasse Farnèse sous Cléopâtre VII, entre 37 et 34 av. J.-C., identifia les trois personnages principaux de la scène comme Isis-Déméter possédant les traits de la reine, comme Triptolème (mais sans identification avec un portrait dynastique), et comme Pluton (également sans portrait dynastique). Selon Eugenio La Rocca, le lien entre cette reine représentée ici en Isis-Déméter serait rompu avec le frère-époux de la tradition osirienne. Le personnage assis âgé, un Pluton, occupait une position flatteuse en dominant la scène, et en incarnant la prospérité du pays, mais il n'était pas représenté comme formant couple avec la déesse. Le personnage debout, Triptolème, n'était pas plus représenté dans une posture de couple avec Isis. On est très loin de l'image de ces camées ou de ces monnaies où le couple lagide était représenté de profil. Cléopâtre, si c'est bien elle, se trouverait seule sans compagnon-époux. Or cela correspondait bien à la réalité de son pouvoir, puisqu'elle élimina rapidement ses jeunes frères Ptolémée XIII, puis Ptolémée XIV, pour régner finalement avec un enfant, Césarion. Cet effacement de l'époux la plaçait esthétiquement dans une position centrale, encadrée par deux personnages masculins, Pluton et Triptolème étant disposés derrière elle, en « V ». Isis-Déméter-Cléopâtre dominait la scène, qui était donc aussi une exaltation du pouvoir d'une femme, du pouvoir féminin. François Chamoux qui adhéra dans l'ensemble à cette interprétation se demandait cependant si Triptolème n'était pas un portrait d'Antoine en personne[94].

Cette analyse est à l'opposé de celle de John Pollini qui postula à l'inverse l'exaltation du pouvoir masculin sur le pouvoir des reines ptolémaïques, en réfutant l'identification de jeune homme debout avec Triptolème. Il y voyait un Gaulois, personnification du Génie des Gaules (*Genius Galliarum*)[95]. Cette identification reposait sur la présence de moustaches et d'une chevelure dense et jetée en arrière. Une tête de Gaulois retrouvée dans le Fayoum présentait de fait le même type de visage[96]. Cette compréhension de l'œuvre, qui aurait été élaborée après la conquête de l'Égypte par Rome, entre 30 et 10 av. J.-C., trouve un écho chez les auteurs modernes qui estiment que ce Gaulois serait en fait le premier

93. La Rocca 1984 ; Pollini 1992.

94. Chamoux 1987.

95. Sur la place des Celtes dans la propagande des rois hellénistiques, cf. Rolf Strootman 2005.

96. Musée égyptien, Le Caire, neg. F 9235.

préfet d'Égypte Caius Cornelius Gallus. Gallus était en effet un Gaulois originaire de Voghera (Gaule cisalpine), ou moins probablement de Fréjus (Narbonnaise). L'objet, qui exaltait sa puissance et son énergie, relèverait alors de ce tempérament mégalomane qui le perdit[97].

Il me semble cependant que l'hypothèse du Gaulois des *Tres Galliae* occidentales ne s'impose pas (non plus d'ailleurs que celle de Cornelius Gallus). Il pourrait très bien s'agir aussi d'un Gaulois oriental, donc d'un Galate. Le type en est connu dans l'art pergaménien et dans le royaume des Ptolémées, où des Galates étaient présents parmi les immigrants hellénisés installés en tant que clérouques. Les Galates pourraient être aussi une référence aux troupes venues d'Asie Mineure intégrées dans l'armée romaine d'Antoine.

Ces interprétations ne font cependant pas consensus. Il faut peut-être en revenir à la lecture du document faite jadis par Adolf Furtwängler qui proposait une interprétation symbolique de la scène, sans chercher à identifier des personnages liés à l'histoire des Ptolémées, ni proposer une datation précise[98]. Le personnage central de la scène serait la nymphe de l'inondation, Euthénia, dont l'iconographie impériale, en particulier sur les monnaies, est très proche.

François Queyrel a toutefois proposé récemment de placer la création de l'œuvre sous Ptolémée II, la scène célébrant la fertilité de l'Égypte, et singulièrement du nome Arsinoïte[99]. La clé se trouverait dans le personnage debout, Triptolème, qui serait représenté en Galate comme clérouque et laboureur participant à la mise en valeur de cette région. Le règne du roi est en effet marqué par l'installation de nombreux clérouques et par une extension des terres cultivées dans ce nome qui correspond à l'actuelle oasis du Fayoum. Il ne faudrait pas chercher à reconnaître des personnages royaux, la femme couchée étant Euthénia. L'intérêt de cette interprétation est qu'elle combine l'hypothèse du Galate et celle de la nymphe Euthénia. Mais la datation reste à mes yeux incertaine, car la tasse Farnèse pourrait être aussi une allégorie générale de la fertilité de toute l'Égypte, « don du Nil » selon la formule d'Hérodote, et parce que les efforts d'amélioration de l'agriculture ne se limitent pas au seul règne de Ptolémée II. Cléopâtre pourrait parfaitement avoir commandité un tel chef-d'œuvre pour exalter sa politique de redressement économique.

97. Sur Caius Cornelius Gallus : Boucher 1966 ; Hoffmann, Minas-Nerpel et Pfeiffer 2009.
98. Furtwängler 1900.
99. Queyrel 2019, p. 197-198.

Des problèmes avec certains temples de la *chôra*

Ce tableau de relations apaisées et fructueuses entre la reine et les temples grecs et égyptiens doit cependant être nuancé. Les sources grecques et égyptiennes ne nous ont certes pas transmis de textes issus de temples égyptiens hostiles à la reine durant son règne. Cela n'est peut-être dû qu'au hasard des découvertes. Il existait en effet une idéologie de la résistance au pouvoir grec dont l'*Oracle du Potier* était un témoignage spectaculaire puisque ce texte conservé sur des papyrus grecs appelait au départ des Grecs d'Alexandrie et d'Égypte[100]. Flavius Josèphe, dont l'hostilité et la partialité envers la reine sont connues, la mettait en cause pour son impiété dans le passage qui suit le récit de l'assassinat de sa sœur Arsinoè IV dans le sanctuaire d'Artémis d'Éphèse, car elle « pilla les dieux nationaux et les tombeaux de ses ancêtres[101] ». Dion Cassius mentionnait de même des saisies de biens dans les temples pour financer la guerre en Égypte après Actium[102]. Des documents épigraphiques et papyrologiques confirment l'existence de difficultés dans certains sanctuaires grecs et égyptiens de la *chôra*. Mais ils exprimaient en même temps la loyauté envers la dynastie des intervenants, qui espéraient trouver dans la reine et ses représentants dans la *chôra* soutien et bienveillance.

Les demandes d'exemptions fiscales (atélie) et de respect du droit de refuge dans les sanctuaires (asylie) ont été croissantes auprès des souverains durant l'ère ptolémaïque, leur nombre culminant au Iᵉʳ siècle av. J.-C. Mais elles n'étaient pas la manifestation d'un renversement du rapport de force entre le clergé, en particulier égyptien, et les Ptolémées. Elles ne signifiaient nullement un affaiblissement des rois-pharaons, mais étaient au contraire un révélateur du maintien de leur pouvoir, puisqu'ils conservaient seuls le droit d'accorder ces privilèges. Les inscriptions placées à l'entrée du temple témoignaient – comme toutes les ordonnances accordant le droit d'asile et l'atélie – de la volonté royale d'accorder ces bienfaits et de manifester sa piété envers le culte pratiqué. Cet affichage public servait la propagande royale.

La demande formulée en 46 av. J.-C. par Kallimakhos pour l'Isieion de Ptolémaïs, en Haute-Égypte, constituait un exemple révélateur de l'attente des élites grecques de la *chôra* envers le souverain. Le stratège et

100. Chauveau 1997, p. 67-69. Sur la littérature apocalyptique égyptienne hostile aux Grecs, cf. Blasius et Schipper 2002.

101. Joseph, *Ap.*, 2, 58.

102. Dio Cass., 51, 3, 5.

épistratège de Thébaïde Kallimakhos, fondateur de l'Isieion, obtenait alors de la reine et de son corégent des privilèges qui flattaient à la fois un haut fonctionnaire et les Grecs de Ptolémaïs[103]. Une autre inscription ptolémaïte[104], datée du 1er juillet 49 av. J.-C., qualifiait également Kallimakhos de chef des prytanes (archiprytane), le magistrat le plus important de la cité, et de gymnasiarque, le chef du gymnase[105]. Ce magistrat ptolémaïte était par conséquent citoyen de la cité grecque de Haute-Égypte. On sait que ce temple, construit au sud de la ville, constitue la première mention, en source grecque, d'un sanctuaire isiaque en Haute-Égypte. L'identité des fidèles du culte nous échappe, mais la proximité de Ptolémaïs invite à voir en eux des Grecs ou des Égyptiens hellénisés.

Les prêtres égyptiens et les prêtres grecs souffraient de graves difficultés économiques, comme l'attestent les lettres adressées à Sôtélès, stratège du nome Hérakléopolite par les prêtres égyptiens de Hiéra Nèsos (L'Île Sacrée)[106], et par le prêtre grec de Déméter et Korè du village de Phys[107]. Ces documents datent du début du règne de la reine. La première lettre, rédigée entre le 1er août et le 4 septembre 50, faisait connaître à Sôtélès les conséquences d'un vol dans le temple du dieu Semarpochrates. Les prêtres commençaient par affirmer au stratège, représentant du pouvoir royal dans le nome, qu'ils assuraient chaque jour les actes cultuels quotidiens, sacrifices, offrandes et allumages des lampes « pour le roi et ses enfants[108] ». Ce vol intervenait dans un contexte catastrophique pour le village, puisqu'une partie de la population avait dû fuir, en raison des maladies, des charges financières excessives, et des mauvaises récoltes. Les prêtres s'étaient donc retrouvés seuls et démunis pour faire face aux auteurs d'un vol qui était aussi un sacrilège. La fin de la lettre est perdue. Nous ne savons donc pas exactement en quoi consistait la demande des prêtres : demande d'exemption de taxes ? Demande de poursuite des voleurs ?

La seconde lettre, intégralement conservée, datée entre 51 et 49, émanait de Kalathos, un prêtre de Déméter et Korè, dont le temple, un Thesmophorion, était situé à Phys (Figure 14). Sa publication a apporté une preuve supplémentaire de la diffusion du culte grec de Déméter dans

103. *C. Ord. Ptol.* 67 = *I. Prose* 36-*I. Asylia* 226. Cf. *supra* Chapitre 3.3, *La politique économique envers les temples.*

104. *SB* I, 2264.

105. Vallet 2015, p. 50-51.

106. *BGU* VIII, 1835.

107. *BGU* XX, 2845.

108. Cf. Pfeiffer 2008, p. 95.

les villages de la *chôra* égyptienne[109]. Kalathos protestait[110], car Hôriôn, un fonctionnaire des finances, lui imposait de payer désormais un impôt dont il était jusque-là exempté, le *statèrismos*. Il mentionnait également la part prise par son temple dans le culte royal, afin que Sôtélès et les souverains connaissent « la grâce, la beauté, la richesse, le bien-être, de belles naissances et d'heureuses affaires[111] ». Les trois termes, la richesse (πλοῦτος), le bien-être (ὄλβος) et les belles naissances (εὐτεκνία) apparaissent pour la première fois dans ce type de lettres. Il pourrait s'agir d'une influence de formules romaines[112]. Kalathos demandait à Sôtélès d'intervenir auprès d'Hôriôn, afin de demeurer exempté « comme c'est le cas pour les prêtres égyptiens du village[113] ».

5.3 Judéophobie ou philosémitisme de Cléopâtre ?

Le réquisitoire de Flavius Josèphe

La question de l'hostilité aux Juifs ou d'un éventuel philosémitisme de Cléopâtre est discutée[114]. L'historien Flavius Josèphe présente, dans un fragment conservé en latin, alors que toute son œuvre est écrite en grec, la politique de Cléopâtre comme profondément hostile aux Juifs d'Égypte[115] : « (Apion) parle aussi de la dernière Cléopâtre, reine d'Alexandrie, pour nous reprocher l'hostilité qu'elle nous a témoignée... » Son suicide serait la sanction logique d'une vie où elle s'est montrée « cruelle et déloyale envers tous ». Sa mort serait un châtiment (*poena*), conséquence logique d'un réquisitoire implacable qu'il dressait contre celle qu'il nommait « la reine d'Alexandrie » :

> « Il (Apion) parle aussi de la dernière Cléopâtre, reine d'Alexandrie, pour nous reprocher l'hostilité qu'elle nous a témoignée au lieu de consacrer son zèle à l'accusation de cette femme ; qui ne s'abstint d'aucune injustice et d'aucun crime, soit contre ses parents, soit contre ses maris, ou ses amants,

109. Cf. Thompson 1998.

110. Son nom, Kalathos, rappelait le nom de la corbeille portée lors des rituels des Mystères d'Éleusis. Il pourrait s'agir d'un « nom d'artiste » (« *Künstlername* »).

111. *BGU* XX, 2845, l. 10-11 : <διατελῶ> διδόναι σοι χάριτας, μορφὴν πλοῦτον ὄλβον εὐτεκνίαν εὐπραξίαν...

112. *BGU* XX, p. 56.

113. *BGU* XX, 2845, l. 21-22 : καθάπερ ἐπὶ τῶν ἐν τῆι κώμηι Αἰγυπτίων ἱερέων.

114. Cf. Méléze-Modrzejewski 1997, p. 131 ; 137 ; 139-140 ; 226-228, et Méléze-Modrzejewski 1999.

115. Joseph, *Ap.*, 2, 56.

soit contre tous les Romains en général et leurs chefs, ses bienfaiteurs ; qui alla jusqu'à tuer dans le temple sa sœur Arsinoè innocente à son égard ; qui assassina traîtreusement son frère aussi, pilla les dieux de ses aïeux et les tombeaux de ses ancêtres ; qui, tenant son royaume du premier César, ne craignit pas de se révolter contre le fils et successeur de celui-ci ; et, corrompant Antoine par les plaisirs de l'amour, en fit un ennemi de sa patrie, un traître envers ses amis, dépouillant ceux-ci de leur rang royal, et poussant les autres jusqu'au crime. Mais à quoi bon en dire davantage ? Ne l'abandonna-t-elle pas lui-même au milieu du combat naval, lui, son mari, le père de leurs enfants, et ne l'obligea-t-elle pas à livrer son armée et son empire pour la suivre ? En dernier lieu, après la prise d'Alexandrie par César (= Octavien), elle ne vit plus d'espoir pour elle que dans le suicide, tant elle s'était montrée cruelle et déloyale envers tous. Pensez-vous donc que nous ne devions pas nous glorifier de ce que, dans une disette, comme le dit Apion, elle ait refusé de distribuer du blé aux Juifs ? Mais cette reine reçut le châtiment qu'elle méritait[116]. »

Flavius Josèphe n'est toutefois pas un auteur fiable. Ce collaborateur du pouvoir romain adoptait systématiquement dans son œuvre le point de vue officiel de Rome[117]. Il reprenait ici l'un des thèmes récurrents de la propagande augustéenne sur la nocivité de la reine, en faisant des Juifs ses victimes, parmi d'autres. Il était par ailleurs fidèle à la vision qu'il cherchait à donner des relations entre Rome et les Juifs : des rapports excellents. Il ajoutait en effet peu après[118] : « Mais cette reine reçut le châtiment qu'elle méritait ; et nous, nous avons César pour grand témoin de l'aide

116. Joseph, *Ap.*, 2, 56-61 : *Is autem etiam ultimae Cleopatrae Alexandrinorum reginae meminit ueluti nobis improperans, quoniam circa nos fuit ingrata, et non potius illam redarguere studuit ; cui nihil omnino iniustitiae et malorum operum defuit uel circa generis necessarios uel circa maritos suos, qui etiam dilexerunt eam, uel in communi contra Romanos omnes et benefactores suos imperatores ; quae etiam sororem Arsinoen occidit in temple, nihil sibi nocentem, peremit autem et fratrem insidiis, paternosque deos et sepulcra progenitorum depopulata est ; percipiensque regnum a primo Caesare, eius filio et successori rebellare praesumpsit ; Antoniumque corrumpens amatoriis rebus et patriae inimicum fecit et infidelem circa suos amicos instituit, alios quidem genere regali spolians, alios autem deiciens et ad mala gerenda compellens. Sed quid oportet amplius dici, cum illum ipsum in nauali certamine relinquens, id est maritum et parentem communium filiorum, tradere eum exercitum et principatum et se sequi coegit ? Nouissime uero, Alexandria a Caesare capta, ad hoc usque perducta est, ut salutem hinc sperare se iudicaret, si posset ipsa manu sua [Iudaeos] <se> perimere, eo quod circa omnes crudelis et infidelis extaret. Putasne gloriandum nobis non esse, si quemadmodum dicit Apion, famis tempore Iudaeis triticum non est mensa ? Sed illa quidem poenam subiit competentem.*

117. Vidal-Naquet 1977.

118. Joseph, *Ap.*, 2, 61.

fidèle que nous lui avons apportée contre les Égyptiens ; nous avons aussi le Sénat (romain) et ses décrets, ainsi que les lettres de César Auguste qui prouvent nos services. »

Selon certains savants, cette hostilité de la reine s'expliquerait par une « triple trahison » des Juifs d'Alexandrie qui auraient soutenu à trois reprises l'intervention extérieure romaine[119]. L'appui de Juifs envers Rome est attesté en réalité deux fois seulement. Le premier soutien date de 55 av. J.-C. où ils soutinrent Gabinius pour restaurer Ptolémée XII Aulète[120]. Des soldats juifs lui ouvrirent les portes de Péluse, ce qui lui permettait de revenir d'exil. Cette restauration ouvrait à la mort de Ptolémée XII le pouvoir à ses enfants. Cléopâtre ne pouvait donc que se féliciter de l'intervention romaine ! Le second concernait le renfort apporté en 48/47 av. J.-C. à César par des contingents juifs conduits par l'Iduméen Antipater, conseiller du grand prêtre de Jérusalem Hyrcan II et père du futur Hérode le Grand. Ces troupes qui venaient du « pays d'Onias », dans le Delta, avaient retiré leur soutien à Ptolémée XIII. Flavius Josèphe leur donnait un rôle important dans cette victoire[121]. Or la victoire de César, qui aboutit à la mort de Ptolémée XIII, déboucha sur un renforcement du pouvoir de Cléopâtre, désormais associée au jeune Ptolémée XIV, placé en second dans le protocole officiel. L'affirmation qui ferait des Juifs d'Égypte des traîtres ayant préféré Octavien à Cléopâtre est infondée. Les affirmations de Flavius Josèphe ne peuvent donc être prouvées.

La protection accordée à une synagogue du Delta

Une inscription bilingue grec/latin datable du règne de Cléopâtre VII et de Césarion donne de précieuses informations sur la présence militaire romaine en Égypte avant la conquête augustéenne (Figure 14). Cette inscription conservant un décret d'asylie pour une synagogue occupe « une place particulière dans notre documentation épigraphique de Basse-Égypte » comme le faisait déjà remarquer Jean Bingen[122]. Gravée sur une stèle d'albâtre acquise au Caire au XIXe siècle, conservée à Berlin au Bode Museum, elle reste d'origine inconnue. Une origine de Basse-Égypte semble la plus plausible[123]. La lecture de l'inscription est bien établie :

119. Fuchs 1924, p. 16-17.
120. Joseph, *Bell. Iud.*, 1, 175 ; *Ant. Iud.*, 14, 98-99.
121. Joseph, *Bell. Iud.*, 1, 187-194 ; *Ant. Iud.*, 14, 127.
122. Bingen 1982, p. 11.
123. Bingen 1982, p. 16.

> « (Grec) Par ordre de la reine et du roi en remplacement de la stèle précédente portant dédicace de la maison de la prière (= synagogue), que soit écrit ce qui suit : “Le roi Ptolémée Évergète (déclare) la maison de la prière lieu d’asile.”
> (Latin) La reine et le roi ont donné ordre[124]. »

La question de l’identité du roi et de la reine ne fait plus de doute aujourd’hui. L’identification avec la reine Zénobie de Palmyre et son fils Vaballath et la datation en 270-272 apr. J.-C. proposées dès 1881 par Theodor Mommsen, puis par d’autres savants[125], doivent être abandonnées pour des raisons paléographiques[126]. Une paléographie d’époque ptolémaïque tardive et le fait que seuls Cléopâtre VII et Césarion soient désignés « comme reine et roi » dans les *acta* de la chancellerie ptolémaïque désignent sans conteste la dernière reine lagide et son fils Césarion comme les auteurs de cette ordonnance[127]. Cette *lex sacra* avait été concédée à une synagogue par un roi Évergète. Rien ne permet de trancher définitivement entre Ptolémée III Évergète Ier et Ptolémée VIII Évergète II, mais l’attribution du décret à Évergète II est plus probable en raison de la rareté des décrets d’asylie au IIIe siècle av. J.-C.

Le bilinguisme du décret permet de comprendre le contexte de sa promulgation. Il s’expliquait par la présence sur le territoire égyptien des troupes romaines d’Antoine. Il s’agissait en effet de protéger cet espace sacré contre d’éventuels débordements de soldats mal disciplinés. Il montrait aussi que les Juifs se réunissant dans cette synagogue avaient pu voir dans cette armée « le seul vrai garant » de cette asylie[128]. Leur rôle devait donc être double, respecter l’inviolabilité du lieu, mais aussi la faire respecter. L’armée romaine apparaissait donc avant même la conquête augustéenne comme garante de l’ordre et de la sécurité en assurant dans cet espace, qui avoisine peut-être un camp romain, la *pax Romana*.

124. Horbury et Noy n° 125 = *OGIS* I, 129 = *I. Prose* 23 = *I. Asylia* 228 : Βασιλίσσης καὶ βασι- | λέως προσταξάντων, | ἀντὶ τῆς προανακει- | μένης περὶ τῆς ἀναθέσε- | ως τῆς προσευχῆς πλα- | κός, ἡ ὑπογεγραμμένη | ἐπιγραφήτω. | βασιλεὺς Πτολεμαῖος Εὐ- | εργέτης τὴν προσευχὴν | ἄσυλον. | *regina et* | *rex iusser(un)t.*

125. Cf. *W. Chr.* 54. Ce document ne figure ainsi pas dans le *Corpus des ordonnances des Ptolémées* (*C. Ord. Ptol.*) réuni par Marie-Thérèse Lenger.

126. Bingen 1982, p. 15.

127. Rigsby 1996, p. 576.

128. Bingen 1982, p. 16.

La vie de la communauté juive d'Alexandrie

Quelques documents renseignent enfin sur la vie des Juifs d'Alexandrie sous Cléopâtre. Une inscription grecque atteste de l'existence d'une synagogue dans un faubourg d'Alexandrie, Gabbari, en 37 av. J.-C.[129]. Un certain Alypos, qui « a fait » le bâtiment « pour le grand dieu qui écoute (les prières) », pourrait bien en être l'architecte. Cette synagogue était située en dehors du quartier Delta, où se concentrait une grande partie des Juifs alexandrins[130]. Un Juif d'Alexandrie, Tryphôn, avait probablement obtenu la citoyenneté alexandrine sous le règne de Cléopâtre, mais notre ignorance sur les conditions d'attribution de la citoyenneté alexandrine empêche d'attribuer tout rôle à la reine[131]. Plutarque notait l'intérêt de Cléopâtre pour le monde juif, puisque dans la longue liste des langues « barbares » comprises et parlées par Cléopâtre, il mentionnait sa maîtrise de celle des « Hébreux[132] ». Cet apprentissage était d'autant plus remarquable que les Juifs de son royaume étaient totalement hellénisés, et qu'une grande partie de l'élite des Juifs de Palestine connaissait le grec, la langue mondiale de l'époque, qui s'était imposée comme langue d'usage, une diffusion combattue par les orthodoxes juifs, comme l'avait montré la révolte des Maccabées.

J'ai cependant exprimé précédemment des réserves quant à la fiabilité du témoignage plutarquéen sur les capacités linguistiques de la reine[133]. Il pourrait paraître tentant d'affirmer l'existence de liens encore plus étroits entre Cléopâtre et les Juifs. Le nom de sa camérière Eiras était issu d'Eirènè (« la paix »), qui était fréquemment porté par des femmes juives, et l'on a pu se demander si elle n'était pas juive. L'hypothèse doit cependant être abandonnée. Le nom était aussi porté par des dames de haute société alexandrine. On le trouve ainsi dès le IIIe siècle dans le groupe d'élite des prêtresses éponymes du culte royal, ainsi que dans celui des maîtresses royales, ainsi l'hétaïre de Ptolémée d'Éphèse, fils de Ptolémée II, ou bien encore l'une des concubines de Ptolémée VIII[134].

129. Horbury et Noy n° 13 = *I. Alex. Ptol.* 35.

130. Bernand 1998, p. 261.

131. *C. Pap. Jud.* II, 151. Cf. Mélèze-Modrzejewski 1997, p. 131 et p. 226-228 ; Mélèze-Modrzejewski 1999, p. 48-49.

132. Plut., *Ant.*, 27, 4.

133. Cf. *supra* Chapitre 1.1, *L'éducation d'une princesse.*

134. Heinen 2009, p. 176-181.

Conclusion

Cléopâtre s'était donc placée dans la continuité de ses prédécesseurs dans ses relations avec les élites grecques et égyptiennes. Elle se devait d'obtenir le soutien des élites d'Alexandrie et de la *chôra*. Les tensions du début de son règne avec les Alexandrins avaient été surmontées par sa victoire sur Ptolémée XIII et par le succès de sa politique. Les difficultés économiques patentes du début de son règne avaient affecté l'économie de certains temples, mais la documentation est muette sur une éventuelle opposition politique du clergé égyptien ou du clergé grec envers la reine. Il a fallu attendre qu'elle soit réduite aux dernières extrémités, après Actium, pour spolier les temples, « même les plus inviolables[135] ». Les sources documentaires attestent de sa volonté de pratiquer une politique bienveillante envers au moins deux communautés juives, celle d'Alexandrie et une communauté de la *chôra*, sans doute située en Basse-Égypte. Rien ne permet d'affirmer qu'elle ait privilégié l'une des composantes de la population du royaume, que ce soient les Grecs, les Égyptiens, ou les Juifs qui appartenaient à la communauté des Grecs.

135. Dio Cass., 51, 3, 5.

Chapitre 6

MOURIR EN REINE PTOLÉMAÏQUE

En 32 av. J.-C. Octavien déclarait ouvertement la guerre à « l'épouse égyptienne » (*Aegyptia coniux*)[1], en considérant comme une guerre extérieure (*bellum externum*) le conflit qui l'opposait à son rival Antoine[2]. Antoine, présenté par la propagande octavienne comme irresponsable, car amolli par les philtres de « l'ensorceleuse », était déchu de toutes ses charges, triumvirat et consulat[3]. La question se pose de la politique menée par la reine jusqu'à sa mort le 12 août 30 av. J.-C. Il s'agit en premier lieu d'apprécier les forces militaires de la reine, pour déterminer si Cléopâtre finançait encore une armée ptolémaïque, terrestre et navale, ou bien si elle entretenait désormais une armée de terre romaine et romanisée, le seul véritable élément « ptolémaïque » demeurant la flotte (navires et marins). Il faudra, en second lieu, se demander si sa mort est intervenue dans un contexte idéologique grec ou égyptien. Cette période est surtout connue par les historiens qui ont construit le « roman de Cléopâtre », mais elle peut être éclairée par ces sources littéraires délicates d'interprétation que sont les *Oracles sibyllins*, ainsi que par des sources papyrologiques et monétaires.

1. Virg., *Aen.*, 8, 688.
2. Dio Cass., 50, 4-5.
3. Dio Cass., 50, 3.

6.1 La défaite finale de l'armée ptolémaïque

Le financement de la guerre par Cléopâtre

Plutarque mentionne les ressources financières de la reine dans son récit consacré à la concentration des forces ptolémaico-antoniennes à Éphèse au printemps 32 av. J.-C.[4]. Elle fournissait « 200 navires, 20 000 talents et de quoi nourrir toute l'armée pour la durée de la guerre ». Plutarque insistait ensuite sur la richesse de la reine qui tenta de persuader Canidius, « à force d'argent », de parler à Antoine pour qu'il ne la renvoie pas en Égypte, en donnant comme argument « qu'il n'était ni juste d'écarter de la guerre une femme qui apportait de si larges contributions, ni avantageux de décourager les Égyptiens, qui formaient une grande partie de l'armée navale[5] ».

Outre un important contingent de navires, Cléopâtre assurait la part majeure de la frappe des monnaies destinées au versement de la solde des troupes antoniennes. La frappe avait pu se faire à Patras, entre l'automne 32 et le printemps 31. Un ensemble de 39 monnaies, composé de 6 monnaies d'or (*aurei*) et de 32 deniers, est ainsi réuni dans le corpus numismatique de la Rome républicaine de Michael Crawford[6]. Le type majoritaire, présent sur 38 monnaies, présentait à l'avers un navire romain muni de ses rames (Figure 23). La proue (*prora*) était ornée d'une figure (ἐπισήμον) que l'on ne peut identifier[7]. À l'avant du navire était visible l'éperon à triple pointe (*rostrum*)[8]. Derrière la proue était attaché à une hampe un objet que M. Crawford appelle un « sceptre » (anglais : « *scepter* ») à l'aide d'un ruban. L'objet reste mystérieux, mais il s'agit très vraisemblablement d'un insigne de commandement sur le modèle

4. Plut., *Ant.*, 56, 2.

5. Plut., *Ant.*, 56, 4.

6. *RRC*, 544. Ces monnaies sont conservées au British Museum, à l'exception du n° 544/4 à Oxford, du n° 544/5 dans la collection Hersh, du n° 544/6 à Berlin, et du n° 544/7 « autrefois à Paris ». Ce monnayage légionnaire bénéficie en outre d'un catalogue et d'une étude en ligne : http://romanpaulus.x10host.com/minorstudies/marc_antony/legionary_coinage.html

Ce corpus ne cesse de s'enrichir. Cf. le denier vendu en 2010 par Bertolami Fine Arts, Mail Bid Sale 1, lot 171 : https://www.acsearch.info/search.html?similar=847002

7. Le « romanpaulus » se demande s'il ne s'agit pas d'une tête humaine engloutie par un crocodile…

8. Reddé 1984, p. 83-90. Cf. la photographie d'une monnaie légionnaire d'Antoine en Figure 64.

de la galère du relief de Préneste conservée au musée du Vatican[9]. La poupe (*puppis*) faisait apparaître sur sa partie supérieure l'aplustre (*aplustra*), un ensemble de baguettes recourbées vers l'avant[10]. Le revers réunissait un aigle (*aquila*) et deux étendards (*signa*) qui renvoyaient aux forces terrestres. La légende de l'avers était *ANT. AVG. IIIVIR R.P.C. : ANT(onius) AVG(ur) III(= Trium)VIR R(ei) P(ublicae) C(onstituendae).* La monnaie était donc frappée par Antoine en tant que triumvir, la fonction sacerdotale d'augure étant destinée à augmenter son prestige. Le revers portait le numéro et le nom d'une cohorte ou d'une légion qui était ainsi honorée[11].

Figure 23. Monnayage légionnaire d'Antoine et Cléopâtre.

Un deuxième type figurait sur un denier unique à ce jour, où l'avers portait trois étendards décorés chacun par deux guirlandes et une proue de navire[12]. Le nom de l'unité militaire mentionnée sur ce type était *Cohors speculatorum* (abrégé en *CHORTIS. SPECULATORUM*). *Les speculatores* constituaient en effet un corps singulier présent dans chaque légion. Leur mission n'était pas le combat, mais la reconnaissance et l'espionnage. La présence des proues de navires au revers pourrait indiquer qu'une

9. Reddé 1984, p. 75 et Figure 38. S'agit-il de la hampe d'un *vexillum* ?

10. Reddé 1984, p. 76-80.

11. Chauveau 1998, p. 95 ; Cosme 2014, p. 41, et p. 121 (3).

12. *RRC*, 544/12, et Planche LXIV.

partie de ce corps d'élite était constitué d'anciens marins et qu'ils conservaient des obligations envers la marine[13]. Ces monnaies qui circulaient ensuite dans tout l'Orient assuraient la propagande des deux alliés, en mettant en avant leur puissance navale et terrestre[14]. Les monnaies d'or frappées pour les officiers supérieurs étaient beaucoup plus rares.

Cette richesse de l'allié égyptien fut également mise en valeur dans les discours des deux *imperatores* avant Actium. Dans son discours avant la bataille, qu'il prononça peut-être en grec, discours conservé sous la plume de Dion Cassius, Antoine insistait cependant sur la supériorité de ses troupes, et sur la sécurité financière dont il disposait, à l'inverse d'Octavien. Il faut naturellement rester conscient du caractère rhétorique d'un tel texte reconstitué par Dion Cassius[15], soucieux de montrer à ses lecteurs qu'il savait restituer d'aussi beaux discours que ceux de Thucydide dans la *Guerre du Péloponnèse*. Mais, comme le note Pierre Cosme, « certains passages sonnent assez juste », dont précisément celui-ci[16] :

> « Vous voyez vous-mêmes, j'imagine, quelle flotte imposante et de qualité nous avons, vous voyez le nombre et la valeur de nos hoplites, de nos cavaliers, de nos frondeurs, de nos peltastes, de nos archers à pied et à cheval. La plupart de ces corps d'armes ne se trouvent pas chez nos ennemis et ceux qu'ils ont sont beaucoup moins nombreux et beaucoup plus faibles que les nôtres. En outre leurs ressources sont peu abondantes et proviennent d'une contribution forcée ; elles ne peuvent suffire pour longtemps et leurs fournisseurs en deviennent plus nos amis que ceux qui en profitent. Il s'ensuit que le peuple n'est nullement dévoué à leur égard et qu'il va même jusqu'à se révolter ouvertement. En revanche celles que nous avons, disposées en abondance, n'ont lésé personne et nous rendront service[17]. »

13. Grant 1974, p. 91, et p. 316 (51). Le « romanpaulus » voit en eux des guetteurs sur les navires.

14. L'utilisation par Antoine du type du navire (*navis*) a frappé Festus, *De verborum significatione*, *s.v. Ratitum quadrantem*, selon la restitution d'une lacune du texte proposée par Crawford, *RRC*, p. 744 (1).

15. Dio Cass. 50, 16-22.

16. Cosme 2014, p. 85.

17. Dio Cass. 50, 16 : Ὅσα μὲν ὑπ' ἐμοῦ προσῆκον ἦν ἐκπορισθῆναι πρὸς τὸν πόλεμον, πάνθ' ἱκανῶς, ὦ ἄνδρες στρατιῶται, προπαρεσκεύασται. Καὶ γὰρ πλῆθος πολὺ ὑμῶν ἐστι, πᾶν ὅ τι περ ἄνθος καὶ παρὰ τῶν ὑπηκόων καὶ παρὰ τῶν συμμάχων ἐξειλεγμένον καὶ παντὸς εἴδους μάχης, ὅσα γε καὶ παρ' ἡμῖν νομίζεται, ἐπὶ τοσοῦτοι χειροτέχναι ἐστὲ ὥστε καὶ καθ' ἑαυτοὺς ἕκαστοι φοβεροὶ τοῖς ἀντιπάλοις εἶναι. Ὁρᾶτε δέ που καὶ αὐτοὶ ὅσον μὲν καὶ οἷον ναυτικὸν

On notera qu'Antoine taisait bien évidemment l'écrasement fiscal vécu par les contribuables égyptiens, écrasement qui suscitait de nombreuses plaintes, dont certaines figurent dans la documentation qui nous est parvenue[18].

Octavien était conscient de l'atout que constituait pour Antoine et Cléopâtre ce trésor de guerre. Dans son propre discours à ses soldats, il le mentionnait à propos de la rumeur qui lui était parvenue de l'intention de ses adversaires de ne pas livrer un combat naval, et de fuir : « Ils ont embarqué sur leurs navires ce qu'ils ont de mieux et de plus précieux pour, s'ils le peuvent, l'emporter dans leur fuite[19]. » Les soldats d'Octavien n'hésitèrent pas de fait lors des combats d'abordage à monter sur les navires antoniens en flammes pour piller ces trésors.

La nature de ce trésor n'est pas précisée dans ces sources littéraires. Tout au plus apprend-on que le roi spartiate Euryclès fils de Lacharès, qui combattait pour Octavien[20], s'empara d'un navire antonien transportant un riche service de vaisselle de table (πολυτελεῖς σκευαὶ τῶν περὶ δίαιταν[21]). La question financière apparut également lors de l'avancée des troupes d'Octavien vers Alexandrie quand Antoine en position d'infériorité numérique promit aux soldats d'Octavien une somme de 1 500 drachmes, soit 6 000 sesterces[22]. On peut imaginer que ce trésor comptait du numéraire issu des réserves monétaires d'Alexandrie, mais aussi des objets précieux.

Le désastre d'Actium

À Éphèse, les effectifs de l'armée ptolémaico-antonienne à équiper, à nourrir et à payer étaient constitués de 800 navires de combat (dont 200 ptolémaïques), 300 navires de transport, et 30 légions. Seize légions

ἔχομεν, ὅσους δὲ καὶ οἵους ὁπλίτας ἱππέας σφενδονήτας πελταστὰς τοξότας ἱπποτοξότας· ὧν τὰ μὲν πλείω οὐδ' ὑπάρχει ἀρχὴν τοῖς ἐναντίοις, ὅσα δὲ κέκτηνται, πολὺ ἐλάττονα καὶ ἀσθενέστερα τῶν ἡμετέρων ἐστί. Καὶ μὴν καὶ τὰ χρήματα ἐκείνοις μὲν ὀλίγα καὶ ταῦτα ἐκ συντελείας βιαίου πεπορισμένα οὔτ' ἂν ἐπὶ πολὺ ἐξαρκέσειεν ἄν, καὶ τοὺς συνεσενηνοχότας αὐτὰ οἰκειοτέρους ἡμῖν ἢ τοῖς λαβοῦσι πεποίηκεν εἶναι, ὥστε μήτ' ἄλλως εὐνοϊκῶς σφας αὐτοῖς ἔχειν καὶ προσέτι καὶ ἐκ τοῦ φανεροῦ στασιάζειν· ἡμῖν δὲ ἐκ περιουσίας παρεσκευασμένα οὔτε λελύπηκέ τινα καὶ πάντας ἡμᾶς ὠφελήσει.

18. Cf. *supra* Chapitre 3.2, *La répression contre les abus des fonctionnaires.*
19. Dio Cass., 50, 30, 4.
20. Sur ses relations avec Agrippa, cf. Roddaz 1984, p. 163, et p. 471.
21. Plut., *Ant.*, 67, 4.
22. Dio Cass., 51, 10, 2.

étaient sous le commandement du légat Publius Canidius Crassus, qui rejoignit alors les côtes de la mer Égée. Les autres se trouvaient en Égypte, en Cyrénaïque, en Syrie, et en Macédoine. Ces forces représentaient à Actium 100 000 fantassins, dont 75 000 légionnaires et 25 000 auxiliaires fournis par les peuples alliés, et 12 000 cavaliers[23]. Mais Antoine ne disposait alors que de 170 navires (plus 60 pour Cléopâtre), à la suite des premiers échecs sur mer, de désertions et des ravages de la malaria[24]. Étaient embarqués 22 000 légionnaires et 2 000 archers. Plutarque donne, en outre, la liste des rois alliés d'Antoine[25] : « Bocchus, roi des Libyens ; Tarcondèmos (= Tarcondimotos), de Haute-Cilicie ; Archélaos, de Cappadoce ; (Déiotaros) Philadelphe, de Paphlagonie ; Mithridate, de Commagène ; Sadalas, de Thrace. Ceux-là étaient présents auprès de lui, mais d'autres lui avaient envoyé leurs armées : Polémon, du Pont ; Malchos (= Malichos), d'Arabie ; Hérode, de Judée, et encore Amyntas, roi des Lycaoniens et des Galates, d'auprès du roi des Mèdes était venu un corps auxiliaire. » Ces rois disposaient, comme son alliée Cléopâtre, de ressources considérables à l'instar d'Hérode le Grand qui exploitait de riches plantations de baumiers et de palmiers autour de Jéricho[26].

Cette mobilisation navale était extraordinaire. Il fallait remonter aux guerres médiques, comme le note Christoph Schäfer, pour voir évoluer une telle armada en Méditerranée[27]. Au même moment Octavien rassemblait 400 navires de guerre, environ 140 000 légionnaires, 20 000 fantassins alliés et 24 000 cavaliers[28]. Mais il alignait à Actium seulement 250 navires de guerre, 80 000 fantassins dont 70 000 légionnaires regroupés en 16 légions, et 12 000 cavaliers[29]. Étaient embarquées 8 légions et 5 cohortes prétoriennes soit environ 40 000 hommes.

Le rapport de force était relativement équilibré pour l'effectif des forces terrestres, mais l'avantage allait cependant à Octavien, dont les légionnaires recrutés en Italie avaient été endurcis par les récentes campagnes d'Illyrie[30]. Pour les navires, Antoine l'emportait par leur poids, leur taille

23. Plut., *Ant.*, 61, 1 ; Dio Cass., 50, 6, 5. Plut., *Ant.*, 56, 2, donne « 800 vaisseaux, y compris les transports ».

24. Roddaz 1984, p. 170.

25. Plut., *Ant.*, 61, 2-3.

26. Joseph, *Bell. Iud.*, 1, 361 ; *Ant. Iud.*, 15, 96. Cf. Chauveau, 1998, p. 86 ; Cosme 2014, p. 40.

27. Schäfer 2006, p. 215.

28. Dio Cass., 50, 6, 3-4.

29. Plut., *Ant.*, 61, 4.

30. Cosme 2014, p. 42.

et leur hauteur[31]. Le déséquilibre premier des forces navales était compensé pour Octavien par la qualité de ses navires, plus petits et donc plus mobiles, par l'impossibilité d'Antoine d'aligner tous les navires mobilisés à Patras l'hiver précédent, et par le nombre supérieur de légionnaires embarqués[32].

La stratégie déployée par Cléopâtre et Antoine à Actium le 2 septembre 31 av. J.-C. interroge. Le choix d'un combat décisif sur mer avait été contesté au sein de l'armée d'Antoine, car il donnait un rôle central à la flotte de Cléopâtre. Un officier d'Antoine, un taxiarque (ταξίαρχος), avait dénoncé la mise en avant de cette « flotte égyptienne et phénicienne[33] ». Mais il n'est pas certain que la décision de mener le combat décisif sur mer et non sur terre ait été imposée à Antoine par Cléopâtre. Ses forces terrestres avaient deux faiblesses principales, leur fatigue après les campagnes en Arménie et en Médie, et le manque de fiabilité des rois-clients, Amyntas, roi des Lycaoniens et des Galates, et Déiotaros Philadelphe de Paphlagonie ayant rejoint Octavien.

Les raisons de la fuite de Cléopâtre, rapidement suivie de celle d'Antoine, restent une question débattue. La reine a-t-elle estimé que la réussite de la première manœuvre par Octavien et Agrippa allait entraîner une inéluctable défaite et qu'il fallait sauver ce qui pouvait l'être, le maximum de navires, en particulier la flotte royale, le trésor, et sa propre liberté ? La manœuvre des lourds navires ptolémaïques aurait-elle été entravée par le manque de profondeur du golfe d'Ambracie, rendant tout espoir de retournement des combats impossible ? Ou bien mettait-elle à exécution un plan préalable qui postulait que les combats décisifs se dérouleraient sur un autre terrain d'opération ? Quoi qu'il en soit, cette fuite marquait un tournant décisif qui conduisit à la capitulation de ce qui restait de la flotte antonienne réfugiée dans le golfe d'Ambracie, puis à la reddition de l'armée de terre antonienne, en route vers la Macédoine. Cette armée était intacte, mais elle fut abandonnée par son chef, le légat Publius Canidius Crassus, qui rejoignit Antoine au cap Ténare[34].

La question de l'origine des troupes embarquées sur les 60 navires ptolémaïques pour les combats d'abordage reste ouverte. Cette interrogation se pose d'autant plus que l'armée terrestre ptolémaïque existait

31. Reddé 1984, p. 52.
32. Roddaz 1984, p. 169.
33. Plut., *Ant.*, 64, 2-3.
34. Cosme 2014, p. 95-96.

bien durant le règne de Cléopâtre. Une armée ptolémaïque était présente au début du règne, à savoir l'armée de Ptolémée XIII commandée par Achillas, puis par Ganymède, contre César durant la guerre d'Alexandrie.

L'armée : hellénistique ou romaine ?

Depuis 55 av. J.-C., l'Égypte accueillait sur son sol à la fois des troupes royales et des troupes romaines. Le consensus n'existe chez les historiens modernes que pour admettre la persistance d'une flotte ptolémaïque puissante. Cléopâtre lança ainsi la construction de nouveaux navires de guerre en Égypte et en Phénicie après 35. Ils avaient pour caractéristiques leur dimension et leur hauteur, de manière à surclasser les navires plus légers et plus petits d'Octavien et d'Agrippa. Par cette politique de construction navale, Cléopâtre affirmait sa volonté de reconstituer la thalassocratie ptolémaïque, qui était une nécessité compte tenu du développement de la marine de guerre romaine. Les navires d'Octavien étaient redoutables, comme l'avait montré la victoire de sa flotte sur celle de Sextus Pompée[35]. D'après Plutarque[36], ils possédaient en particulier un nombre de rameurs supérieurs, de trois à dix rangs de rameurs[37]. La flotte ptolémaïque d'Actium était encore mentionnée après le repli de la reine en Égypte quand elle projetait de faire passer la totalité de sa flotte dans le golfe Arabique[38].

La question des effectifs terrestres de ces forces et de leur proportion fait en revanche débat. Le tableau dressé par Edmond Van 't Dack, puis par Christelle Fischer-Bovet, est ainsi bien différent. Alors que le premier incite à la « prudence tous ceux qui doutent de la persistance d'une armée ptolémaïque » lors de l'entrée des troupes d'Octavien en Égypte[39], la seconde insiste sur la quasi-disparition de l'armée ptolémaïque sous Cléopâtre. Pour Christelle Fischer-Bovet, les seuls éléments subsistant de l'armée ptolémaïque étaient les garnisons de la *chôra*, l'armée clérouchique ne jouant plus aucun rôle[40]. Elle était donc résiduelle. Les hommes nés en Égypte se destinant à une carrière militaire intégreraient

35. Dio Cass., 50, 23, 2.

36. Plut., *Ant.*, 64, 1.

37. Sur le lien – contesté – entre la hauteur d'un navire et le nombre de rangs de rameurs, Reddé 1984, p. 47-59.

38. Plut., *Ant.*, 69, 4.

39. Van 't Dack 1988, p. 227.

40. Sur la clérouchie ptolémaïque, cf. aussi Couvenhes et Legras 2019.

des régiments du système militaire romain. La documentation papyrologique renseigne de fait sur la romanisation de l'armée en Égypte, qui se manifesta en particulier par l'apparition de l'organisation militaire romaine de la cohorte (*cohors*) rendue en grec par le terme *speira* (σπεῖρα) en milieu égyptien. Les régiments de cavalerie (hipparchies) ptolémaïques, bien attestés, seraient désormais utilisés comme auxiliaires dans l'armée romaine. Seules les troupes d'Antoine auraient fait face à l'armée d'invasion quand Octavien arriva devant Alexandrie[41]. L'effort militaire n'aurait donc pas porté sur l'armée de terre, mais sur la seule flotte. Cléopâtre n'aurait donc pas cherché à ressusciter la composition de l'ancienne armée ptolémaïque, dont les clérouques étaient une composante décisive. Dans la bataille de Raphia en 217, les clérouques comptaient pour 36 000 des 70 000 fantassins et 700 des 5 000 cavaliers. La reine n'aurait pas plus cherché à mobiliser l'élément grec ou l'élément égyptien. Le modèle militaire dominant en Égypte serait romain, avant même l'intégration à l'empire de Rome.

La documentation papyrologique et les sources littéraires permettent cependant d'affirmer que l'armée terrestre ptolémaïque persistait et que la reine n'avait pas confié la défense du royaume à la seule armée romaine. Lors du siège d'Alexandrie par César, les « vieilles troupes » (*veteranae cohortes*) de Ptolémée XIII étaient constituées de trois groupes[42] : des Gabiniens (*Gabiniani*) ; des mercenaires recrutés en Syrie, en Cilicie « et dans les pays voisins » ; et des hommes issus du monde romain réfugiés en Égypte (hors-la-loi, condamnés à mort, esclaves). Le paiement de ces troupes incombait au souverain lagide. César fait mention de leurs revendications pour une augmentation de leur solde (*stipendium*) – « (Ils) assiégeaient le palais royal pour obtenir une augmentation de solde » – et du fait que ces troupes mettaient également au pillage les biens des riches Alexandrins, ce qui contribuait à les dévaloriser. Le pseudo-César note de plus que les Alexandrins avaient armé les esclaves adultes, et que les maîtres les plus riches leur fournissaient la nourriture et une solde. Mais on ne peut douter que leur entretien exigeât du Trésor royal contrôlé par Pothin un effort considérable.

Cette division en trois origines présentait le tableau d'une armée où l'élément romain (groupes 1 et 3) et mercenaire (groupe 2) semblait

41. Plut., *Ant.*, 76, 1-3.
42. Caes., *Bell. civ.*, 3, 110 ; Ps. Caes., *Bell. Alex.*, 2, 3.

exclure toute mobilisation de sujets libres des Ptolémées, en particulier des clérouques. Edmond Van 't Dack constate ainsi que « deux des trois groupes composants sont d'obédience romaine[43] ». Mais une phrase du pseudo-César laisse cependant penser que le système clérouchique était encore capable d'apporter des contingents militaires : « Les Alexandrins avaient dépêché dans toutes les régions où s'étendent le territoire et le royaume d'Égypte des envoyés et des recruteurs pour faire des levées (*legatos conquisitoresque, dilectus habendi causa*)[44]. » Ces nouvelles recrues s'ajoutaient aux « vieilles troupes ». Edmond Van 't Dack se demande par conséquent s'il ne s'agissait pas de clérouques grecs, de soldats égyptiens (*makhimoi*) ou de militaires déjà cantonnés dans des garnisons ou nouvellement enrôlés[45].

Une réponse pourrait se trouver dans le récit de César qui n'intègre pas les cavaliers dans les trois groupes de *veteranae cohortes*, qui étaient donc constitués de fantassins. Il les mentionne seulement après la description des trois groupes : « De plus (*praeterea*), il y avait 2 000 cavaliers[46]. » Mais rien n'est dit de leur origine. S'agissait-il de soldats ptolémaïques ou romains ? Il faut cependant se demander, à titre d'hypothèse, s'il n'y aurait pas ici un indice du recrutement dans la *chôra* de cavaliers clérouques qui avaient mieux résisté que les fantassins à la démilitarisation de la clérouchie[47]. Cela était un fait majeur de l'histoire militaire lagide. Les clérouques étaient en effet très souvent devenus des notables locaux exploitant leur tenure, sans apporter la contrepartie du service militaire. Des femmes, qui n'étaient jamais mobilisées dans l'armée, héritaient de la terre de leur mari ou de leur père.

Les sources ne font par ailleurs aucune mention de la mobilisation de citoyens alexandrins, ce qui tendrait à accréditer le jugement de Dion Cassius qui estimait que « les Alexandrins, par tempérament, sont enclins à manifester une grande hardiesse et à commenter abondamment tout ce qui leur arrive, mais ils sont bien pusillanimes quand il s'agit d'affronter les dangers de la guerre[48] ».

43. Van 't Dack 1988, p. 217.
44. Ps. Caes., *Bell. Alex.*, 2, 1.
45. Van 't Dack 1988, p. 218.
46. Caes., *Bell. civ.*, 3, 110, 5.
47. Couvenhes et Legras 2019.
48. Dio Cass., 39, 58, 1-2.

La documentation épigraphique apporte la preuve que l'un des corps de la garde royale, la cavalerie, existait dans l'Alexandrie de Cléopâtre VII. L'armée ptolémaïque disposait historiquement de trois corps d'élite, la cavalerie de la garde, l'*agèma*, et la garde royale[49]. La cavalerie de la garde comptait au moins 700 hommes répartis en quatre groupes. L'*agèma* était composé d'un corps de cavaliers, dont nous ignorons la structure interne, et d'un corps de 3 000 fantassins divisé en trois détachements. La troisième composante était constituée exclusivement de fantassins. Une inscription grecque de Krokodilopolis (nome Arsinoïte), datée du 2 avril 42 av. J.-C., conserve la dédicace d'une statue en l'honneur de Ptolémaios fils d'Akhilleus, l'un des cavaliers de la garde, devenu parent du roi, stratège et exégète du nome Arsinoïte[50].

> « Le groupe des cavaliers de la garde royale en garnison à Alexandrie (a honoré) Ptolémaios, fils d'Akhilleus, parent du roi, stratège et exégète de l'Arsinoïte, leur compagnon d'armes, pour son mérite et son dévouement, l'an X, le 2 Pharmouthi[51]. »

Cette inscription atteste à la fois l'existence d'une association de soldats constituant les cavaliers de la garde royale, et la dynamique de carrière de ces cavaliers. Elle constitue la seule source sur cette garde royale à cheval avec une autre inscription grecque, datée de 154, où apparaît un ilarque (ἰλάρχης), chef d'un détachement (ἴλη) de la garde, Kalliklès fils de Kalliklès[52]. Cette association de militaires (πλῆθος) n'était pas constituée sur une base ethnique, mais professionnelle, à savoir l'appartenance à une même arme (la cavalerie), dans un même corps (la garde royale), et dans une même résidence (Alexandrie)[53].

Ces hommes élevaient une statue à leur ancien compagnon d'armes promu, en tant que stratège, à la plus haute fonction dans la hiérarchie administrative d'un nome. De fait les stratèges étaient souvent recrutés

49. Fischer-Bovet 2014, p. 148-153 (et Figure 4.12).

50. Mooren 1975 n° 086.

51. *IG Fay.* I, 13 : Τὸ πλῆθος τῶν ἐν Ἀλεξανδρείαι | ἱππέων τῆς θεραπείας | Πτο[λε]μαῖον Ἀχιλλέως τὸν | συγγενῆ καὶ στρατηγὸν καὶ | ἐξηγητὴν τοῦ Ἀρσινοίτου | τὸν ἑα[υτ]ῶν συστρατιώτην | ἀρετῆς καὶ εὐνοίας χάριν, | (ἔτους) ι΄, [Φ]αρμοῦθι β΄.

52. *SB* VIII, 10113 : ἰλάρ[χης τῶν ἐν Ἀλεχανδρείαι τεταγμένων] ἱππέων. Kalliklès : Mooren 1975 n° 0279.

53. Sur la diversité des situations conduisant à la création d'un groupement ou d'une association de soldats, cf. Launey 1949-1950, p. 1035.

parmi les membres de la garde royale[54]. Le titre aulique de « parent du roi » avait été conféré aux cadres supérieurs de l'administration civile et militaire sous le règne de Ptolémée V Épiphane[55]. Le titre conféré à Ptolémaios fils d'Akhilleus revêtait cependant une signification particulière, car ce militaire de la garde avait dû être en contact direct avec le souverain.

Outre ses mérites propres, les raisons de la promotion de Ptolémaios pourraient aussi se trouver dans la position sociale de sa famille. Nous connaissons en effet un haut fonctionnaire alexandrin du nom d'Akhilleus qui occupait en 34 av. J.-C. les fonctions d'éclogiste (ἐκλογιστής), le responsable de la comptabilité au sein du Trésor royal[56]. Or une lettre administrative était adressée le 6 juillet 34 par un certain Akhilleus à un certain Séleukos, sans que leurs titres ne soient précisés[57]. S'il s'agit bien du même personnage, il faut admettre que le père de Ptolémaios occupait une charge importante dans l'appareil d'État.

Ce document doit être rapproché d'une inscription grecque d'Alexandrie mentionnant également les troupes ptolémaïques d'Alexandrie, mais dont la date est discutée, 112/111, 75/76, ou 47/46 av. J.-C.[58]. Des soldats y faisaient une dédicace aux divinités Zeus Sôter et Héra Téléia. La date de 47/46 av. J.-C., qui est possible, permettrait de la situer sous le règne de Cléopâtre VII[59]. La dédicace est faite par le *politeuma* des troupes ptolémaïques d'Alexandrie[60], une association cultuelle grecque présidée par un président (προστάτης). Le contexte militaire est renforcé par les dieux grecs invoqués, Zeus Sôter, qui est bien attesté comme protecteur

54. Fischer-Bovet 2014a, p. 150-157.

55. Cf. Lanciers 2018.

56. *P. Ryl.* 69, l. 4-5.

57. *PSI* VIII, 969.

58. *SEG* XX, 499 = *SB* VIII, 9812 = *IG Alex. Ptol.* 32 : Διὶ Σωτῆρι καὶ | Ἥραι Τελείαι | τὸ πολίτευμα | τῶν ἐν Ἀλεξαν- | δρείαι φερομέ- | νων στρατιω- | τῶν ὧν προστά- | της vac. | Διονύσιος | Κάλλωνος, | γραμματεὺς δὲ | Φίλιππος Φιλίππου, | κτίσται εὐχήν. | (ἔτους) ς´ (« À Zeus Sôter et à Héra Téléia. La communauté des soldats sur les rôles de la garnison d'Alexandrie, dont le président est Dionysios fils de Kallôn, et le secrétaire Philippos fils de Philippos, fondateurs, en ex-voto, l'an 6 »).

59. Le débat est posé par Fraser 1972, I, p. 194 et 281 ; André Bernand 1995, p. 87 ; Étienne Bernand, *IG Alex. Ptol.*, p. 90-91. Le seul argument avancé contre la datation sous Cléopâtre VII est la présence de troupes romaines à Alexandrie. Il n'y a aucune incompatibilité entre la présence simultanée de troupes ptolémaïques et de troupes romaines alliées. Mais la discussion reste ouverte.

60. Le terme *politeuma* semble ici un équivalent du mot *plèthos* de l'inscription *IG Fay.* I, 13.

des soldats, associé ici à Héra, un cas unique en Égypte ptolémaïque, mais bien attesté ailleurs dans le monde hellénistique[61]. Les membres du *politeuma* commémoraient par cette dédicace la construction ou la reconstruction d'un édifice rendu à ce culte.

La documentation issue du nome Hérakléopolite offre un ensemble de données attestant de l'importance du dispositif militaire proprement ptolémaïque au début du règne (87/86 à 49 av. J.-C.), en particulier pour une garnison nommée Sadaleion. Ces papyrus font apparaître des officiers lagides, en particulier 14 officiers (laarques), des « chefs » (ἡγεμόνες), ainsi que des soldats. Ce petit milieu militaire comptait des Juifs, qui respectaient le sabbath. L'un des intérêts de ces textes, déjà mentionnés[62], est précisément de montrer la position de la garnison dans le conflit dynastique de l'été 49 entre Ptolémée XIII et Cléopâtre[63]. Les éléments prosopographiques rassemblés dans la thèse de Stéphanie Wackenier montrent de plus que la présence militaire des officiers lagides était bien attestée dans le nome, à un niveau comparable aux époques antérieures[64].

Les sources littéraires ne sont enfin pas totalement silencieuses sur l'armée royale, même si elles restent imprécises. La seule mention claire est l'intégration faite pour « une guerre immédiate » de Césarion et d'Antyllus parmi les éphèbes, ce qui impliquait le maintien de cette formation militaire traditionnelle, et affirmait la volonté de résistance aux yeux des sujets des Ptolémées[65]. Dion Cassius mentionne explicitement la mobilisation de la jeunesse (ἡλικία) dans les préparatifs de tous les belligérants lors de la déclaration de guerre d'Octavien à Cléopâtre[66]. Or l'intégration de la jeunesse armée grecque devait se faire dans le cadre de l'armée royale et non d'unités romaines[67]. Dion Cassius précise que la mobilisation de troupes en Égypte pour résister après Actium à l'invasion octavienne était conduite par Antoine et Cléopâtre, et que les forces à constituer étaient à fois navales et

61. Launey 1949-1950, p. 914-919, et p. 992.

62. Cf. *supra* Chapitre 2.1, *L'an 3 du règne de Cléopâtre : une lutte fratricide.*

63. *BGU* XX, 2847. Cf. Legras 2016 [2017].

64. Wackenier 2009, Vol. 1. Corpus n° 19 (subordonné), n° 233 (phrourarque) et n° 268 (phylacite) ; vol. 2. Synthèse, p. 128 (tableau des phrourarques et des forces de police). Les « phrourarques » étaient les chefs d'un fortin, et les « phylacites » les policiers.

65. Dio Cass., 51, 6, 3 ; Plut., *Ant.*, 71, 3.

66. Dio Cass., 50, 6, 2.

67. Cf. Legras 1999, p. 133-149.

terrestres[68]. L'objectif aurait été un repli en Inde ou en Espagne. Plutarque affirme que pour continuer les combats, Cléopâtre avait commencé à les transférer à travers l'isthme séparant « la mer Rouge de la mer d'Égypte », car son objectif était de concentrer ses forces « dans le golfe Arabique avec de grandes richesses et une armée (δύναμις), pour lui permettre d'aller habiter hors de son pays et d'échapper à la servitude et à la guerre[69] ». Cette armée n'aurait-elle été constituée que de troupes romaines ?

Il semble par ailleurs légitime de se demander si la reine n'avait pas mobilisé des troupes terrestres issues d'Égypte pour les faire combattre à Actium. On sait que les batailles navales comportaient non seulement des manœuvres d'éperonnage, mais aussi des combats d'abordage, ce qui expliquait l'équipement des navires en tours, machines de guerre et armatures métalliques[70]. Selon Plutarque, Antoine fit monter 20 000 fantassins et 2 000 archers sur les 60 navires égyptiens sauvés des flammes[71]. La reine n'aurait-elle pas fait monter avant l'arrivée à Actium ses propres soldats sur ses navires ?

6.2 La décision de mourir

Le retour des vaincus à Alexandrie

La défaite ruinait les espoirs qu'un oracle rédigé en Égypte peu avant Actium en 31 promettait en annonçant que « l'Asie » fera expier sa démesure à Rome qui deviendra désormais tributaire au triple de ce que Rome avait reçu auparavant de l'Asie : « Les richesses que Rome aura reçues de l'Asie tributaire, l'Asie, à son tour, les recevra au triple de Rome à qui elle fera expier la violence destructrice qu'elle en aura subie[72]. » Un oracle élaboré après Actium promettait à l'inverse la fin du monde, après la domination mondiale d'une femme qui pourrait être Cléopâtre[73] : « Alors le monde sera gouverné par les mains d'une femme et lui obéira en

68. Dio Cass., 51, 6, 3.

69. Plut., *Ant.,* 69, 3-5.

70. Reddé 1984, p. 332-346.

71. Plut., *Ant.*, 64, 1. Cf. Roddaz 1984, p. 157-9 ; Fischer-Bovet 2014, p. 113.

72. *Oracula sibyllana*, 3, 350-366 (trad. Nikiprowetzky). Cf. Becher 1966, p. 111-114 ; Sartre 2018, p. 242-244.

73. Cet oracle s'inspirait des oracles bibliques concernant Babylone, où la ville était présentée comme régnant également seule (*Isaïe*, 47, 8) et comme se refusant par orgueil à être veuve

tout. Puis lorsqu'une veuve aura étendu sa domination sur le monde entier et précipité l'or et l'argent dans la mer divine, lorsqu'elle aura précipité dans les flots marins le bronze et le fer des hommes éphémères, alors tous les éléments du monde seront dans le veuvage, quand le Dieu qui habite l'Éther aura enroulé le ciel comme on enroule un volume. Tout le ciel aux multiples figures tombera sur la terre et sur la mer divines ; une cataracte inextinguible de feu brûlera la terre et l'axe céleste et les jours ; et la création même, elle la fondra en une seule masse et l'affinera jusqu'à la purification. On ne verra plus alors globes jubilants des luminaires, nuit, aurore, ni jours emplis de tracas, ni printemps, ni été, ni hiver, ni automne. Et alors le Jugement du Grand Dieu surviendra au sein du Grand Siècle, lorsque tout cela sera accompli[74]. »

Le repli immédiat d'Antoine et Cléopâtre sur l'Égypte après Actium pouvait toutefois laisser espérer un retournement du rapport de force. La fuite de la flotte égyptienne à Actium avait préservé les forces navales ptolémaïques. Cléopâtre pouvait compter sur les ressources du royaume et sur les difficultés financières d'Octavien, qu'Antoine avait soulignées dans son discours d'Actium. Octavien passait de son côté l'hiver à Samos.

Le retour de Cléopâtre à Alexandrie fut fêté avec des chants de triomphe. La reine montrait ainsi son talent pour la mise en scène et la propagande. Elle s'assura de la fidélité des cercles de la cour en faisant exécuter ceux qui étaient soupçonnés de trahison, et en confisquant leurs biens. Des réquisitions visant tant les biens profanes que les biens sacrés et des taxes nouvelles devaient assurer la collecte d'un nouveau trésor pour mener la guerre[75]. L'audacieux plan stratégique de Cléopâtre semble avoir été sud-méditerranéen. Le contrôle du littoral de l'Égypte aux colonnes d'Hercule (détroit de Gibraltar) pouvait laisser penser à un espoir de reconquête par la remontée de l'Espagne vers l'Italie. Ce plan impliquait de tenir la Cyrénaïque avec les troupes d'Antoine débarquées en Cyrénaïque, à Paraitonion (aujourd'hui Marsa Matrouch, à 300 kilomètres à l'ouest d'Alexandrie) après Actium. La défection des quatre légions de Cyrénaïque ruinait ce projet, le commandant de ces troupes L. Pinarius Scarpus l'ayant trahi[76]. Scarpus refusa de recevoir Antoine, fit égorger ses

(*Isaïe*, 47, 8-9 ; *Apocalypse de Jean*, 18, 7). Si l'oracle ne concerne pas Cléopâtre, il pourrait alors s'agir de Rome.

74. *Oracula sibyllana,* 3, 75-92 (trad. Nikiprowetzky).

75. Dio Cass., 51, 3, 5.

76. Plut., *Ant.*, 69, 3 ; Dio Cass., 51, 5, 6.

émissaires, et élimina les soldats qui voulaient lui rester fidèles. D'après Plutarque[77], Antoine voulut alors se suicider, mais il en fut empêché par ses amis, qui l'escortèrent ensuite vers Alexandrie.

Antoine revint à Alexandrie, où il retrouva Cléopâtre. De l'automne 31 à l'été 30 av. J.-C., la période qui s'ouvrait restait celle d'une préparation à la guerre. Le plan stratégique de reconquête par l'Espagne fut cependant définitivement ruiné par l'échec de la tentative de rassemblement d'une flotte en mer Rouge, qui selon les conceptions géographiques alexandrines débouchait sur l'Océan extérieur, d'où il était possible d'atteindre les côtes de l'Espagne[78]. Les navires transférés sur la mer Rouge par roulage, et non par le canal construit par Ptolémée II, désormais ensablé (ou trop étroit), ainsi que ceux nouvellement construits dans les ports de la mer Rouge, furent incendiés par les Arabes nabatéens commandés par le roi Malichos de Pétra. Le roi qui avait perdu une partie de son royaume dans les donations d'Antioche avait de solides raisons de se venger de la reine. Il y fut encouragé par le gouverneur de Syrie, Quintus Didius[79].

Les contacts diplomatiques noués avec les autres puissances du Proche-Orient échouèrent. Hérode de Judée, constamment soutenu par Antoine, se rallia lui-même à Octavien. L'entrevue entre les deux hommes à Rhodes rapportée par Flavius Josèphe donnait un exemple éloquent de trahison politique[80]. Hérode le Grand ne cacha rien de son ancienne amitié et de son ancien dévouement pour Antoine, mais il ajoutait habilement : « Je suis venu à toi en mettant dans ma fidélité l'espérance de mon salut et en présumant qu'on voudrait savoir quel genre d'ami je fus et non de qui je le fus. » Didius bloqua en Syrie le renfort, modeste, que constituaient les gladiateurs de Cyzique qui traversèrent depuis ce port de Propontide (mer de Marmara), l'Asie Mineure, la Galatie, puis la Cilicie.

C'est dans ce contexte de prise de conscience de l'inéluctable défaite finale qu'il faut placer le récit de Plutarque sur l'amertume d'Antoine prenant « en défiance et en haine l'humanité entière ». Il entra alors en réclusion dans son palais du Timoneion à l'instar du misanthrope Timon, qui vécut jusqu'à sa mort, dans l'Athènes de Socrate, en repoussant toute

77. Plut., *Ant.*, 69, 3.
78. Sur la valeur du projet qu'il faut considérer comme réaliste, cf. Sartre 2018, p. 250-251.
79. Dio Cass., 51, 7, 1.
80. Joseph, *Bell. Iud.*, 1, 388-389.

relation avec les hommes. Sur son tombeau figurait cette inscription : « Ici je repose, l'âme brisée sous un lourd destin. Vous ne saurez pas mon nom. Puissiez-vous, misérables que vous êtes, périr misérablement[81] ! » Antoine quitta ensuite le Timoneion pour vivre à nouveau dans le palais de la reine. Plutarque le décrit totalement désabusé et sans espérances.

C'est le moment où le destin du couple bascula définitivement avec la prégnance du sentiment d'une mort volontaire prochaine. Ils fondèrent une nouvelle association, celle de « Ceux qui meurent ensemble » qui remplaçait celle de « la Vie inimitable »[82] : « Ils mirent fin eux-mêmes à la célèbre association de la Vie inimitable, et en fondèrent une autre, qui ne le cédait en rien à la précédente pour le luxe, la débauche et les délices, et qu'ils appelèrent celle de l'Attente de la mort en commun (Συναποθανουμένοι) ; leurs amis s'y inscrivirent comme devant mourir avec eux, et ils passaient gaiement leur temps en s'offrant des festins à tour de rôle. Cependant Cléopâtre rassemblait toute sorte de poisons mortels et, pour savoir lequel était le moins douloureux, elle les faisait prendre à des prisonniers condamnés à mort. » Il faut considérer la célèbre anecdote concernant les essais de poison comme inexacte, car la reine connaissait parfaitement les moyens d'en finir grâce aux connaissances médicales de son temps[83].

Dion Cassius fait état d'une double négociation menée par Antoine et Cléopâtre avec Octavien[84]. Cléopâtre lui aurait fait « à l'insu d'Antoine » don de son sceptre d'or, de sa couronne d'or, et de son trône d'or pour attirer sa « pitié », tout en lui promettant de l'or en abondance. Octavien lui aurait répondu que « si elle tuait Antoine, il lui accorderait l'impunité et lui laisserait son royaume intact ». Antoine, de son côté, lui aurait proposé sa propre vie pour sauver celle de Cléopâtre. Il lui livra par ailleurs Publius Turullius, un sénateur qui était l'un des meurtriers de César. Il fut exécuté à Kos.

Faute de réponse, Antoine envoya trois ambassades. La troisième fut conduite par son propre fils aîné, Antyllus, qui arriva à Rome « avec une grande quantité d'or ». Antyllus revint à Alexandrie sans avoir obtenu de réponse, mais l'or fut conservé par Octavien. Ce dernier aurait à l'inverse répondu à Cléopâtre par l'intermédiaire d'un

81. Plut., *Ant.*, 70, 7.
82. Plut., *Ant.*, 71, 3-5.
83. Cf. *infra* Chap. 6.3, *La science hellénistique des poisons.*
84. Dio Cass., 51, 6, 4-6 ; 51, 8, 1-6.

affranchi, Thyrsus, qu'un accord était possible, car il était amoureux d'elle. Si elle acceptait son amour et si elle faisait périr Antoine, elle vivrait et préserverait ses trésors. Avec ce récit Dion Cassius voulait montrer que par le refus de négocier avec Antoine, Octavien signifiait qu'il était exclusivement en guerre avec « l'Égyptienne », reine d'un royaume aux richesses considérables, une femme qu'il estimait sensible à tout discours de séduction.

D'après Plutarque[85], la dernière fête au palais de Cléopâtre se déroula le 14 janvier 30 pour célébrer les cinquante-trois ans d'Antoine. La reine organisa alors un banquet d'apparat en offrant aux invités des cadeaux splendides. L'éclat de l'événement contrastait avec la modestie avec laquelle elle venait de célébrer ses trente-neuf ans. L'un des objectifs était de dissiper tout soupçon d'un éventuel double jeu dans les négociations avec Octavien.

La ruine des derniers espoirs militaires d'Antoine et Cléopâtre

Le sort des armes enleva à Antoine ses derniers espoirs d'un renversement de situation. Les troupes octaviennes commandées par Caius Cornelius Gallus infligèrent une cuisante défaite à Antoine sur terre et sur mer à Paraitonion en juillet 30 av. J.-C. Antoine avait tenté de retourner ses anciens soldats intégrés à l'armée octavienne depuis la trahison de Scarpus, mais Gallus fit alors sonner les trompettes pour couvrir sa voix. Antoine regagna Alexandrie. Dans le même temps, Octavien attaquait depuis la Syrie et prenait Péluse, la porte orientale de l'Égypte.

Selon Dion Cassius, la ville fut livrée par Cléopâtre, soucieuse de donner des gages à Octavien[86]. Les derniers combats se déroulèrent devant Alexandrie. Le récit de Dion Cassius est sobre[87]. Antoine remporta d'abord une victoire avec sa cavalerie, mais son infanterie fut défaite. Cléopâtre fit alors passer ses vaisseaux à l'ennemi. Antoine se serait douté qu'elle le trahissait, mais son amour l'aurait aveuglé jusqu'au dernier moment. Plutarque donne beaucoup plus de détails[88]. Il rapporte qu'après la victoire de sa cavalerie, Antoine rentra au palais et embrassa en armes Cléopâtre, qui offrit au plus vaillant des soldats d'Antoine une cuirasse

85. Plut., *Ant.*, 73, 5.
86. Dio Cass., 51, 9, 5.
87. Dio Cass., 51, 10.
88. Plut., *Ant.*, 74, 4-76, 3.

et un casque d'or. Ce soldat déserta avec ces présents durant la nuit dans le camp d'Octavien. Antoine aurait alors voulu provoquer Octavien en combat singulier. Il refusa dans les mêmes termes qu'Antigone Gonatas à Pyrrhos lors de la bataille d'Argos en 272 av. J.-C. en lui disant qu'il disposait « de nombreux chemins pour aller à la mort, s'il n'avait pas le loisir de vivre ». Antoine aurait alors réfléchi à celui qu'il voulait suivre, en choisissant celui du combattant, en poursuivant l'affrontement sur terre et sur mer.

Selon Plutarque, le désastre militaire imminent fut annoncé durant la nuit par les signes prémonitoires émanant d'un cortège dionysiaque. La clameur des fidèles s'avançant en masse vers le centre de la cité se transforma en effet en silence en arrivant aux portes de la ville où se trouvait l'armée d'Octavien. L'interprétation qui en fut faite par les esprits superstitieux était que Dionysos avait abandonné Antoine. Plutarque ne manque pas de souligner qu'Antoine s'était toujours efforcé de « ressembler et de s'assimiler » à ce dieu[89]. De fait, au point du jour de ce 1er août 30 av. J.-C., Antoine pouvait contempler le ralliement des navires égyptiens à la flotte d'Octavien, subir ensuite la désertion de ses cavaliers, puis la défaite de son infanterie. Plutarque affirme qu'il aurait alors enfin compris la trahison de la reine. Force est d'admettre la réalité de ce renversement d'alliance. Leur destin se séparait. Antoine qui n'avait plus d'armée perdait tout pouvoir, alors que Cléopâtre pouvait espérer, en habile négociatrice, sauver son royaume en acceptant de devenir le client de Rome.

Cléopâtre ne pouvait en fait rien attendre d'Octavien. Le testament d'Antoine déposé à Rome auprès des Vestales avait concentré toutes les attaques contre « l'Égyptienne » qui avait placé Antoine sous son emprise[90]. Ce document avait été remis à Octavien par deux transfuges, Titius et Plancus, et lu, en 32, par Octavien devant le Sénat. Les dernières volontés d'Antoine quant au lieu de sa sépulture étaient une pièce majeure de cette lecture qui valait acte d'accusation. Plutarque fait figurer dans son récit les seules dispositions pour les funérailles : « César (= Octavien) insista surtout sur les dispositions relatives à la sépulture d'Antoine, qui ordonnait que, même s'il mourait à Rome, son corps après avoir été porté en cortège à travers le Forum, fût envoyé à Alexandrie auprès de Cléopâtre. » Mais il énumère ensuite les multiples griefs que lui adressait, par la bouche de Calvisius, le parti octavien dans sa relation avec la reine d'Égypte :

89. Plut., *Ant.*, 75, 6.
90. Plut., *Ant.*, 58, 8 ; Dio Cass., 50, 3, 5.

de ne pas tenir son rang de magistrat romain devant la reine d'un État étranger, de ne pas défendre les intérêts internationaux de Rome, de se laisser distraire dans ses missions.

Plutarque donne des exemples précis[91]. Il avait indûment fait don des deux cent mille volumes de la bibliothèque de Pergame à la bibliothèque du Musée d'Alexandrie. Il préférait lire ses « messages d'amour sur des tablettes d'onyx ou de cristal » plutôt que de siéger concentré dans les séances judiciaires consacrées à des tétrarques ou à des rois. Il lui était arrivé d'abandonner une audience en voyant passer Cléopâtre sur la place publique, pour la rejoindre, « accroché à sa litière ». Il est clair que Plutarque rapportait ici en partie ou en totalité de simples rumeurs. Le don des livres de la bibliothèque de Pergame apparaît ainsi comme une affabulation liée au pseudo-incendie de la bibliothèque du Musée en 48 av. J.-C. Les accusations mettant en cause son absence de *dignitas* comme triumvir relevaient des thèmes communs de la propagande octavienne. Dion Cassius mentionne également le vœu d'une sépulture commune, et donc l'éventualité de la disparition de la reine : « (Il) demandait à être enseveli à Alexandrie et au côté de Cléopâtre. » Cette clause fut interprétée comme le désir de se hisser à la hauteur d'Alexandre le Grand dont le tombeau se trouvait dans la ville.

La lecture de ce testament avait permis à Octavien d'obtenir du Sénat la déclaration de guerre contre Cléopâtre. Il montrait en effet combien le grand Antoine était désormais réduit au rang d'esclave d'une femme égyptienne, qu'il appelait « reine » et « maîtresse », et dont il acceptait toutes les volontés. Son pouvoir reposait sur son charme, mais aussi sur la pratique de la sorcellerie. Le dessein de la reine aurait été de s'emparer de Rome et de rendre la justice sur le Capitole. La relation d'amitié (*amicitia*) avec le peuple romain, qui impliquait dans la perspective romaine une relation de clientèle avec Rome, était donc inversée. Le maître n'était plus le Romain, mais l'Égyptienne[92]. Cela était insupportable à Octavien, au Sénat de Rome et à l'opinion publique romaine.

Les circonstances de la mort d'Antoine entendaient apporter une preuve supplémentaire de la domination de Cléopâtre. Pour Plutarque et Dion Cassius[93], le suicide d'Antoine fut provoqué par la reine qui lui fit annoncer faussement sa propre mort. Il s'agirait *in fine* d'un suicide par amour,

91. Plut., *Ant.*, 58, 9-11.

92. Heinen 2009, p. 299-333.

93. Plut., *Ant.*, 76, 4-5 ; Dio Cass., 51, 10, 6-7.

puisqu'il aurait perdu « le seul et dernier motif de tenir à la vie[94] ». Il aurait demandé à l'un de ses serviteurs, Éros (« Amour ») de le tuer, mais il préféra retourner l'épée contre lui-même. Le coup ne fut pas immédiatement fatal. Cléopâtre fit alors chercher le corps agonisant pour le porter au pied du tombeau. Aidée de deux servantes, sans doute Eiras et Kharmiôn qui mourront plus tard avec la reine, elle fit monter le corps à l'aide de cordes et de chaînes pour l'y introduire par une fenêtre : « Il n'y eut jamais de spectacle plus pitoyable, au dire de ceux qui en furent témoins. » Une fois hissé dans le tombeau, Antoine, allongé, perdait toujours son sang.

Dans une scène pathétique, Cléopâtre le recouvrit de ses propres vêtements qu'elle déchira, se frappa la poitrine en la meurtrissant de ses propres mains et essuya le sang d'Antoine avec son propre visage. Il demanda du vin, qui lui fut donné, soit pour étancher sa soif, soit pour hâter sa mort. Avant d'expirer dans les bras de Cléopâtre, il lui délivra un dernier conseil, se fier dans l'entourage d'Octavien au seul Gaius Proculeius. Mais ce chevalier romain était un fidèle serviteur d'Octavien, qui lui remit l'épée ensanglantée d'Antoine abandonnée dans le palais avant son transport vers le tombeau. Antoine se serait déclaré heureux d'avoir joui d'une vie où les biens lui furent donnés en abondance, d'avoir été « le plus illustre et le plus puissant des hommes », et de n'éprouver nulle honte à avoir été vaincu par un Romain. Octavien aurait pleuré en apprenant la nouvelle de sa mort : il avait été son beau-frère, son collègue et son allié dans tant d'affaires et de combats. Selon Suétone[95], il serait ensuite venu voir la dépouille de son rival.

Plutarque et Dion Cassius suivent ici la tradition née de la propagande octavienne, qui affirmait que Cléopâtre manipulait totalement Antoine dans sa vie et finalement également dans sa mort. Antoine mourait pour une étrangère, et non pour Rome. Or il est bien plus vraisemblable de considérer qu'Antoine se conformait en fait à l'éthique romaine qui exigeait le suicide pour le général vaincu. Antoine adhérait au principe de la mort volontaire à la romaine dans un contexte militaire. Son attitude face au suicide de Brutus vaincu lors de la bataille de Philippes (Macédoine) en octobre 42 av. J.-C. en apportait une preuve. Il montra en effet le plus grand respect envers le corps de Brutus qu'il recouvrit de son propre manteau de pourpre et dont il organisa les funérailles. Durant la retraite de la campagne parthique, en 36 av. J.-C., il demanda à l'un

94. Plut., *Ant.*, 76, 5.
95. Suet., *Div. Aug.*, 17, 5.

de ses affranchis, Rhamnus, de lui « jurer que, lorsqu'il lui en donnerait l'ordre, il lui passerait son épée au travers du corps et lui couperait la tête, afin de n'être pas pris vivant par les ennemis ni reconnu après sa mort[96] ». La demande faite à un tiers de porter l'épée contre celui qui veut mourir s'expliquait par la difficulté de se tuer soi-même. Antoine se blessa de fait mortellement, mais agonisa durant de nombreuses heures. Le suicide en soldat d'Antoine fit l'admiration de Velleius Paterculus (20/19 av. J.-C.-30 apr. J.-C.) qui écrivait pourtant son *Histoire romaine* à une époque où la propagande octavienne était dans tous les esprits[97]. Pour cet historien, cette mort rachetait sa vie.

La reine reprit immédiatement les tentatives de négociation avec Proculeius qui demeurait posté devant le mausolée dont la porte restait close[98]. Son rôle était de veiller à ce que la reine restât en vie. Il entendit sa demande de préserver la royauté pour ses enfants, et la transmit à Octavien. Il fut relayé par un autre proche d'Octavien, Caius Cornelius Gallus, qui poursuivit le dialogue à travers la même porte fermée. Pendant ce temps-là, Proculeius réussissait à placer une échelle contre le mur du tombeau et à pénétrer avec deux hommes par la fenêtre. Le voyant, Cléopâtre tenta de se suicider avec une dague qu'elle portait sur elle. Elle en fut empêchée, et fut placée désormais sous la surveillance d'un affranchi, Épaphroditos. Sa mission était de la garder vivante, et de lui ménager la vie « la plus facile et la plus agréable ».

Octavien l'autorisa à rendre les honneurs funéraires à Antoine. Le corps fut embaumé avec une magnificence royale. Plutarque mentionne alors son chagrin de l'avoir perdu et la douleur physique née des plaies provoquées par les blessures à la poitrine qu'elle s'était faites lors de l'agonie d'Antoine[99]. Elle fut alors prise de fièvre, tenta de se laisser mourir de faim, mais accepta de se réalimenter sur le conseil de son médecin qui l'incita à trouver une autre solution (le cobra). Octavien l'avait aussi incitée à arrêter cette grève de la faim, car elle aurait, si elle persistait, tout à craindre pour ses enfants. C'est dans ce contexte dramatique qu'eut lieu la dernière rencontre entre la reine et le vainqueur d'Actium.

96. Plut., *Ant.*, 48, 5.
97. Vell. Pat., 2, 87, 2.
98. Plut., *Ant.*, 78, 1-6.
99. Plut., *Ant.*, 82, 1.

Les derniers jours de Cléopâtre

Les derniers jours de la reine sont présentés d'une manière lapidaire par l'historien latin Florus qui écrivait sous Hadrien : « César (= Octavien) les tenait entre ses mains. Le premier, Antoine, se jeta sur son épée ; la reine, prosternée aux pieds de César, essaya d'attirer les regards du vainqueur. Mais en vain : sa beauté (*pulchritudo*) ne vainquit pas la chasteté (*pudicitia*) du prince[100]. » Le thème développé était donc celui de la séductrice. Cléopâtre qui avait séduit Jules César à vingt et un ans, Antoine à vingt-quatre ans, aurait pu espérer conquérir Octavien à trente-neuf ans. Les récits de Plutarque et de Dion Cassius donnent une vue plus détaillée de ces moments, qui sont des pièces essentielles du « roman de Cléopâtre », qui s'achève par un suicide mis en scène de manière théâtralisée, mais dont la réalité des faits demeure une série d'interrogations pour l'historien.

Plutarque et Dion Cassius présentent un récit différent de cette entrevue dans le palais alexandrin de la reine[101]. La discordance doit s'expliquer par leurs sources. Plutarque a probablement utilisé les mémoires d'Olympos, le médecin particulier de Cléopâtre, alors que Dion Cassius a sans doute recréé la scène en s'inspirant d'une tragédie latine, la *Phèdre* de Sénèque[102]. Dion Cassius a aussi utilisé Tite-Live, dont l'œuvre perdue était très influencée par la propagande octavienne. L'abrégé du Livre 133 de Tite-Live qui rapportait les faits survenus après Actium ne mentionnait pas l'entrevue.

Voici tout d'abord le récit de Plutarque :

> « César (= Octavien) laissa passer quelques jours, et vint ensuite lui-même pour s'entretenir avec elle et la consoler. Il la trouva misérablement couchée sur un grabat. À son entrée, elle bondit, vêtue d'une simple tunique, et se jeta à ses pieds, la tête et le visage affreusement flétris, la voix tremblante et les yeux battus. On voyait sur sa poitrine les marques des nombreux coups qu'elle s'était donnés. En un mot, son corps paraissait en aussi mauvais état que son âme. Cependant le charme fameux dont elle était douée et l'orgueil que lui inspirait sa beauté n'étaient pas entièrement éteints, et, même dans l'abattement où elle se trouvait, ils jaillissaient encore de l'intérieur et

100. Flor., 2, 21, 9.
101. Plut., *Ant.*, 83 ; Dio Cass., 51, 12.
102. Galland-Freyburger 1987.

apparaissaient dans les mouvements de son visage. César l'ayant invitée à s'étendre à nouveau et s'étant assis près d'elle, elle entreprit de se justifier, en rejetant tout ce qu'elle avait fait sur la fatalité et sur la crainte qu'elle avait d'Antoine. Mais comme César contestait et réfutait chacun de ses arguments, elle changea vite d'attitude et eut recours à la pitié et à la prière, comme si elle était une femme très attachée à la vie. Finalement elle lui remit un inventaire de l'ensemble de ses richesses. Comme Séleukos, un de ses intendants, lui reprochait de cacher et de détourner certains objets, elle se dressa soudain, le saisit par les cheveux et lui porta plusieurs coups au visage. César se mettant à sourire et cherchant à la calmer : "N'est-il pas horrible, dit-elle, César, alors que tu as daigné venir chez moi et me parler dans la triste situation où je me trouve, que mes esclaves m'accusent d'avoir mis de côté quelques bijoux de femme, non pas certes pour s'en parer, malheureuse que je suis, mais pour faire quelques légers présents à Octavie et à ta Livie, afin de te trouver, grâce à elles, clément et plus doux à mon égard ?" Ces paroles réjouirent César, qui crut qu'elle tenait tout à fait à la vie. Aussi lui dit-il qu'il lui abandonnait ces bijoux et que, pour le reste, elle serait traitée par lui de façon brillante et supérieure à tout espoir. Puis il se retira, persuadé qu'il l'avait trompée, alors qu'il s'était bien plutôt laissé tromper par elle[103]. »

Pour Plutarque, l'entrevue se déroula en présence d'un « intendant », un esclave nommé Séleukos, chargé de son patrimoine. Octavien serait à

103. Plut., *Ant.*, 83 : Ἧκε δὲ καὶ αὐτὸς ἡμέρας ὀλίγας διαλιπὼν ἐντευξόμενος αὐτῇ καὶ παρηγορήσων. Ἡ δὲ ἔτυχε μὲν ἐν στιβάδι κατακειμένη ταπεινῶς, εἰσιόντι δ' αὐτῷ μονοχίτων ἀναπηδήσασα προσπίπτει, δεινῶς μὲν ἐξηγριωμένη κεφαλὴν καὶ πρόσωπον, ὑπότρομος δὲ τῇ φωνῇ καὶ συντετηκυῖα ταῖς ὄψεσιν. Ἦν δὲ πολλὰ καὶ τῆς περὶ τὸ στέρνον αἰκίας καταφανῆ· καὶ ὅλως οὐθὲν ἐδόκει τὸ σῶμα τῆς ψυχῆς ἔχειν βέλτιον. Ἡ μέντοι χάρις ἐκείνη καὶ τὸ τῆς ὥρας ἰταμὸν οὐ κατέσβεστο παντάπασιν, ἀλλὰ καίπερ οὕτως διακειμένης ἔνδοθέν ποθεν ἐξέλαμπε καὶ συνεπεφαίνετο τοῖς κινήμασι τοῦ προσώπου. Κελεύσαντος δὲ τοῦ Καίσαρος αὐτὴν κατακλιθῆναι καὶ πλησίον αὐτοῦ καθίσαντος, ἥψατο μέν τινος δικαιολογίας εἰς ἀνάγκην καὶ φόβον Ἀντωνίου τὰ πεπραγμένα τρεπούσα, ἐνισταμένου δὲ πρὸς ἕκαστον αὐτῇ τοῦ Καίσαρος ἐξελεγχομένη ταχὺ πρὸς οἶκτον μεθηρμόσατο καὶ δέησιν, ὡς δή τις ἂν μάλιστα τοῦ ζῆν περιεχομένη. Τέλος δὲ τοῦ πλήθους τῶν χρημάτων ἀναγραφὴν ἔχουσα προσέδωκεν αὐτῷ. Σελεύκου δέ τινος τῶν ἐπιτρόπων ἐλέγχοντος ὡς ἔνια κρύπτουσαν καὶ διακλέπτουσαν, ἀναπηδήσασα καὶ τῶν τριχῶν αὐτοῦ λαβομένη πολλὰς ἐνεφόρει τῷ προσώπῳ πληγάς. Τοῦ δὲ Καίσαρος μειδιῶντος καὶ καταπαύοντος αὐτήν, 'ἀλλ' οὐ δεινόν,' εἶπεν, 'ὦ Καῖσαρ, εἰ σὺ μὲν ἠξίωσας ἀφικέσθαι πρὸς ἐμὲ καὶ προσειπεῖν οὕτω πράττουσαν, οἱ δὲ δοῦλοί μου κατηγοροῦσιν, εἴ τι τῶν γυναικείων ἀπεθέμην, οὐκ ἐμαυτῇ δήπουθεν, ἡ τάλαινα, κόσμον, ἀλλ' ὅπως Ὀκταουίᾳ καὶ Λιβίᾳ τῇ σῇ μικρὰ δοῦσα δι' ἐκείνων ἵλεώ σου τύχοιμι καὶ πραοτέρου;' Τούτοις ὁ Καῖσαρ ἥδετο, παντάπασιν αὐτὴν φιλοψυχεῖν οἰόμενος. Εἰπὼν οὖν ὅτι καὶ ταῦτα ἐπιτρέπει καὶ τἆλλα πάσης ἐλπίδος αὐτῇ χρήσεται λαμπρότερον, ᾤχετο ἀπιών, ἐξηπατηκέναι μὲν οἰόμενος, ἐξηπατημένος δὲ μᾶλλον.

l'origine de la rencontre. Il la trouva déprimée et affaiblie, misérablement allongée sur une paillasse. Elle se leva d'un bond à son arrivée pour se jeter à ses pieds. Son corps et son visage portaient les marques de l'abandon et du désespoir : sa tête et son visage étaient ravagés, sa voix était tremblante et ses yeux battus. Elle était vêtue d'une simple tunique. Son corps portait la trace de coups, qu'elle s'est elle-même donnés, sans précision quant aux parties meurtries. Mais son énergie n'était pas encore totalement ruinée : son charme (χάρις) et la fierté que lui donnait sa beauté ne s'étaient pas éteints, et animaient encore son visage, d'où la possibilité d'induire en erreur Octavien, qui voulait avant tout s'assurer de sa volonté de vivre. Il lui demanda alors de se recoucher, et il s'assit près d'elle. Le texte ne dit pas s'il s'installa sur son lit, ou sur une chaise ou un fauteuil près d'elle. Elle entreprit alors d'expliquer son attitude hostile à Octavien par la crainte qu'elle aurait eu d'Antoine. Une discussion vive s'engagea, où il réfuta tous ses arguments.

L'entrevue changea alors de tonalité, Cléopâtre comprenant qu'elle n'arriverait pas à le convaincre. Son souci fut alors uniquement de faire croire à Octavien qu'elle tenait à la vie, et qu'elle était prête à la monnayer. Elle fit appel à sa pitié et fit miroiter la perspective du cadeau de somptueux bijoux à Octavie et à Livie. Elle lui remit aussi une liste de ses richesses personnelles, ce qui était une manière de montrer sa soumission au vainqueur, maître des richesses du vaincu selon les lois de la guerre antique. Cette liste comportait peut-être seulement les biens propres de la reine, qui sont bien attestés pour les reines ptolémaïques[104]. Cette seconde partie de l'entretien fut marquée par un spectaculaire incident qui donne l'occasion à Plutarque de faire entendre les propres mots de la reine. Séleukos, présenté comme un traître, l'aurait accusée de dissimuler des objets dans la liste de ses richesses. Cette remarquable construction plutarquéenne, qui fait apparaître deux temps dans l'attitude de Cléopâtre, révélait un personnage héroïque, selon les canons de la pensée grecque, par sa capacité à rester digne et maître de soi dans l'adversité.

Dion Cassius présente une version où la reine apparaît également maîtresse d'elle-même. C'est elle qui aurait sollicité l'entrevue afin de tenter de s'attirer la clémence d'Octavien. Elle portait des vêtements de deuil, mais avec sensualité et une feinte négligence. Elle était assise sur un lit somptueux. La pièce où elle le recevait était

104. Cf. Criscuolo 2016.

ornée de bustes et de portraits du père adoptif d'Octavien, Jules César. Elle tenait à portée de main les lettres que celui-ci lui avait envoyées, soit pour les montrer, soit pour les lire, et affirmait qu'Octavien était le successeur de César, et qu'il pouvait l'être en tout, en particulier comme amant :

> « Tantôt elle pleurait et baisait tendrement les lettres, tantôt elle tombait et se prosternait devant les portraits. Elle tournait les yeux vers Octavien, se lamentait sur un ton mélodieux et s'exprimait d'une voix brisée en s'écriant aussitôt : "À quoi me servent César (Jules César), ces lettres de toi ?", tantôt "Mais tu revis pour moi dans l'homme que voici !", ensuite encore : "Si seulement je t'avais précédé dans la mort ?" ; et de nouveau : "Mais avec l'homme que voici, c'est toi que j'ai !". C'est une telle variété de propos et d'attitudes qu'elle utilisait en adressant à Octavien des œillades tendres et des paroles caressantes[105]. »

Son attitude répondait plus à l'image de l'habile femme d'État que de l'héroïne grecque. Les mots rassurants prononcés à la fin de l'entretien par Octavien montraient cependant l'échec de l'entreprise de séduction. Sans la regarder, il dit en effet : « Aie confiance, femme, il ne t'arrivera rien de mal. » L'apostrophe « femme », en dehors de tout protocole diplomatique, révélait les intentions du vainqueur, qui ne voyait plus en elle la souveraine du pays. L'appel à son courage exprimait en fait la véritable intention d'Octavien : la faire figurer vivante dans son triomphe à Rome. De fait Dion Cassius conclut la scène en soulignant trois points, qu'Octavien ne l'avait même pas regardée, qu'il n'avait pas parlé de sa royauté, et qu'il n'avait pas prononcé le mot « amour ». D'où cette ultime apostrophe à laquelle Octavien ne répondit pas :

> « César, je ne veux ni ne peux plus vivre, mais je te demande cette grâce, en mémoire de ton père : puisque le destin m'a donnée à Antoine, après avoir été à lui, que je meure aussi avec Antoine. Ah ! si seulement j'avais péri aussitôt après César ! Puisqu'il était écrit dans ma destinée que je subisse encore cette épreuve, envoie-moi auprès d'Antoine et ne me refuse pas

105. Dio Cass., 51, 12, 4-5 : Τά τε βλέφαρα ἐς τὸν Καίσαρα ἐπενέκλα, καὶ ἐμμελῶς ἀνωλοφύρετο, θρυπτικόν τέ τι προσεφθέγγετο, ἄλλοτε μὲν λέγουσα « ποῦ μοι, Καῖσαρ, ταῦτά σου τὰ γράμματα » ἄλλοτε δὲ ὅτι « ἀλλ' ἐν τούτῳ καὶ σύ μοι ζῇς », εἶτα αὖθις « εἴθε σου προετεθνήκειν », καὶ μάλα αὖθις « ἀλλὰ καὶ τοῦτον ἔχουσα σὲ ἔχω ». Τοιαύτῃ τινὶ ποικιλίᾳ καὶ τῶν ῥημάτων καὶ τῶν σχημάτων ἐχρῆτο, μελιχρὰ ἄττα καὶ προσβλέπουσα αὐτῷ καὶ λαλοῦσα (trad. Freyburger et Roddaz, CUF, légèrement modifiée).

d'être ensevelie à son côté, afin que, mourant à cause de lui, je demeure avec lui chez Hadès[106]. »

L'entretien rapporté par Dion Cassius pourrait être un montage. La première partie, où Cléopâtre déployait ses talents de séductrice, serait inspirée de Tite-Live, l'insistance sur la filiation adoptive d'Octavien s'exprimant par l'installation de portraits de César et par la production de lettres de son amant. L'impassibilité d'Octavien convenait bien à l'image d'homme d'État qu'il présente dans son œuvre. La seconde partie pourrait être une imitation des vers 646-671 de la *Phèdre* de Sénèque. L'intérêt de cette imitation était d'assimiler Octavien au vertueux et chaste Hippolyte et Cléopâtre à Phèdre, symbole de la femme amoureuse. Elle serait un moyen pour Dion Cassius de captiver le lecteur lettré, qui comprendrait implicitement le rapprochement, l'inceste potentiel naissant ici de la filiation entre César et Octavien.

La réputation de séducteur d'Octavien rendait cette scène vraisemblable. Le fait était connu à Rome. Des anecdotes plus ou moins scandaleuses circulaient sur ses mœurs dissolues. Suétone dit les choses ainsi[107] : « Quant aux plaisirs, il y fut toujours attaché, et plus tard même, dit-on, sa passion fut de déflorer des jeunes filles, que sa femme elle-même faisait venir de partout. » Lorsqu'il répudia, en 39 av. J.-C., Scribonia avant d'épouser la jeune et belle Livie, l'épouse chassée se répandit dans la Ville pour dénoncer le fait qu'un homme sans mœurs puisse occuper une place de premier plan dans la vie politique romaine. Antoine, son beau-frère, rapportait alors qu'il se procurait des femmes grâce à ses amis « qui faisaient dévêtir, pour les examiner, des mères de famille et des jeunes filles adultes, prétendument mises en vente par le marchand d'esclaves Toranius ». Il aurait aussi humilié un hôte de marque, un ancien consul, en entraînant lors d'une invitation à dîner l'épouse vers la chambre à coucher, et en revenant avec elle, les oreilles rougies et la chevelure défaite[108]. Octavien-Auguste aurait justifié ces adultères par la nécessité de questionner les femmes de ses adversaires.

106. Dio Cass., 51, 12, 6-7 : Καῖσαρ, οὔτε ἐθέλω οὔτε δύναμαι˙ ταύτην δέ σε τὴν χάριν ἐς τὴν τοῦ πατρὸς μνήμην αἰτῶ, ἵν' ἐπειδή με Ἀντωνίῳ μετ' ἐκεῖνον ὁ δαίμων παρέδωκε, μετ' αὐτοῦ καὶ ἀποθάνω. Εἴθε μὲν γὰρ ἀπωλώλειν εὐθὺς τότε μετὰ τὸν Καίσαρα˙ ἐπεὶ δέ μοι καὶ τοῦτο παθεῖν ἐπέπρωτο, πέμψον με πρὸς Ἀντώνιον, μηδέ μοι τῆς σὺν αὐτῷ ταφῆς φθονήσῃς, ἵν' ὥσπερ δι' ἐκεῖνον ἀποθνήσκω, οὕτω καὶ ἐν Ἅιδου αὐτῷ συνοικήσω.

107. Suet., *Div. Aug.*, 71, 2.

108. Suet., *Div. Aug.*, 69, 2.

Il s'agirait donc de politique, et non de libertinage. Des bruits circulaient aussi sur sa bisexualité.

Les récits de Plutarque et de Dion Cassius se rejoignent ensuite pour considérer que Cléopâtre avait compris les desseins d'Octavien envers elle et envers ses enfants. Son souci était désormais de se ménager la liberté de mouvement qui allait lui permettre de se suicider. Le palais était devenu pour elle une véritable prison gardée par des soldats à la solde d'Octavien. Plutarque fait enfin intervenir un jeune Romain, Cornelius Dolabella, issu d'une famille illustre, son père étant le gendre de Cicéron, ancien tribun de la plèbe et ancien consul[109]. Il est présenté comme un ami d'Octavien ayant de la sympathie pour la reine. Il aurait trahi la confiance d'Octavien en la faisant avertir en secret de son intention de lui faire quitter sous trois jours Alexandrie pour l'Italie avec ses trois enfants. L'épisode a pu être interprété comme une ruse d'Octavien qui aurait voulu précipiter la mort de la reine en utilisant Dolabella, en réalité son complice.

Désormais certaine de l'imminence de son transfert vers Rome, il ne lui restait plus qu'à hâter sa mort. Elle demanda alors à Octavien l'autorisation de se rendre sur le tombeau d'Antoine pour lui offrir des libations. Plutarque conserve les paroles qu'elle aurait prononcées prosternée devant le monument funéraire en présence de ses deux servantes, Eiras et Kharmiôn[110]. Cette prière était un testament politique et amoureux, où elle exprimait sa fidélité envers Antoine et sa déception devant la trahison des dieux de son royaume. Elle s'y disait prisonnière de gardes présents pour l'empêcher de meurtrir par ses coups son corps « désormais esclave ». Cet adieu à Antoine pourrait être aussi une ruse de Cléopâtre pour sortir du palais et chercher à échapper à la vigilance de ses gardiens.

Plutarque et Dion Cassius présentent ensuite le récit de son suicide en s'interrogeant sur son déroulement exact. Les deux servantes, seuls témoins de la mort de la reine, se suicidèrent aussi : Eiras expirait aux pieds de Cléopâtre quand les hommes d'Octavien découvrirent la reine, Kharmiôn étant alors chancelante. Octavien lui fit des obsèques royales et fit placer son corps embaumé à côté de celui d'Antoine. Les deux servantes bénéficièrent également de funérailles « honorables ».

Les quatre enfants de la reine connurent des destins très différents. Césarion fut mis à mort. Il représentait un danger ayant toujours été présenté par Cléopâtre comme le fils de César. Octavien scella son destin en

109. Plut., *Ant.*, 84, 1-3.
110. Plut., *Ant.*, 84, 4-7.

acceptant le conseil formulé par le philosophe alexandrin Areios qui avait été son maître : « Il n'est pas bon qu'il y ait plusieurs Césars[111]. » Cléopâtre avait cependant recherché son salut en le faisant partir pour l'Inde à travers l'Éthiopie, avec de grandes richesses[112]. Il aurait été victime d'une trahison, l'un de ses précepteurs, Rhodon, l'ayant convaincu de revenir à Alexandrie, sous le prétexte qu'Octavien voulait le faire régner[113]. Dion Cassius se contente d'écrire qu'il fut tué « alors qu'il fuyait vers l'Éthiopie[114] ».

Antyllus, le fils aîné d'Antoine, qu'il avait eu de Fulvie, fut également éliminé. Il avait revêtu la toge virile au même moment que Césarion. Dion Cassius explique sa mort par le jugement porté sur eux par Octavien : « Il n'épargna aucun des deux, considérant qu'ils étaient des hommes et avaient quelque autorité[115]. » Il aurait été trahi par son précepteur Théodôros, et décapité. Le refuge qu'il trouva dans un sanctuaire d'Alexandrie près d'une statue de Jules César ne put le protéger. Antyllus était pourtant depuis les accords de Tarente, en 37 av. J.-C., le fiancé de la propre fille d'Octavien, Julie.

Cléopâtre (VIII) *Sélénè* survécut. Elle fut élevée à la cour impériale, et mariée en 19 av. J.-C. au roi de Maurétanie, Juba II[116]. Elle y développa une activité culturelle et artistique faisant de leur capitale, Césarée (aujourd'hui Cherchell en Algérie), une petite Alexandrie. Le sort d'Alexandre *Hélios* et de Ptolémée Philadelphe est inconnu. Tout au plus sait-on qu'ils avaient figuré, comme leur sœur, dans le triomphe d'Octavien à Rome, en août 29.

6.3 La mise en scène d'un suicide

Des sources littéraires antiques contradictoires

Les historiens modernes se sont interrogés à la fois sur les circonstances de la mort et sur le mobile de Cléopâtre. Les certitudes manquent et les historiens doivent se contenter d'hypothèses[117]. Deux livres de

111. Plut., *Ant.*, 81, 5.
112. Plut., *Ant.*, 81, 4.
113. Plut., *Ant.*, 81, 4 ; Suet., *Div. Aug.*, 17, 11.
114. Dio Cass., 51, 15, 5-6.
115. Dio Cass. 51, 6, 2.
116. Coltelloni-Trannoy 1997, p. 36 ; Roller 2003, p. 76-90 ; Roller 2018, p. 27-48.
117. Cf. Legras 2015a. Les articles les plus importants sont Viaud Grand Marais 1887 ; Spiegelberg 1925 ; Sbordone 1930 ; Skeat 1953 ; Levi 1954 ; Griffiths 1961.

synthèse sur l'histoire de l'Égypte ptolémaïque constatent ainsi l'absence de tout témoignage apportant les preuves sur lesquelles repose toute enquête scientifique. Auguste Bouché-Leclercq écrivait en 1904, avec prudence : « Que s'était-il passé, on ne le sut jamais au juste. Sur le corps de la reine, on ne vit aucune tache, aucune trace de poison : tout au plus crut-on remarquer à un bras, au dire de certains, de légères piqûres, et l'on supposa qu'elles avaient été faites avec une aiguille empoisonnée ou par la morsure d'un serpent », et d'ajouter en historien critique : « Enfin, bien qu'aucun témoin de la scène tragique n'eût survécu, on la restituait avec des détails circonstanciés[118]. » Pour Werner Huß, presque un siècle plus tard, en 2001, les circonstances de cette mort ne peuvent être expliquées que par une hypothèse vraisemblable « à savoir un suicide provoqué par l'absorption ou une piqûre de poison mortel, et non – ajoute-t-il – par la morsure d'un ou de deux cobras[119] ». Aucune source antique fiable ne permet de trancher définitivement en faveur de telle ou telle solution.

Les sources littéraires antiques se répartissent en deux groupes pour les circonstances de la mort de la reine. Les unes présentent une alternative à l'énigme de la mort (poison ou morsure du serpent), les autres n'offrent qu'une version, celle de la morsure par le serpent. Le récit le plus ancien concernant les modalités de sa mort est dû à Strabon qui mentionnait la circulation de deux traditions, la morsure d'un aspic ou l'utilisation d'un onguent empoisonné[120]. Il ajoutait que la reine « se fit secrètement mourir » ce qui pouvait expliquer la difficulté de trancher la question. Il reste aussi à interpréter le choix de cette mort, et à se poser la question de la véracité de ces traditions valorisées par les arts et les lettres depuis plus de deux millénaires.

La première tradition considère que la reine mourut mordue au bras par un aspic caché dans une corbeille de figues sous des feuilles ou au fond d'un vase. Dans le premier cas, l'animal mordait à l'improviste ; dans le second cas, la reine devait l'exciter avec un fuseau d'or afin de l'irriter et le pousser à mordre. La seconde tradition estime qu'elle mourut du poison renfermé dans une aiguille creuse fixée dans ses cheveux. Cette mort serait alors causée par un poison mortel issu d'une manipulation relevant de la science des empoisonnements.

118. Bouché-Leclercq 1903-1907, t. II, p. 340 et p. 342.
119. Huß 2001, p. 748.
120. Strab., 17, 1, 10.

Plutarque n'exprimait pas de préférence tranchée pour l'une ou l'autre tradition, mais il soulignait que les deux légères piqûres observées par certains sur le bras de la reine valorisaient l'hypothèse de l'aspic[121]. Cette version a été favorisée par le spectacle qu'Octavien donna aux Romains, lors de son triomphe en 29 av. J.-C., en présentant dans le cortège une statue de Cléopâtre dont le bras était entouré d'un aspic. La statue portait peut-être un bracelet aspidiforme, un bijou féminin bien connu dans l'Égypte ptolémaïque. Dion Cassius s'en tenait également à deux versions[122]. Il présentait brièvement la première version plutarquéenne en plaçant l'aspic dans un vase à eau ou dans une corbeille de fleurs, mais développait plus longuement la seconde en affirmant que c'est ainsi qu'elle mourut ou « d'une tout à fait voisine ». Il donnait des détails qui permettent de comprendre que le poison était sur l'aiguille et qu'il pénétra dans son sang grâce à une piqûre dans son bras. Zonaras, un chroniqueur byzantin du XIIe siècle, reprenait sur ce point le récit de Dion Cassius[123]. Le silence de Tite-Live, qui écrivait sans expliciter qu'elle « se donna la mort », pourrait s'expliquer par son impossibilité de choisir entre ces deux types de mort[124]. Suétone suivi par Orose ne mentionnait que la seule version de la morsure par le serpent[125]. Virgile parlait, lui, dans l'*Énéide*, de deux serpents[126], de même que Properce quand il évoquait dans ses *Élégies* « les bras mordus par les serpents sacrés (et) les membres secrètement envahis par la torpeur et le sommeil[127] ».

La science hellénistique des poisons

Cette mise en scène de la mort de Cléopâtre était rendue possible par le développement des sciences toxicologiques durant l'époque hellénistique. Deux noms émergent, ceux de Nicandre de Colophon et de Mithridate VI. Nicandre, un médecin poète, avait composé, sans doute à la cour d'Attale III de Pergame (vers 170-133 av. J.-C.), deux poèmes traitant l'un des envenimements (*Thériaques*), l'autre des empoisonnements (*Alexipharmaques*). Ces deux ouvrages traitaient l'un des bêtes

121. Plut., *Ant.*, 86, 5.
122. Dio Cass., 51, 14, 1-6.
123. Zonaras, *Ann.*, 2, p. 405 (Pinder).
124. T. Liv, *Per.*, 133.
125. Suet., *Div. Aug.*, 17,4 ; Oros., 6, 19, 18.
126. Virg., *Aen.*, 8, 697.
127. Prop., *Eleg.*, 3, 11 53-54.

venimeuses, l'autre des substances vénéneuses. L'intérêt de Nicandre pour les venimeux devait venir de sa famille, où la charge de prêtre d'Apollon à Claros (Ionie) se transmettait de génération en génération. L'Apollon clarien protégeait en effet ses fidèles, comme Artémis, sa sœur, dans le sanctuaire voisin d'Éphèse, contre trois grands types de venimeux : les serpents, les araignées-phalanges et les scorpions. Le roi du Pont Mithridate VI le Grand (120-63 av. J.-C.) élabora un contre-poison, le *Mithridateion*, qui lui permit de s'immuniser en absorbant jour après jour des doses de plus en plus fortes. Ce contrepoison à base de plantes permettait de combattre les venins de la tarentule, du scorpion ou de la vipère. L'efficacité de cette mithridatisation fut telle que Mithridate dut recourir à l'épée pour échapper à son vainqueur Pompée. Rien ne nous reste de ses écrits, que Pompée emporta à Rome et qui furent traduits en latin par l'un de ses affranchis, un certain Lenaeus. Le médecin Galien de Pergame (IIe siècle apr. J.-C.) citait dans le chapitre 8 de la *Thériaque à Pison* les noms d'animaux dont le venin est plus efficace et foudroyant que celui de la vipère[128]. Il illustrait ce propos en affirmant que le poison absorbé par Cléopâtre était composé à partir de plusieurs reptiles. Galien insistait sur la décence de la mort de Cléopâtre, qui était pour lui comparable à celle de la Polyxène d'Hécube chez Euripide.

Les Grecs et les Égyptiens avaient de fait développé un important savoir scientifique sur les serpents. L'ophiologie égyptienne est en particulier illustrée par un papyrus conservant un manuel de recettes magico-médicales pour soigner les morsures de serpents (et les piqûres de scorpions)[129]. L'auteur présentait à cette occasion une quarantaine de reptiles venimeux, afin de déterminer pour chaque animal l'antidote le plus adapté. Les plus dangereux étaient les cobras et le céraste (la vipère à cornes). Le serpent de Cléopâtre serait un cobra égyptien, dont trois sortes sont connues : le naja *Hajé*, le naja *ptuas* et le naja *chelidonia*[130].

L'usage du poison était en effet répandu dans toutes les cours hellénistiques[131]. Lysimaque, roi de Thrace et de Macédoine, tenta en vain d'empoisonner son fils aîné Agathocle, au début du IIIe siècle av. J.-C. Antiochos III fit disparaître son successeur en 192 av. J.-C. Antiochos VIII Épiphane

128. Gal.,14, p. 233 (Kühn). Cf. Baudon 2002, p. 52.
129. *P. Brooklyn Museum* n° 47.218.48 et 85 (Sauneron 1989).
130. Cf. Bodson 1986.
131. Cf. Collard 2007, p. 35-46.

contraignit en 121 av. J.-C. sa mère Cléopâtre *Théa* à prendre le poison qu'elle lui destinait, mais elle avait réussi à éliminer auparavant un autre fils, Séleucos V. Laodice élimina par le venin son frère époux Antiochos II en 246 av. J.-C., à Éphèse. Ptolémée V Épiphane (203-181 av. J.-C.) fit boire la ciguë à Aristoménès, un conseiller tombé en disgrâce. Les médecins spécialistes des venins, les *thériakoi*, étaient présents auprès des rois. Aristogénès de Cnide était actif auprès d'Antigone Gonatas (276-240 av. J.-C.), Apollophane de Séleucie auprès d'Antiochos III (223-187 av. J.-C.). Leur compétence professionnelle en faisait de remarquables empoisonneurs, maîtres de la vie et de la mort[132] ! Des médecins pratiquaient leur art à Alexandrie auprès des rois, ainsi Andréas auprès de Ptolémée IV *Philopatôr* (221-204 av. J.-C.) ou Zopyros, qui aurait composé, vers 100 av. J.-C., sans doute pour Ptolémée XII Aulète, un contrepoison appelé « ambroisie ». L'Alexandrin Dioscoridès (surnommé Phakas) et Olympos appartenaient au cercle le plus proche de la reine[133].

La publication d'une biographie de Cléopâtre par Christoph Schäfer en 2006 a donné un nouvel élan aux recherches sur la mort de la reine[134]. Cet historien allemand s'est associé avec un professeur de médecine légale, Dietrich Debs[135]. Pour cet expert, la mort par le venin de cobra n'est pas aussi douce et indolore que l'affirmaient les Anciens. Il paraît d'abord difficile d'admettre que le cobra ait été apporté subrepticement caché dans une corbeille de figues ou fleurs, ou bien dans un vase à eau. Les événements se déroulèrent au cœur de l'été égyptien, à un moment où les températures à l'ombre montent à 30-40° ; or le cobra a une plus grande agilité quand la température s'élève. Il ne pouvait donc rester caché, car l'animal devait demeurer immobile pour ne pas être découvert. L'utilisation d'un cobra vivant ne donnait pas de garantie, car l'animal pouvait cracher un liquide qui ne contenait pas de poison. La description clinique de cette mort n'entraîne une mort rapide (30 minutes) que lorsque le venin est dense et puissant, sinon l'agonie peut durer des heures. Elle n'est de plus pas indolore. Le venin atteint en effet le système nerveux périphérique et non le cœur du cerveau. Les premiers symptômes d'empoisonnement sont des vomissements, une paralysie musculaire oculaire, et des troubles

132. Plin., *n.h.*, 29, 11.

133. Marasco 1996, p. 453-456.

134. Schäfer 2006, p. 244-248.

135. Cf. les articles dans les quotidiens allemands *Die Welt* (26 juin 2010) et *Frankfurter Rundschau* (6 août 2010).

au niveau des articulations et de la gorge. La mort arrive par raréfaction de l'air. L'évanouissement précède l'arrêt cardiaque. Il faut donc penser que la science des poisons offrait à la reine des poisons plus efficaces, plus rapides et plus sûrs. Il faut donc admettre que le poison violent a été dissimulé dans l'épingle à cheveux. Dietrich Debs propose un cocktail à base d'opium et de ciguë.

Une mort à l'égyptienne ou à la grecque ?

Le choix délibéré d'une mort par le venin d'un serpent serait lié aux yeux de certains savants à une tradition égyptienne. L'idée a été formulée en 1925 par l'égyptologue Wilhelm Spiegelberg[136]. Elle se fondait sur un rapprochement avec un passage de Flavius Josèphe où il écrivait que « ceux qui sont mordus par des vipères ou dévorés par des crocodiles passent (aux yeux des Égyptiens) pour bienheureux et dignes de la divinité (*felices et deo dignos*)[137] ». L'affirmation concernant le crocodile trouvait un parallèle chez Hérodote pour lequel la dépouille de la victime du saurien était tenue « pour quelque chose de plus que le cadavre d'un homme » ce qui imposait un embaumement du corps entouré « des plus grands soins » et l'ensevelissement dans des « cercueils sacrés[138] ».

La mort par le serpent devrait être mise en relation avec l'*uraeus* porté sur la coiffe royale au niveau du front, qui était un insigne pharaonique de protection. Cette mort aurait permis l'apothéose de la reine revenue auprès de Ptah, et l'avènement légitime de son successeur, le nouveau Horus, fils de Ptah. Cette mort rituelle permettrait de ne pas briser la chaîne de la légitimité dynastique pharaonique en assurant immédiatement les droits de son héritier, son fils Ptolémée Césarion, aux yeux des Égyptiens. Le suicide permettait aussi d'éviter, aux yeux des Grecs, de nier la défaite de la reine, une négation indispensable puisque dans l'idéologie royale hellénistique le roi est en premier lieu un vainqueur, la monarchie étant avant tout militaire. La fuite des navires égyptiens à Actium évitait de laisser dire que la flotte égyptienne avait été détruite ; le suicide permettait d'échapper au spectacle humiliant de la reine figurant captive à Rome, dans le triomphe du vainqueur. Cette transmission du pouvoir aurait donc

136. Spiegelberg 1925, p. 5-6.
137. Joseph, *Ap.*, 2, 86.
138. Herod., 2, 90.

l'immense avantage de vider de tout effet juridique la victoire d'Octavien, qui devait apparaître comme un maître illégitime du pays.

Ce suicide aurait eu fondamentalement une dimension politique et religieuse, loin de tout romantisme. Il aurait été en fait la revanche de la reine face au vainqueur d'Antoine. La domination romaine ne serait qu'une domination de fait, où les empereurs romains assumeraient la place, les titres et les insignes du pouvoir pharaonique, mais sans une authentique consécration théologique. Cette théorie a séduit, car elle permettait aussi d'expliquer la singularité administrative de l'Égypte, en particulier l'interdiction pour les sénateurs romains d'entrer en Égypte sans l'autorisation de l'empereur. Le pouvoir impérial aurait été frappé, dès la conquête, d'une fragilité liée à l'inexistence d'une date mettant fin à la monarchie pharaonique. Ce coup de génie de Cléopâtre pourrait aussi expliquer la haine persistante envers la reine de la part des Romains.

Cléopâtre ne manquait cependant pas d'exemples de suicides chez les monarques hellénistiques[139]. Un classement des causes de décès des rois hellénistiques permet de distinguer trois grandes catégories, la mort naturelle (vieillesse ou maladie), la mort accidentelle, et la mort violente[140]. Cette dernière regroupe trois situations : la mort au combat, la mort criminelle (les assassinats), et les suicides après une défaite. Le cas le plus célèbre est celui de Mithridate VI, roi du Pont, qui ne pouvait plus recourir au poison, en raison de sa « mithridatisation », et qui dut se faire égorger par un mercenaire. Le suicide royal est attesté chez les Séleucides, mais non chez les Attalides. Le refus de se suicider du roi Antigonide Persée, après la défaite de Pydna face à Paul-Émile en 168 av. J.-C., constituait un contre-exemple qui a été largement mis en valeur dans les sources antiques. Dans l'Égypte ptolémaïque, Cléopâtre VII fut le seul souverain à se suicider.

Cette mort volontaire peut aussi être interprétée dans le contexte philosophique et moral grec. Ce choix était conforme aux principes des stoïciens ou des cyrénaïques que la reine devait connaître. La bibliothèque encyclopédique du Musée d'Alexandrie, dont les livres étaient la propriété patrimoniale des Ptolémées, offrait à cette femme cultivée l'accès aux œuvres des écoles philosophiques hellénistiques. La ville abritait les enseignements des cyrénaïques et des stoïciens, en particulier de son contemporain Areios qui devint un conseiller précieux pour Octavien-Auguste. Ce philosophe

139. Sur le suicide dans les mondes grec et romain, cf. Cf. Van Hooff 1990.
140. Savalli-Lestrade 2006.

cherchait à réconcilier la morale stoïcienne avec la morale aristotélicienne. Les papyrus grecs retrouvés dans la *chôra* égyptienne attestent de l'intérêt des Grecs d'Égypte pour le stoïcisme[141]. Les biographes des maîtres de l'école stoïcienne, Zénon, Cléanthe, Antipater, firent mention de leur suicide. Cicéron rapporta ainsi les propos du stoïcien Caton qui affirmait qu'il est le propre du sage « d'abandonner la vie même s'il est suprêmement heureux, s'il peut le faire au moment adéquat[142] ». Le suicide était conçu comme l'expression la plus accomplie de la liberté, c'est-à-dire la possibilité d'être maître de ses actes. Chrysippe établissait dans son traité *De l'usage propre des mots chez Zénon* une identification de nature entre le sage (stoïcien) et le roi. Pour lui « non seulement les sages sont libres, mais ils sont aussi rois, la royauté étant un pouvoir dont on n'a pas à répondre[143] ». Le suicide était donc réservé aux sages, à ceux qui pratiquaient la vertu. L'exercice de cette liberté les élevait au rang de rois. Les non-vertueux (les « mauvais ») n'avaient donc en aucun cas le devoir de quitter volontairement la vie. Pour Chrysippe, il était même « approprié » pour « les mauvais » de continuer à vivre. Les stoïciens déterminaient les circonstances adverses dans lesquelles devait intervenir ce suicide raisonnable à la fois pour la patrie et les amis : « Une douleur trop aiguë, des infirmités ou des maladies incurables[144]. »

L'école des cyrénaïques fondée par Aristippe de Cyrène défendait deux doctrines sur le suicide, dont l'une eut un écho considérable dans l'Égypte ptolémaïque avec son disciple Hégésias de Cyrène. Celui-ci défendait une vision pessimiste de la vie, qui appelait le suicide : « Le bonheur est chose absolument impossible, car le corps est accablé de nombreuses souffrances, l'âme qui participe à ces souffrances du corps en est aussi troublée, enfin la Fortune empêche la réalisation de bon nombre de nos espoirs, si bien que pour ces raisons le bonheur n'a pas d'existence réelle. La vie comme la mort peuvent être choisies autant l'une que l'autre[145]. » Hégésias exposait sa doctrine dans un ouvrage perdu, *L'Abstinent*, où le héros se laissait mourir de faim après avoir exposé à ses amis qui l'incitaient à continuer de vivre tous les malheurs de l'existence. Cette apologie du suicide eut un écho considérable à tel

141. Dorandi 2005.
142. Cic., *De Fin.*, 3, 60-61.
143. Diog. Laert., 7, 121-122.
144. Diog. Laert., 7, 130 (trad. Goulet-Cazé).
145. Diog. Laert., 2, 94 (trad. Goulet-Cazé).

point que Ptolémée Ier dut faire interdire son enseignement, en raison du grand nombre de suicides qui en découlèrent, si l'on en croit Cicéron : « Je disais donc que la mort nous arrache à des maux et non à des biens, si l'on va au fond des choses. C'est là un point sur lequel Hégésias de Cyrène apporte tant de preuves que le roi Ptolémée l'empêcha, dit-on, de le traiter dans ses cours, parce que nombre de gens, après l'avoir entendu, se donnaient la mort[146]. »

La mort de Cléopâtre n'avait de fait pas choqué ses contemporains nourris de culture gréco-latine. Plutarque note qu'Octavien était « fâché » de cette mort, mais qu'il « admira sa grandeur d'âme[147] ». Horace exprime ce sentiment avec plus d'éloquence dans la célèbre Ode *Nunc est bibendum*, où le poème débute par la satisfaction de voir la reine vaincue à Actium, mais se termine par un hommage à son courage :

> « Mais elle, cherchant à mourir plus noblement, n'eut pas devant le glaive une frayeur de femme et ne gagna point, sur sa flotte rapide, l'abri d'une contrée cachée ; elle osa regarder d'un visage serein son palais déchu et, sans crainte, manier les serpents irrités pour en boire, de tout son corps, le noir venin, plus intrépide par la volonté de mourir : oui, elle refusait aux cruels liburnes (= navires rapides), femme au cœur haut, l'honneur de la conduire détrônée à l'orgueilleux triomphe[148]. »

Conclusion

Il faut donc admettre que Cléopâtre avait voulu préserver l'indépendance de son royaume en maintenant une armée terrestre ptolémaïque à côté de sa puissante force navale. Ce royaume restait une monarchie militaire, qui n'existait que par la victoire, selon un principe fondamental de l'histoire politique du monde hellénistique. Mais la structure de cette armée ptolémaïque avait été au moins en partie romanisée (introduction de la cohorte) et des forces proprement romaines étaient présentes dans cette armée ptolémaïco-antonienne. Le commandant en chef de cette armée, Antoine, avait dû jouer un rôle dans cette évolution, qui permettait aux

146. Cic., *Tusc.*, 1, 34, 83.

147. Plut., *Ant.*, 86, 7.

148. Hor., *Od.* 1, 37, 21-32 : [...] *Quae generosius | perire quaerens nec muliebriter | expauit ensem nec latentis | classe cita reparauit oras, | ausa et iacentem uisere regiam | uoltu sereno, fortis et asperas | tractare serpentes, ut atrum | corpore conbiberet uenenum, | deliberata morte ferocior : | saeuis Liburnis scilicet inuidens | priuata deduci superbo, | non humilis mulier, triumpho.*

alliés de faire jeu égal pour l'organisation militaire avec l'ennemi octavien. L'armée à la romaine représentait la modernité et un gage de victoire.

Par son suicide, Cléopâtre était restée maîtresse de sa vie jusqu'à sa disparition, selon l'ensemble des sources antiques. Mais les circonstances en furent rendues obscures non seulement par différentes rumeurs, mais aussi par les silences qui entouraient souvent la fin des rois hellénistiques. L'hypothèse d'un assassinat de la reine par les hommes d'Octavien ne peut être totalement écartée. Octavien perdait certes la satisfaction de l'humilier dans son triomphe à Rome, mais il mettait immédiatement un terme à la dernière dynastie hellénistique. L'Égypte, libérée de la tutelle de l'empire perse par Alexandre le Grand, constituée en royaume indépendant par les Ptolémées, était désormais intégrée dans un nouvel empire mondial, l'*Imperium Romanum*.

Conclusion

À l'issue de cette recherche, quelle définition de l'adjectif « Égyptienne » donnons-nous à Cléopâtre VII ? L'enquête a porté sur trois domaines de recherche, une histoire des représentations à travers les sources littéraires antiques, une histoire idéologique du pouvoir royal hellénistique, et enfin l'histoire politique d'une reine qui gouvernait avec une volonté claire et un programme enraciné dans un territoire, l'Égypte. Il fallait confronter le discours idéologique des auteurs anciens qui la réduisaient, pour la dénigrer, à son statut d'« Égyptienne », de « barbare » issue d'une terre profondément étrangère, de femme réputée dangereuse, aux documents historiques issus de l'Égypte de Cléopâtre, papyrus, inscriptions, sources archéologiques et iconographiques.

Le tribunal de l'histoire peut acquitter Cléopâtre des accusations formulées dans le « roman de Cléopâtre », qui est parfois un roman noir. Née de père gréco-macédonien et de mère inconnue, mais certainement gréco-macédonienne, et donc Grecque d'Égypte, elle était également égyptienne par son enracinement dans l'espace territorial égyptien et par sa qualité de pharaon féminin. La « barbare » était en fait une lettrée, qui avait peut-être écrit des livres en grec, et qui avait peut-être des capacités linguistiques supérieures à ses prédécesseurs. Sa représentation en souveraine égyptienne sur les parois des temples montrait sa capacité à dialoguer avec le clergé égyptien. L'accusation d'inceste était mal venue pour une reine qui se distingua de la majorité de ses prédécesseurs par sa pratique d'unions exogamiques (illégitime avec César, légitime pour le droit hellénistique avec Antoine), et dont les unions avec ses deux jeunes frères ne furent probablement pas consommées. Sa cruauté envers les membres de sa fratrie trouvait de nombreux parallèles dans l'histoire familiale des Ptolémées, sinon dans la civilisation grecque qui avait élaboré le mythe des Atrides.

Ses relations avec Antoine étaient marquées, très humainement et très politiquement, par la concurrence avec l'épouse romaine Octavie, et par une alliance diplomatique et militaire bénéfique aux deux partenaires. Sa vie luxueuse s'insérait clairement dans le cadre de l'idéologie dionysiaque, qui avait séduit d'autres Ptolémées, en particulier Ptolémée IV, et non dans une scandaleuse débauche. Son règne qui était présenté comme une honte pour l'Égypte fut marqué par une volonté de redressement économique, qu'elle conduisit en femme d'État, animée par la volonté de maintenir l'indépendance de l'Égypte face à l'expansionnisme romain. Quant à l'usage de la sorcellerie ou de philtres pour dominer Antoine, il s'agissait d'un *topos* multiséculaire, bien connu pour mettre en cause le genre féminin.

Cette mise en cause de « l'Égyptienne » a cependant assuré sa célébrité. La propagande du vainqueur, Octavien-Auguste, était d'une remarquable efficacité, relayée par une production littéraire antique gréco-latine qui traversa les millénaires. La volonté d'Octavien-Auguste de perpétuer le souvenir de la victoire d'Actium, qui lui permettait d'asseoir son pouvoir et la naissance du régime du principat, avait paradoxalement bénéficié au *kléos*, à la « renommée », de Cléopâtre, le mot figurant de manière prémonitoire dans le nom même de la reine qui signifie « *Kléos* du père » ! L'intérêt pour la reine « égyptienne » s'était également nourri d'un environnement égyptomane, voire égyptomaniaque. La place des *Aegyptiaca* à Rome et en Italie dans l'architecture, la sculpture, la peinture et la mosaïque est bien connue[1].

Auguste chassa en 28 av. J.-C. les dieux égyptiens hors du *pomoerium*[2], mais la mode égyptisante se développa au sein même du Palais impérial du Palatin. Sur la décoration peinte du *cubiculum* supérieur de la Maison d'Auguste, apparaissaient des symboles égyptiens explicites : le *basileion* royal, des griffons et des lotus[3]. Ce programme décoratif était certes une célébration de la victoire d'Actium, mais il incarnait en même temps la vision d'un univers égyptien et nilotique esthétiquement séduisant. Les symboles royaux égyptiens de Cléopâtre étaient également présents

1. Cf. Versluys 2002.
2. Dio Cass., 53, 2, 4.
3. Veymiers 2014, p. 225-226.

dans la décoration du théâtre d'Aphrodisias en Carie construit par Zoilos, un affranchi d'Octavien entre 30 et 27 av. J.-C., ou encore dans la cité nabatéenne de Pétra, en particulier sur le monnayage des reines Huldu (Figure 24) et Shaliqat Ire[4]. Ces scénographies égyptiennes prenaient, avec le temps, leur autonomie artistique, en étant réinterprétées, en particulier dans le cadre des cultes isiaques. L'intérêt pour un monde ressenti comme un exotisme expliquait aussi cet intérêt pour l'Égypte.

Figure 24. La coiffe isiaque de la reine nabatéenne Huldu.

4. *Nabataean Coins*, n° 49a et 50. Veymiers 2014, p. 225-232. Sur Huldu, cf. Schwentzel 2014a.

Cléopâtre *Sélénè*, la fille de Cléopâtre VII, faisait également vivre dans son nouveau royaume de Maurétanie les motifs hellénistiques égyptiens dans une double référence au monde grec et à l'Égypte pharaonique[5]. Son monnayage intégrait de nombreux éléments égyptiens, en particulier le *basileion*, toujours entouré d'épis de blé et souvent complété par un croissant de lune. Elle se revendiquait telle sa mère comme une « Nouvelle Isis[6] ». La beauté hellénistique de la reine Sélénè apparaît peut-être sur une figure en relief d'un plat d'argent retrouvé en 1895 en Italie à Boscoreale. L'héritage égyptien se manifeste par des découvertes archéologiques, en particulier celle d'une statue qui était probablement un portrait de Ptolémée 1er ou bien celle du prêtre égyptien Imouthès/Pétobastis IV[7]. Cette dernière œuvre, une statue de basalte, dont la tête est perdue, portait une inscription hiéroglyphique l'identifiant comme celle du grand prêtre de Ptah mort le 30 juillet 30, à l'âge de seize ans (Figure 21). On peut penser que ce prêtre était proche de la petite Sélénè, alors âgée de dix ans. Les fouilles ont révélé d'autres pièces importées d'Égypte : une statue du pharaon Thoutmosis Ier (18e dynastie, env. 1525-1512 av. J.-C.[8]), un *uraeus*[9], et une tête qui représentait peut-être le dieu Ammon[10]. Une statue d'Isis ou d'une prêtresse isiaque[11], datable du IIe siècle av. J.-C., était peut-être en relation avec la piété égyptienne de Sélénè et de sa famille.

Au fil des chapitres de ce livre, la dimension « égyptienne » de cette reine ptolémaïque janiforme revendiquant le double héritage de la monarchie grecque et de la royauté théocratique égyptienne a été réévaluée d'après les sources documentaires. Les documents égyptiens, reliefs figurés sur les temples et les inscriptions hiéroglyphiques, attestent que sa qualité royale l'avait élevée au rang de femme-déesse pour les Grecs et pour les Égyptiens, et que les prêtres égyptiens l'avaient pleinement reconnue comme pharaon légitime.

Son action politique, économique, sociale, militaire, diplomatique et culturelle reposait sur une exploitation des atouts d'Alexandrie, de la vallée

5. Roller 2003, p. 119-162, en particulier p. 141-144 ; Roller 2018, p. 27-48.
6. Veymiers 2014, p. 226-228.
7. Respectivement musée de Cherchell 50 et musée de Cherchell S75.
8. Musée de Cherchell, S74 (95).
9. Musée de Cherchell, 86.
10. Musée de Cherchell, 66.
11. Musée de Cherchell, 2.

du Nil et des oasis, atouts identifiés dès la mise en place de la domination du fondateur de la dynastie, Ptolémée fils de Lagos. L'ambitieuse et intelligente reine avait su profiter de circonstances historiques exceptionnelles pour tenter de retrouver et élargir l'héritage territorial ptolémaïque. C'est en tant que souveraine grecque et égyptienne qu'elle régna et gouverna, en ne cessant de réformer son royaume afin de lui permettre de redevenir la puissance dominante de Méditerranée orientale. Les documents issus d'Égypte, en particulier les ordonnances royales, attestent de sa volonté de restaurer la prospérité d'un pays qui se trouvait lorsqu'elle succéda à son père, Ptolémée XII, dans une situation chaotique, et sous le contrôle de Rome. L'empire redessiné grâce à ses accords avec Antoine lui offrait de reconstituer, dans le futur, les Parthes étant vaincus, l'empire d'Alexandre le Grand. Cet objectif la rattachait clairement à sa lignée gréco-macédonienne. Elle restait dans cette perspective une « Grecque d'Égypte », son hellénisme étant lié historiquement à cette dimension égyptienne.

L'évaluation de la mémoire de Cléopâtre dans l'Égypte romaine ne va pas sans difficultés. Antoine fut frappé par le Sénat romain de *damnatio memoriae*[12]. On ne connaît nul portrait de la reine produit dans la province impériale romaine. Les *Acta Alexandrinorum*, cet ensemble de textes mi-littéraires mi-documentaires exprimant la volonté de résistance des élites alexandrines à Rome, ne la mentionnaient pas[13]. Mais elle n'avait pas subi de martelage des reliefs égyptiens la représentant sur les temples. L'ampleur des destructions de son iconographie grecque décidée par Octavien est impossible à mesurer. Son tombeau, dont la localisation reste inconnue, était resté inviolé lors de la mise en place de la domination romaine.

Le mythe de Cléopâtre, forgé depuis l'Antiquité, a élaboré une image foisonnante, riche en métamorphoses. La dimension égyptienne est l'un des principaux facteurs d'intérêt pour Cléopâtre dans la création artistique et littéraire du Moyen Âge aux époques moderne et contemporaine, à côté de l'autre polarité fondamentale du mythe, Éros-Thanatos[14]. Cette incarnation égyptienne fut surtout marquée en Occident au XIXe siècle, où les créateurs lisaient avec passion les sources

12. Dio Cass., 51, 19, 3.
13. Harker 2008.
14. Sur la création artistique relative à Cléopâtre : cf. Ritschard et Morehead 2004 ; Gentili 2014, p. 369-395 ; Schwentzel 2014, p. 225-249 ; de Callataÿ 2015.

littéraires antiques. Cléopâtre était pour eux avant tout la femme fatale orientale. Théophile Gauthier, qui connaissait la *Description de l'Égypte* faite par les savants qui accompagnèrent Bonaparte lors de l'expédition d'Égypte, représentait dans *Une nuit avec Cléopâtre* (1838) une reine correspondant au stéréotype de la femme orientale séductrice et cruelle. Le peintre Alexandre Cabanel montrait Cléopâtre, vêtue en égyptienne, assistant, despotique et impassible, à l'agonie d'un condamné à mort[15].

Au XXe siècle le cinéma proposa à des actrices réputées d'incarner Cléopâtre dans des décors splendides égyptisants. Claudette Colbert, Vivien Leigh, Sophia Loren, ou Monica Bellucci, habitèrent le rôle dans de mémorables péplums. En 1963, Joseph L. Mankiewicz faisait entrer triomphalement Elizabeth Taylor-Cléopâtre dans Rome, accompagnée de Césarion, sur un sphinx majestueux tiré par des dizaines d'esclaves nubiens. La reine fut transformée en héroïne du nationalisme égyptien moderne sous la plume d'Ahmad Sawqi dans sa pièce de théâtre *La Mort de Cléopâtre* (1929), qui fut encore mise en scène en 1989 dans les ruines de Gibellina (Sicile)[16]. Dans une interprétation encore plus polémique, elle devint un symbole de la libération des femmes noires, selon une perspective qui rattachait l'Égypte à l'histoire de l'Afrique[17]. Elle continue à inspirer la création contemporaine égyptienne, ainsi le *Cleopatra Ballet* présenté à l'opéra du Caire, lors de représentations du 15 au 19 octobre 2019.

Un tableau conservé à Édimbourg (Figure 25), *L'Entrevue d'Auguste et de Cléopâtre après la bataille d'Actium*, peint à Rome en 1788, est un bon exemple de la polarité existant dans le monde artistique entre une Cléopâtre « grecque » et une Cléopâtre « égyptienne »[18]. Le peintre Louis Gauffier (Poitiers, 1762-Livourne, 1801) y réinterprétait librement la scène selon le récit de Dion Cassius. Il donnait à voir cette scène gréco-romaine, mais ajoutait certains éléments pour accentuer le côté « égyptien ».

15. Ce tableau conservé au musée des Beaux-Arts d'Anvers s'inspirait de Plutarque, *Vie d'Antoine* 71, 4-5. Il figure en couverture de Schwentzel 2014, et du livre d'Alberto Angela, *Cléopâtre* (traduit de l'italien, 2018), Paris, HarperCollins, 2019.

16. Gentili 2014, p. 369-381.

17. Pour la discussion sur l'africanité de l'Égypte ancienne, cf. Godon 2018.

18. Édimbourg, National Gallery of Scotland, inv. NG 2526 (= Ritschard et Morehead 2004 n° 51 ; l'auteur de la notice du catalogue, Jean-Luc Chappaz, note qu'il s'agit de « la rencontre de deux univers, telle que les historiens se sont longtemps plu à les imaginer »).

Figure 25. Louis Gauffier, *L'Entrevue d'Auguste et de Cléopâtre après la bataille d'Actium* (1788).

Cet artiste du XVIIIe siècle offrait une synthèse remarquable rendant compte de l'égyptianité et de la grécité de la reine. Cléopâtre était assise sur un lit d'apparat, habillée d'un long vêtement blanc de deuil, qui découvrait ses bras et ses pieds, une ceinture d'or et de pierreries à la taille, qui évoquaient la splendeur de son costume de déesse-mère isiaque, le sein droit légèrement découvert. Sa chevelure soignée était enserrée avec un bandeau d'or. Sa tête était baissée. Elle faisait face à Octavien assis sur un fauteuil orné d'une sphinge, vêtu du manteau pourpre (*pallium*), et dont le front était ceint de lauriers. Jules César était représenté deux fois, en buste et en statue sur pied. Des rouleaux de papyrus étaient posés sur le lit de la reine. Deux femmes assistaient à la scène, ses servantes (Eiras et Kharmiôn). La pièce s'ouvrait sur un couloir où étaient postés deux gardes romains armés.

Un décor égyptien était planté autour de la reine : une frise de hiéroglyphes sur la plinthe du lit et une figurine pharaonique accroupie sur l'accoudoir du même lit. Des statues étaient placées dans des niches murales : un buste d'Apis, une effigie évidemment anachronique d'Antinoos, et une statue de l'Artémis d'Éphèse. Le peintre avait emprunté ces trois éléments à son séjour italien. L'Artémis éphésienne était présente dans de nombreuses collections italiennes. L'Apis et l'Antinoos provenaient des vestiges de la Villa construite à Tivoli par Hadrien, empereur philhellène qui avait voulu – comme tant d'autres personnalités de l'Antiquité et des siècles à venir – accomplir le voyage d'Égypte.

Mon souhait est d'avoir contribué à restituer sa véritable identité à la reine. De nouvelles sources textuelles et iconographiques, issues des sables d'Égypte ou de découvertes archéologiques sous-marines, permettent de faire progresser nos connaissances, et de dépasser le mythe. Grecque d'Égypte, d'ascendance gréco-macédonienne, Cléopâtre, qualifiée à charge d'Égyptienne par le vainqueur Octavien et ses propagandistes, l'était donc bien par sa qualité de pharaon féminin héritier de la théocratie nilotique, et par la base territoriale de son pouvoir, Alexandrie et la vallée du Nil. La défaite brutale d'Actium et la conquête militaire de l'Égypte par Octavien avaient brisé son ambition d'instituer Alexandrie en capitale d'un empire hellénistique élargi à tout l'Orient, de l'Hellespont à l'Indus. Le projet de « l'Égyptienne » de reconstituer l'empire territorial ptolémaïque du IVe siècle, en l'étendant encore en prenant modèle sur Alexandre le Grand, était demeuré un rêve inaccessible.

Arbre généalogique et cartes

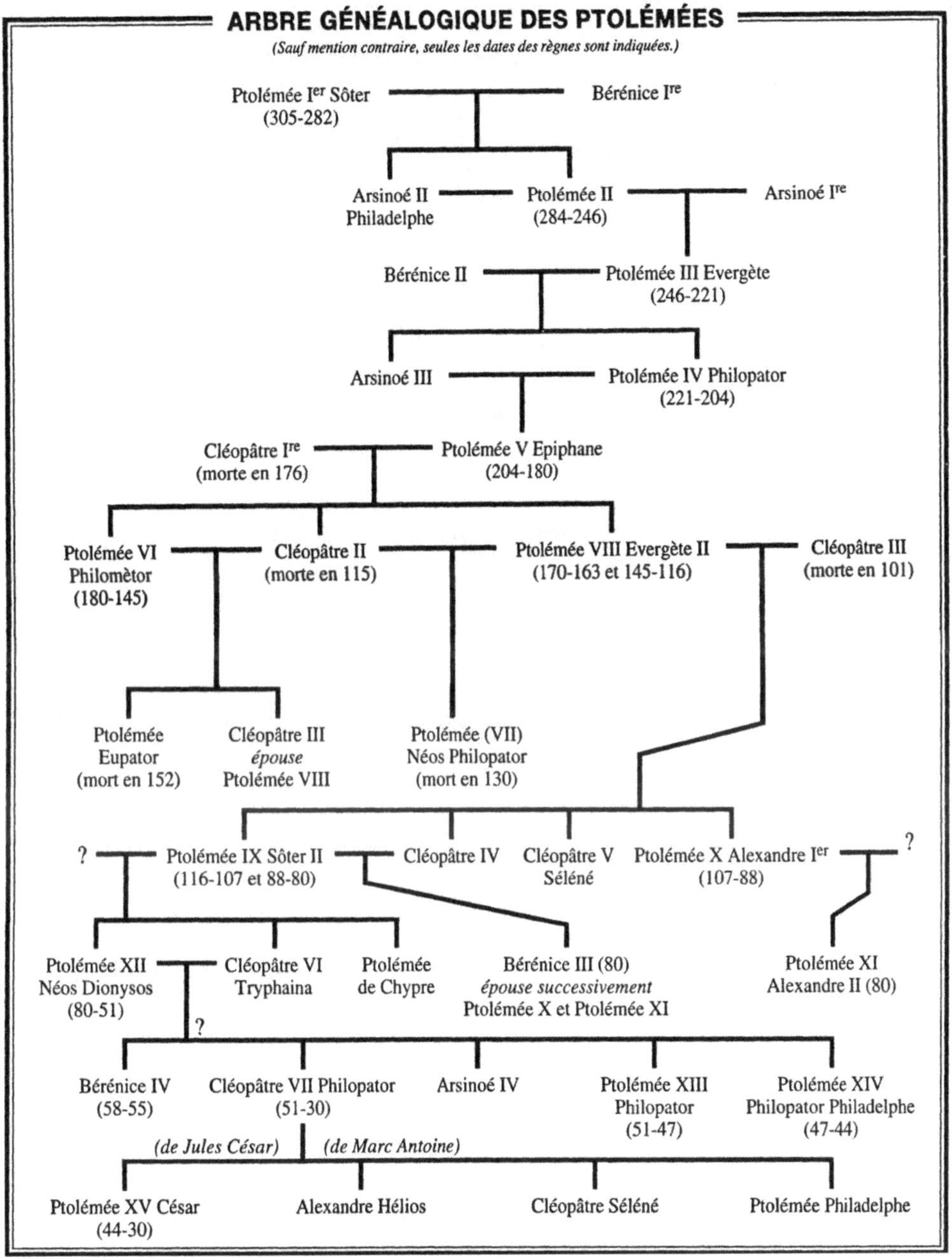

Arbre généalogique des Ptolémées. D'après Michel Chauveau,
L'Égypte au temps de Cléopâtre, 180-30 av. J.-C.,
Paris, Hachette, 1997, p. 284-285

Carte 1. L'Égypte grecque et romaine. D'après Bernard Legras, *L'Égypte grecque et romaine*, Paris, Armand Colin, 2004, rééd. 2009, p. 193.

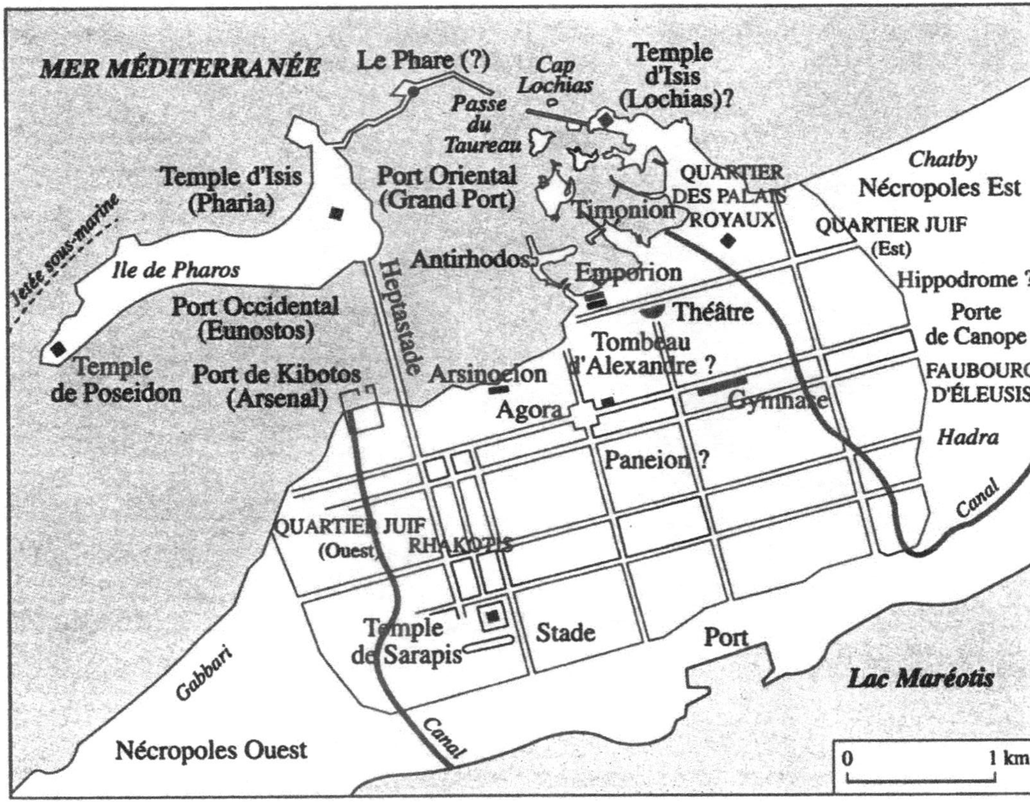

Carte 2. Alexandrie grecque et romaine. D'après Bernard Legras, *L'Égypte grecque et romaine*, Paris, Armand Colin, 2004, rééd. 2009, p. 196.
© Armand Colin, 2004, Paris

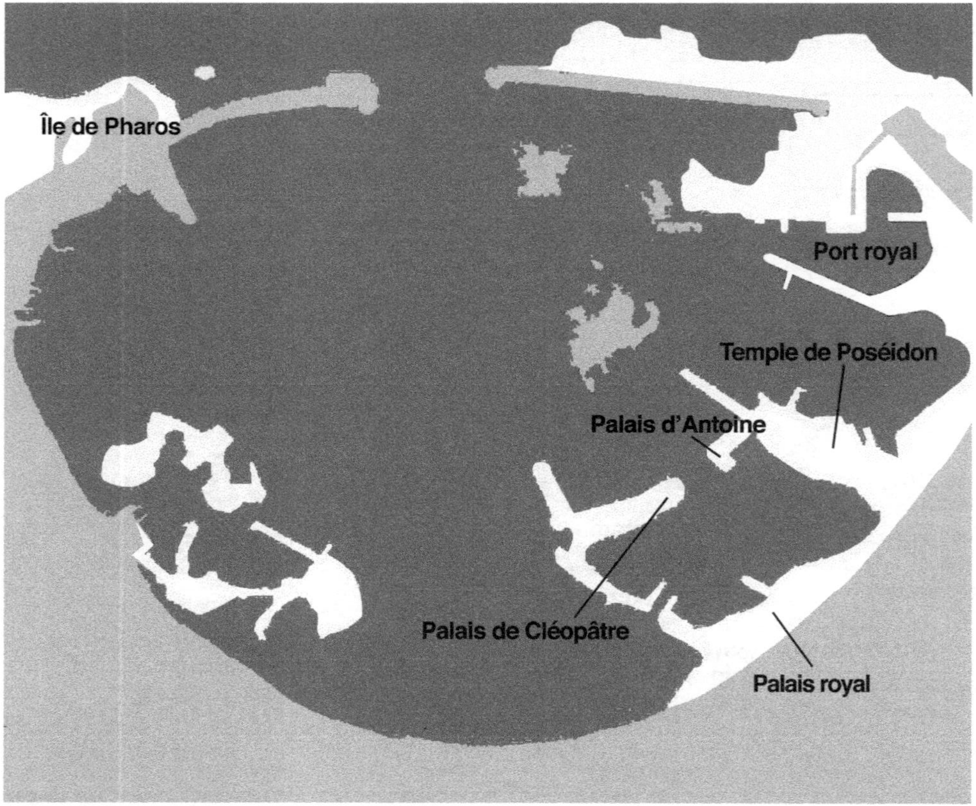

Carte 3. Les Palais de Cléopâtre et Antoine dans le Grand Port d'Alexandrie. D. S.

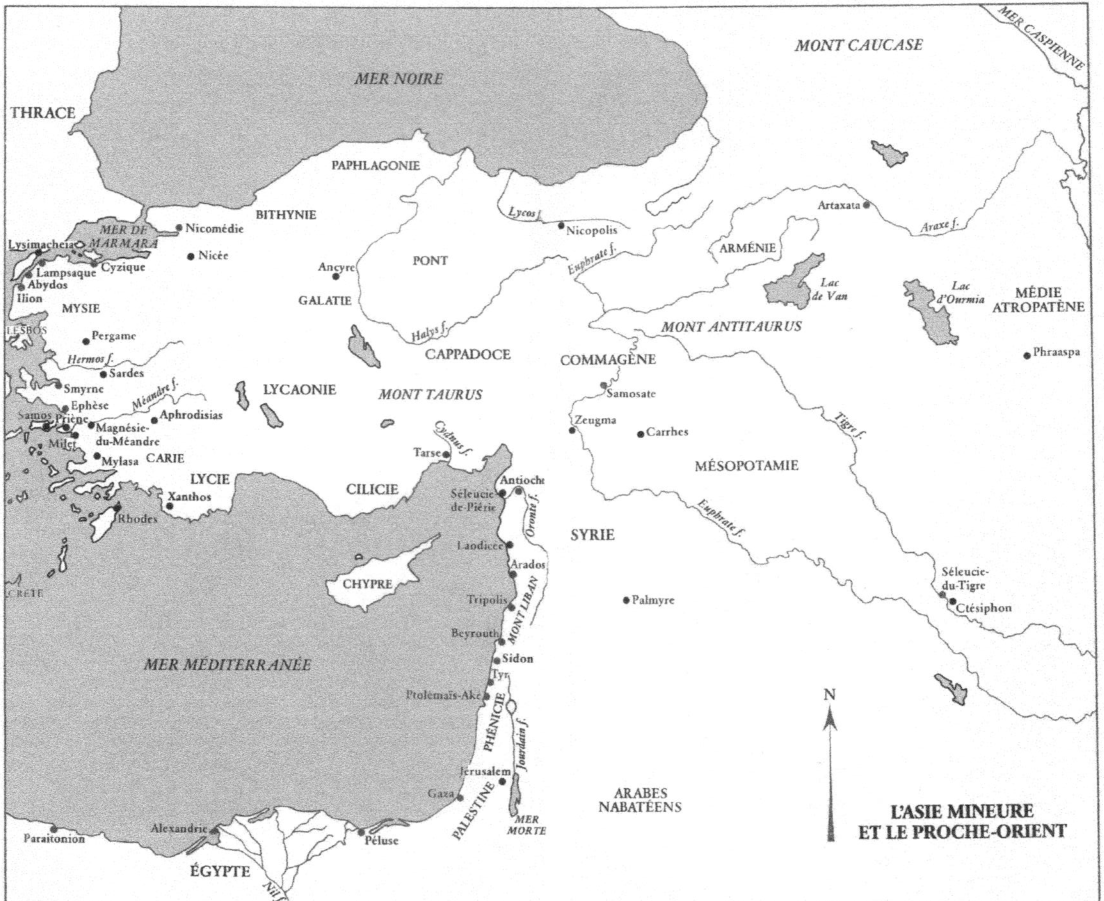

Carte 4. L'Asie mineure et le Proche-Orient. D'après François Chamoux, *Marc Antoine*, Paris, Arthaud, 1986, p. 224-225

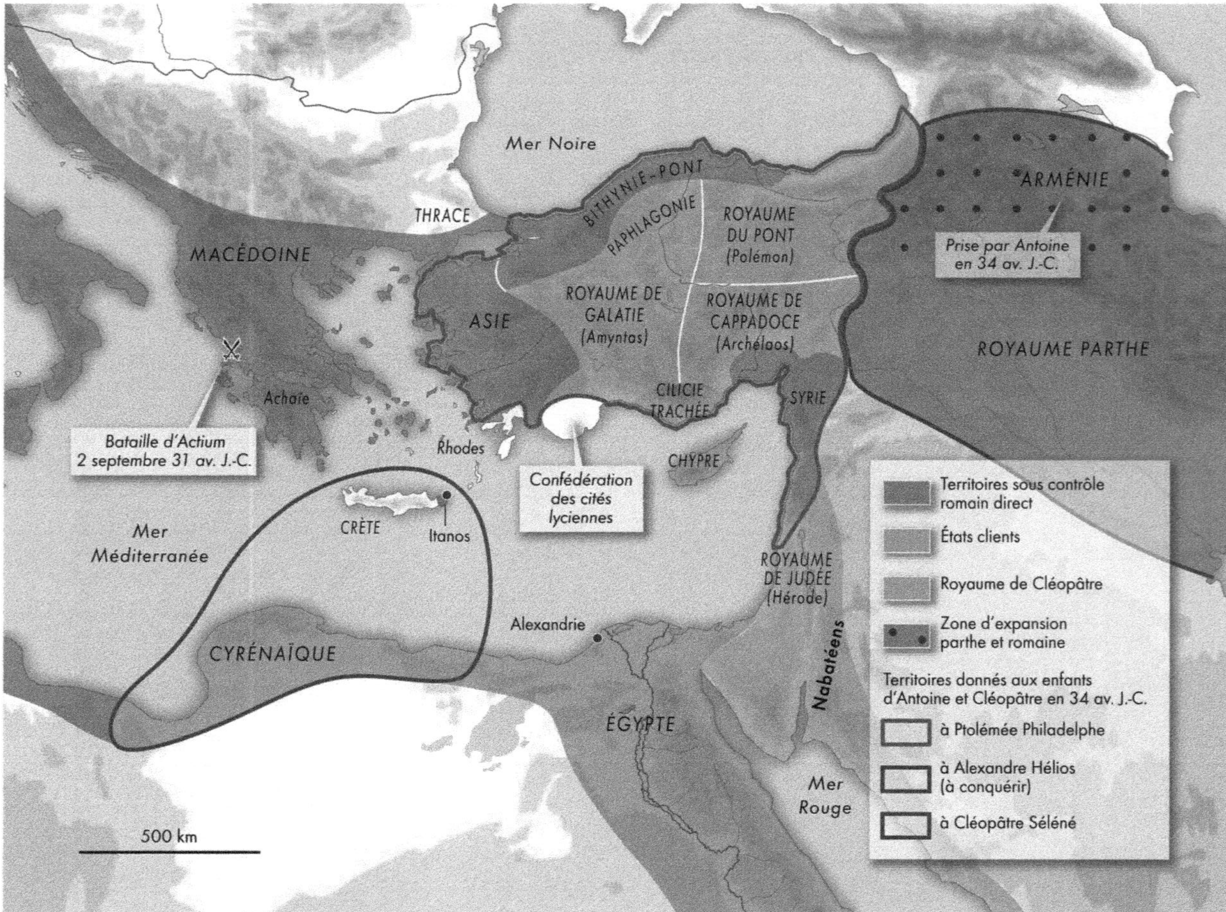

Carte 5. La réorganisation de l'Orient par Antoine et Cléopâtre (37-34 av. J.-C.).
D'après la carte de Madeleine Benrit-Guyod pour Laurianne Martinez-Sève,
Atlas du monde hellénistique 336-31 av. J.-C., © Autrement, 2017, p. 65.

Bibliographie

Éditions de textes littéraires

Sauf mention contraire, les traductions de textes littéraires, grecs et latins, sont empruntées aux éditions de la Collection des Universités de France (CUF), Les Belles Lettres.

APPIEN : *Appian's Roman History*, 4 vol., T.E. Page *et al.* (éd.), traduction de Horace White, Londres, Cambridge (Mass.), Loeb, Harvard University Press, 1912-1913.

APPIEN, *Histoire romaine*, t. XII, Livre XVII, *Guerres civiles*, *Livre V*, texte établi et traduit par Maud Étienne-Duplessis, Paris, CUF, Les Belles Lettres, 2013.

ATHÉNÉE DE NAUCRATIS, *Le Banquet des Sophistes* (*Deipnosophistes*) : *Athenaeus. The Learned Banqueters, Books III.106 e-V*, édité et traduit par S. Douglas Olson, Londres, Cambridge (Mass.), Loeb, Harvard University Press, 2006.

ATHÉNÉE DE NAUCRATIS, *Le Banquet des Sophistes* (*Deipnosophistes*) : *Athenaeus. The Learned Banqueters, Books XIII.594b-XIV*, édité et traduit par S. Douglas Olson, Londres, Cambridge (Mass.), Loeb, Harvard University Press, 2014.

AULU-GELLE, *Nuits attiques,* t. IV, *Livres XVI-XX*, texte établi et traduit par Julien Yvette, Paris, CUF, Les Belles Lettres, 1998.

AURÉLIUS VICTOR : *Sexti Aurelii Victoris Liber de Caesaribus : praecedunt, Origo gentis romanae et Liber de viris illustribus urbis Romae, subsequitur Epitome de Caesaribus*, Roland Gruendel et Franz Pichlmayr (éd.), Leipzig, B.G. Teubner, 1966.

CÉSAR, *Guerre civile, Livre III*, texte établi et traduit par Pierre Fabre, édition revue et corrigée par André Balland, Paris, CUF, Les Belles Lettres, 1997.

CÉSAR (pseudo-César), *La Guerre d'Alexandrie*, texte établi et traduit par Jean Andrieu, Paris, CUF, Les Belles Lettres, 1954.

CICÉRON, *Correspondance*, t. I, texte établi et traduit par Léopold-Albert Constans, Paris, CUF, Les Belles Lettres, 1940.

CICÉRON, *Correspondance*, t. II, texte établi et traduit par Léopold-Albert Constans, Paris, CUF, Les Belles Lettres, 1935.

CICÉRON, *Correspondance*, t. III, texte établi et traduit par Léopold-Albert Constans, Paris, CUF, Les Belles Lettres, 1940.

CICÉRON, *Correspondance*, t. IV, texte établi et traduit par Léopold-Albert Constans et Jean Bayet, Paris, CUF, Les Belles Lettres, 1950.

CICÉRON, *Correspondance*, t. V, texte établi et traduit par Jean Bayet, Paris, CUF, Les Belles Lettres, 1964.

CICÉRON, *Correspondance*, t. VIII, texte établi, traduit et annoté par Jean Beaujeu, Paris, CUF, Les Belles Lettres, 1983.

CICÉRON, *Correspondance*, t. IX, texte établi, traduit et annoté par Jean Beaujeu, Paris, CUF, Les Belles Lettres, 1988.

CICÉRON, *Discours*, t. IX, *Sur la loi agraire – Pour C. Rabirius*, texte établi et traduit par André Boulanger, Paris, CUF, Les Belles Lettres, 1932.

CICÉRON, *Discours*, t. XIII, 1re partie, *Au Sénat – Au peuple – Sur sa maison*, texte établi et traduit par Pierre Wuilleumier, Paris, CUF, Les Belles Lettres, 1952.

CICÉRON, *Discours*, t. XVII, *Pour C. Rabirius Postumus – Pour T. Annius Milon*, texte établi et traduit par André Boulanger, Paris, CUF, Les Belles Lettres, 1949.

CICÉRON, *L'Orateur. Du meilleur genre d'orateurs*, texte établi et traduit par Albert Yon, Paris, CUF, Les Belles Lettres, 1964.

CICÉRON, *Tusculanes*, t. I (Livres I-II), et II (Livres III-V), texte établi par Georges Fohlen et traduit par Jules Humbert, Paris, CUF, Les Belles Lettres, 1930-1931.

CICÉRON, *Des termes extrêmes des biens et des maux,* t. II, *Livres III-V*, texte établi et traduit par Jules Martha, Paris, CUF, Les Belles Lettres, 1930.

DIODORE DE SICILE, *Bibliothèque historique, Introduction générale, Livre I*, texte établi par Pierre Bertrac et traduit par Yvonne Vernière, Paris, CUF, Les Belles Lettres, 1993.

DIODORE DE SICILE, *Bibliothèque historique, Livre III (Libye, Éthiopie, Arabie)*, texte établi et traduit par Bibiane Bommelaer, sous la direction de François Chamoux, Paris, CUF, Les Belles Lettres, 1989.

DIODORE DE SICILE, *Bibliothèque historique, Livre XVII*, texte établi et traduit par Paul Goukowski, Paris, CUF, Les Belles Lettres, 2002.

DIOGÈNE LAËRCE, *Vies et doctrines des philosophes illustres*, traduction sous la direction de Marie-Odile Goulet-Cazé, 2e éd. revue et corrigée, Paris, Le Livre de Poche, 1999.

DION CASSIUS, *Histoire romaine. Livres 38, 39 & 40*, texte établi par Guy Lachenaud, traduit et annoté par Guy Lachenaud et Marianne Coudry, Paris, CUF, Les Belles Lettres, 2002.

DION CASSIUS, *Histoire romaine. Livres 41 & 42*, texte établi par Marie-Laure Freyburger, traduit et annoté par François Hinard et Pierre Cordier, Paris, CUF, Les Belles Lettres, 2002.

DION CASSIUS : *Dio's Roman History*, t. IV, *Books XLI-XLV*, Earnest Cary (éd.), traduction Earnest Cary, Londres, Cambridge (Mass.), Loeb, Harvard University Press, 1916.

DION CASSIUS, *Histoire romaine. Livres 47*, texte établi par Valérie Fromentin, traduit et annoté par Valérie Fromentin et Estelle Bertrand, Paris, CUF, Les Belles Lettres, 2014.

DION CASSIUS, *Histoire romaine. Livres 50 et 51*, texte établi, traduit et annoté par Marie-Laure Freyburger et Jean-Michel Roddaz, Paris, CUF, Les Belles Lettres, 1991.

DION CASSIUS, *Histoire romaine. Livres 48 et 49*, texte établi, traduit et annoté par Marie-Laure Freyburger et Jean-Michel Roddaz, Paris, CUF, Les Belles Lettres, 1994.

FESTUS : *Sexti Pompei Festi. De verborum significatu quae supersunt cum Pauli epitome*, Wallace M. Lindsay (éd.), Leipzig, B.G. Teubner, 1913.

FLAVIUS JOSÈPHE : *Josephus*, Vol. IV-IX, *Jewish Antiquities*, *Books I-XX*, T.E. Page *et al.*, (éd.), texte traduit par H. St Ralph Marcus *et al.*, Londres, Cambridge (Mass.), Loeb, Harvard University Press, 1930-1965.

FLAVIUS JOSÈPHE, *Antiquités judaïques*, œuvres complètes traduites sous la direction de Théodore Reinach, *Livres XI-XV*, traduction de Joseph Chamonard, Paris, Ernest Leroux, 1904.

FLAVIUS JOSÈPHE, *Guerre juive*, 3 vol., texte établi et traduit par André Pelletier, Paris, CUF, Les Belles Lettres, 1975-1982.

FLAVIUS JOSÈPHE, *Autobiographie*, texte établi et traduit par André Pelletier, Paris, CUF, Les Belles Lettres, 2003.

FLAVIUS JOSÈPHE, *Contre Apion*, texte établi et annoté par Théodore Reinach et traduit par Léon Blum, Paris, CUF, Les Belles Lettres, 1930.

FLORUS, *Œuvres*, t. II, texte établi et traduit par Paul Jal, Paris, CUF, Les Belles Lettres, 1968.

FRAGMENTE DER GRIECHISCHEN HISTORIKER (*FGrHist*), Felix Jacoby (éd.), réimpr., Leyde, E.J. Brill, depuis 1968.

GALIEN : *Claudii Galeni Opera Omnia*, 20 vol., C.-G. Kühn (éd.), Leipzig, 1821-1833 (rééd. Hildesheim, Georg Olms Verlag, 1964-1986).

HÉRODOTE, *Histoires, Livre II, Euterpe*, texte établi et traduit par Philippe-Ernest Legrand, Paris, CUF, Les Belles Lettres, 1936.

HORACE, t. I, *Odes et Épodes*, texte établi et traduit par François Villeneuve, Paris, CUF, Les Belles Lettres, 1967.

JUSTIN, *Abrégé des histoires philippiques de Trogue Pompée et prologue de Trogue Pompée*, texte établi et traduit par Émile Chambry et Lucienne Thély-Chambry, Paris, Garnier Frères, 1936.

KRINAGORAS DE MYTILÈNE, *Anthologie grecque, Anthologie Palatine*, t. V, *Livre VII*, texte établi par Pierre Waltz et traduit par Pierre Waltz *et al.*, Paris, Les Belles Lettres, CUF, 1960.

LUCAIN, *La Guerre civile (La Pharsale),* t. II. *Livres VI-X*, texte établi et traduit par Abel Bourgery et Max Ponchont, Paris, Les Belles Lettres, CUF, 1948.

MACCABÉES : *Les Livres des Maccabées*, 2e éd., Félix-Marie Abel (éd.), Paris, Les éditions du Cerf, 1954.

ORACLES SIBYLLINS, La Bible. Écrits intertestamentaires, André Dupont-Sommer et Marc Philololenko (éd.), notice et traduction Valentin Nikiprowetzky, Paris, Gallimard, La Pléiade, 1987, p. 1135-1145.

OROSE, *Histoires (contre les Païens)*, t. II, *Livres IV-VI*, texte établi et traduit par Marie-Pierre Arnaud-Lindet, Paris, CUF, Les Belles Lettres, 1991.

PAUSANIAS, *Description de la Grèce,* t. I, *Livre I, Introduction générale, l'Attique*, texte établi par Michel Casevitz, traduit par Jean Pouilloux et commenté par Francois Chamoux, Paris, CUF, Les Belles Lettres, 1992.

PHILON D'ALEXANDRIE, *Legatio ad Caium*, André Pelletier (éd.), Paris, Les éditions du Cerf, 1972.

PLATON, *Œuvres complètes*, t. III-2e partie, *Gorgias-Ménon*, texte établi et traduit par Alfred Croiset, avec la collaboration de Louis Bodin, 5e éd., Paris, CUF, Les Belles Lettres, 1949.

PLINE L'ANCIEN : *Pliny. Natural History,* vol. II, *Libri III-VII*, T.E. Page *et al.* (éd.), traduit par Harris Rackham, Londres, Cambridge (Mass.), Loeb, Harvard University Press, 1942.

PLINE L'ANCIEN, *Histoire naturelle, Livre IV-VI, De l'Homme*, texte établi, traduit et commenté par Robert Schilling, Paris, CUF, Les Belles Lettres, 1977.

PLINE L'ANCIEN, *Histoire naturelle, Livre VII, De l'Homme*, texte établi, traduit et commenté par Robert Schilling, Paris, CUF, Les Belles Lettres, 1977.

PLINE L'ANCIEN, *Histoire naturelle, Livre IX*, texte établi, traduit et commenté par Eugène de Saint-Denis, Paris, CUF, Les Belles Lettres, 1955.

PLINE L'ANCIEN, *Histoire naturelle, Livre XVIII,* texte établi, traduit et commenté par Henri Le Bonniec, avec la collaboration de André Le Bœuffle, Paris, CUF, Les Belles Lettres, 1972.

PLINE L'ANCIEN, *Histoire naturelle, Livre XXV, Nature des plantes naissant spontanément et des plantes découvertes par les hommes*, texte établi, traduit et commenté par Jacques André, Paris, CUF, Les Belles Lettres, 1974.

PLINE L'ANCIEN, *Histoire naturelle, Livre XXIX*, texte établi, traduit et commenté par Alfred Ernout, Paris, CUF, Les Belles Lettres, 1962.

PLINE L'ANCIEN, *Histoire naturelle, Livre XXXVI*, texte établi par Jacques André, traduit par R. Bloch, commenté par A. Rouveret, Paris, CUF, Les Belles Lettres, 1981.

PLUTARQUE, *Vies, Pyrrhos – Marius, Lysandre – Sylla*, t. VI, texte établi et traduit par Robert Flacelière et Émile Chambry, Paris, CUF, Les Belles Lettres, 1971.

PLUTARQUE, *Vies, Cimon – Lucullus, Nicias – Crassus*, t. VII, texte établi et traduit par Robert Flacelière et Émile Chambry, Paris, CUF, Les Belles Lettres, 1972.

PLUTARQUE, *Vies, Sertorius – Eumène, Agésilas – Pompée*, t. VIII, texte établi et traduit par Robert Flacelière et Émile Chambry, Paris, CUF, Les Belles Lettres, 1973.

PLUTARQUE, *Vies, Alexandre – César*, t. IX, texte établi et traduit par Robert Flacelière et Émile Chambry, Paris, CUF, Les Belles Lettres, 1975.

PLUTARQUE, *Vies, Agis – Cléomène – Les Gracques*, t. XI, texte établi et traduit par Robert Flacelière et Émile Chambry, Paris, CUF, Les Belles Lettres, 1976.

PLUTARQUE, *Vies, Démétrios – Antoine*, t. XIII, texte établi et traduit par Robert Flacelière et Émile Chambry, Paris, CUF, Les Belles Lettres, 1977.

PLUTARQUE, *Vies, Dion – Brutus*, t. XIV, texte établi et traduit par Robert Flacelière et Émile Chambry, Paris, CUF, Les Belles Lettres, 1978.

POLYBE, *Histoires, Livre V*, texte établi et traduit par Paul Pédech, Paris, CUF, Les Belles Lettres, 1977.

PORPHYRE DE TYR, *Die Fragmente der griechischen Historiker (FGrHist)*, Zweiter Teil C, Felix Jacoby (éd.).

PROPERCE, *Élégies*, texte établi et traduit par D. Paganelli, Paris, Les Belles Lettres, CUF, 1929.

QUINTILIEN, *Institution oratoire*, t. VI, *Livres X-XI,* texte établi et traduit par Jean Cousin, Les Belles Lettres, CUF, 1979.

SCHOLIASTE DE BOBBIO : *Ciceronis orationum scholiastae : Asconius, Scholia Bobiensia, Scholia Pseudasconii Sangallensia, Scholia Cluniacensia et recentiora Ambrosiana ac Vaticana, Scholia Lugdunensia sive Gronoviana et eorum excerpta Lugdunensia*, Thomas Stangl (éd.), Hildesheim, Georg Olms Verlag, 1964.

SÉNÈQUE, *Dialogues*, t. III, *Consolations*, texte établi et traduit par René Waltz, Paris, Les Belles Lettres, CUF, 1923.

SÉNÈQUE, *Questions naturelles*, t. II, *Livres IV-VII*, texte établi et traduit par François Lasserre, Paris, Les Belles Lettres, CUF, 1981.

STRABON, *Géographie*, t. IX, *Livre XII*, texte établi et traduit par Paul Oltramare, Paris, Les Belles Lettres, CUF, 1961.

STRABON, *Géographie. Livre XVII*, 1re partie. *L'Égypte et l'Éthiopie nilotique*, texte établi et traduit par Benoît Laudenbach, Paris, Les Belles Lettres, CUF, 2015.

SUÉTONE, *Vies des douze Césars, César – Auguste*, texte établi et traduit par Henri Ailloud, Paris, CUF, Les Belles Lettres, 1931.

TACITE, *Annales, Livres I-III*, texte établi et traduit par Pierre Wuilleumier, Paris, Les Belles Lettres, CUF, 1974.

TITE-LIVE, *Abrégés des livres de l'Histoire romaine de Tite-Live (Periochae)*, t. XXXIV, 2 vol., texte établi et traduit par Paul Jal, Paris, Les Belles Lettres, CUF, 1984.

TROGUE POMPÉE : *Pompei Trogi Fragmenta*, Otto Seel (éd.), Leipzig, B.G. Teubner, 1956.

VARRON, *Économie rurale, Livre II*, texte établi, traduit et commenté par Charles Guiraud, Paris, Les Belles Lettres, CUF, 1985.

VALÈRE MAXIME : *Valeri Maximi Facta et dicta memorabilia*, 2 vol., John Briscoe (éd.), Leipzig, B.G. Teubner, 1998.

VELLEIUS PATERCULUS, *Histoire romaine*, t. II, Livre II, texte établi et traduit par Joseph Hellegouarc'h, Paris, Les Belles Lettres, CUF, 1982.

VIRGILE, *Énéide. Livres V-VIII*, texte établi et traduit par Jacques Perret, Les Belles Lettres, CUF, 1978.

ZONARAS : *Ioannis Zonarae Annales*, 3 vol., M. Pinder (éd.), *Corpus Scriptorum Historiae Byzantinae*, E. Weber, Bonn, 1841-1844.

Bibliographie générale

ADRIANI 1966 = Achille Adriani, « Tomba di Cleopatra », in Achille Adriani (éd.), *Repertorio d'Arte dell'Egitto greco-romano*, Série C, vol. I-II, Palerme, p. 255-257.

ADRIANI 2000 = Achille Adriani, *La tomba di Alessandro. Realtà, ipoteti e fantasie*, Nicola Bonacasa et Patrizia Minà (éd.), Rome, L'« Erma » di Bretschneider, Rome.

ALEXANDER 1990 = Michael C. Alexander, *Trials in the Late Roman Republic, 149 BC to 50 BC*, Toronto, Buffalo, Londres, University of Toronto Press.

Allen 2019 = Joel Allen, *The Roman Republic and the Hellenistic Mediterranean : from Alexander to Caesar*, New York, Wiley-Blackwell.

Andronikos 1981 = Manolis Andronikos, « La nécropole d'Aigai », in Miltiade B. Hatzopoulos et Louisa D. Loukopoulos, *Philippe de Macédoine*, Paris, Bibliothèque des Arts, p. 188-229.

Andronikos 1992 = Manolis Andronikos, *Vergina. The Royal Tombs and the Ancient City*, Athènes, Ekdotiki Athinon.

Ashton 2000 = Sally-Ann Ashton, « Cleopatra VII », in Susan Walkers et Peter Higgs (éd.), *Cleopatra, regina d'Egitto* (catalogue d'exposition, Fondazione Memmo, Rome, 12 octobre 2000-25 février 2001), Milan, Electa, p. 119, Catalogue II.4.

Ashton 2001 = Sally-Ann Ashton, *Ptolemaic Royal Sculpture from Egypt : the Interaction between Greek and Egyptian Traditions*, BAR International Series 923, Oxford.

Ashton 2008 = Sally-Ann Ashton, *Cleopatra and Egypt*, Malden (Mass.), Oxford, Blackwell Publishing.

Aufrère et Michel 2018 = Sydney Hervé Aufrère et Anaïs Michel (éd.), *Cléopâtre en abyme. Aux frontières de la mythistoire et de la littérature*, Cahiers Kubaba, Paris, L'Harmattan.

Aufrère 2018 = Sydney Hervé Aufrère, « Portrait palimpseste de Cléopâtre VII. Genèse de l'*hubris* barbare de la dernière reine d'Égypte », in Aufrère et Michel 2018, p. 21-169.

Aumaître 2018 = Héloïse Aumaître, « Cléopâtre VII Théa et l'Orient antonien : les émissions monétaires au portrait de la dernière souveraine lagide », in Aufrère et Michel 2018, p. 217-242.

Badian 1967 = Ernst Badian, « The Testament of Ptolemy Alexander », *RhM* 110, p. 178-192.

Bagnall 1976 = Roger S. Bagnall, *The Administration of the Ptolemaic Possessions outside Egypt*, Columbia Studies in the Classical Tradition 4, Leyde, E.J. Brill.

Bagnall 1984 = Roger S. Bagnall, « The Origins of Ptolemaic Cleruchs », *BASP* 21, p. 7-20.

Balconi 1993 = Carla Balconi, « Rabirio Postumo dioiketes d'Egitto in P. Med. Inv. 68.53 ? », *Aegyptus*, 73, p. 3-20.

Balconi 1994 = Carla Balconi, « Rabirio Postumo dioiketes d'Egitto : prima testimonianza papiracea », in Adam Bülow-Jacobsen (éd.), *Proceedings of the 20th International Congress of Papyrologists* (Copenhague, 23-29 août 1992), Copenhague, p. 219-222.

BARBOTIN 2005 = Christophe Barbotin, *La Voix des hiéroglyphes. Promenade au département des antiquités égyptiennes du Louvre*, Paris, éditions Khéops.

BAUDON 2002 = V. Baudon, « La thériaque selon Galien : poison salutaire ou remède empoisonné », in Franck Collard et Évelyne Samama (éd.), *Le Corps à l'épreuve. Poisons, remèdes et chirurgie : aspects des pratiques médicales dans l'Antiquité et au Moyen Âge*, Langres, D. Guéniot, p. 45-56.

BECHER 1966 = Ilse Becher, *Das Bild der Kleopatra in der griechischen und lateinischen Literatur*, Berlin, Akademie-Verlag.

BENNETT 1997 = Chris Bennett, « Cleopatra Tryphaena and the Genealogy of the Later Ptolemies », *AncSoc* 28, p. 39-66.

BERNAND 1995 = André Bernand, *Alexandrie des Ptolémées*, Paris, éd. du CNRS.

BERNAND 1998 = André Bernand, *Alexandrie la Grande*, nouvelle édition, Paris, Hachette.

BERNHARD 1956 = Marie-Louise Bernhard, « Topographie d'Alexandrie : le tombeau d'Alexandre et le mausolée d'Auguste », *RA* 17, p. 129-156.

BERNS 2003 = Christof Berns, *Untersuchungen zu den Grabbauten der frühen Kaiserzeit in Kleinasien* (*Asia Minor Studien* 51), Bonn, Rudolf Habelt.

BERNS 2013 = Christof Berns, « The Tomb as a Node of Public Representation. Intramural Burials in Roman Imperial Asia Minor », in Olivier Henry (éd.), *La Mort dans la ville. Pratiques, contextes et impacts des inhumations* intra-muros *en Anatolie, du début de l'âge du bronze à l'époque romaine (2es Rencontres d'archéologie de l'Institut français d'études anatoliennes)*, Istanbul, p. 231-242.

BEVAN 1927 = Edwyn Robert Bevan, *A History of Egypt under the Ptolemies Dynasty*, Londres, Methuen.

BICKNELL 1977 = Peter J. Bicknell, « Caesar, Antony, Cleopatra and Cyprus », *Latomus* 36, p. 325-342.

BIELMAN SÁNCHEZ ET LENZO 2015 = Anne Bielman Sánchez et Giuseppina Lenzo, avec une contribution de Nicolas Consiglio, *Inventer le pouvoir féminin : Cléopâtre Ire et Cléopâtre II, reines d'Égypte au IIe s. av. J.-C.*, Berne, Peter Lang.

BINGEN 1970 = Jean Bingen, « Les épistratèges de Thébaïde sous les derniers Ptolémées », *CE* 45, p. 369-378 (= *Pages d'épigraphie grecque, I, Attique-Égypte (1952-1982). Epigraphica Bruxellensia* III, 2005, p. 169-183).

BINGEN 1982 = Jean Bingen, « L'asylie pour une synagogue. CIL III Suppl. 6583 = CII 1449 », in J. Quaegebeur (dir.) *Studia Paulo Naster Oblata* II *Orientalia Antiqua*, Leuven, Peeters, p. 11-16 (= *Pages d'épigraphie*, p. 45-50).

BINGEN 1994 = Jean Bingen, « Ptolémaïs (Haute-Égypte) : *C. Ord Ptol.* 67 et décrets de la cité », *Studia Varia Bruxellensia* III, Bruxelles, p. 13-21.

Bingen 1995 = Jean Bingen, « Les ordonnances royales C. Ord. Ptol. 75-76 (Héracléopolis, 41 av. J.-C.) », *CE* 70, p. 209-222.

Bingen 1999 = Jean Bingen, « La politique dynastique de Cléopâtre VII », *CRAI*, p. 49-66 (= *Hellenistic Egypt. Monarchy, Society, Economy, Culture*, Édimbourg, Edinburgh University Press, 2007, p. 63-79).

Bingen 1999 = Jean Bingen, « La politique dynastique de Cléopâtre VII », *CRAI* 143, 1 (1999), p. 49-66.

Bloedow 1963 = Edmund Bloedow, *Beiträge zur Geschichte des Ptolemaios XII*, Dissertation Wurzbourg.

Boatwright 1998 = Mary T. Boatwright, « Luxuriant Gardens and Extravagant Womens », in Maddalina Cima et Eugenio La Rocca, *Horti romani (Atti del convegno internazionale, Rome, 4-6 mai 1995)*, Rome, « L'Erma » di Bretschneider, p. 71-82.

Bodson 1986 = Liliane Bodson, « Observations sur le vocabulaire de la zoologie antique : les noms de serpent en grec et en latin », *Documents pour l'histoire du vocabulaire scientifique* 8, Paris, GRECO-CNRS, p. 65-119.

Bonneau 1971 = Danielle Bonneau, *Le Fisc et le Nil : incidences des irrégularités de la crue du Nil sur la fiscalité foncière dans l'Égypte grecque et romaine*, Paris, éd. Cujas.

Bouché-Leclercq 1903-1907 = Auguste Bouché-Leclercq, *Histoire des Lagides*, 4 vol., Paris, E. Leroux.

Boucher 1966 = Jean-Paul Boucher, *Caius Cornélius Gallus*, Paris, Les Belles Lettres.

Boulanger 1949 = André Boulanger, *Cicéron. Discours XVII. Pour C. Rabirius Postumus ; Pour T. Annius Milon*, Paris, Les Belles Lettres.

Bruwier 2014 = Marie-Cécile Bruwier, « Recherches archéologiques à Smouha, Alexandrie », in Jean-Yves Empereur, *Alexandrina* 4, Études alexandrines 32, Alexandrie, Paris, de Boccard, p. 21-33.

Burkhalter et Picard 2005 = Fabienne Burkhalter et Olivier Picard, « Le vocabulaire financier dans les papyrus et l'évolution des monnayages lagides en bronze », in Frédérique Duyrat et Olivier Picard, *L'exception égyptienne ? Production et échanges monétaires en Égypte hellénistique et romaine (Actes du colloque d'Alexandrie, 13-15 avril 2002)*, Le Caire, Institut français d'archéologie orientale, p. 53-80.

Bussi 2014 = Silvia Bussi, « Se représenter pour l'éternité : l'expression des ethnicités en Égypte dans les "portraits du Fayoum" », in Christel Müller et Anne-Emmanuelle Veïsse (éd.), *Identité ethnique et culture matérielle dans le monde grec (Actes de la table ronde, Paris, 10-11 décembre 2010)*, *DHA*. Supplément 10, p. 257-282.

BUSSI 2016-2017 = Silvia Bussi, « Cléopâtre et la *chora* égyptienne : problèmes économiques et sociaux », *Byrsa* 29-30 (2016) -31-32 (2017), p. 15-36.

BUTTREY 1954 = T.V. Buttrey, « Thea Neotera on Coins of Antony and Cleopatra », *American Numismatic Society Museum Notes* 6, p. 95-109.

CANFORA 1988 = Luciano Canfora, *La Véritable Histoire de la bibliothèque d'Alexandrie* (traduit de l'italien, Palerme, 1986), Paris, Desjonquères.

CAPPONI 2005 = Livia Capponi, *Augustan Egypt. The Creation of a Roman Province*, New York, Londres, Routledge.

CAPPONI 2021 = Livia Capponi, *Cleopatra*, Bari, Laterza.

CARCOPINO 1937 = Jérôme Carcopino, « César et Cléopâtre », *Annales de l'École des hautes études de Gand* 1, p. 37-77.

CARCOPINO 1958 = Jérôme Carcopino, *Passion et politique chez les Césars*, Paris, Hachette.

CARREZ-MARATRAY 2014 = Jean-Yves Carrez-Maratray, *Bérénice II d'Égypte. Une reine dans les étoiles*, Paris, Ellipses.

CAUVILLE 2018 = Sylvie Cauville, « D'Edfou à Dendara : Cléopâtre et son père », in Aufrère et Michel 2018, p. 173-190.

CAVAGNA 2010 = Alessandro Cavagna, *La crisi dello stato ptolemaico tra inflazione e svalutazione del denaro*, Milan, Cisalpino.

CHALON 1964 = *L'Édit de Tiberius Julius Alexander. Étude historique et exégétique*, Olten-Lausanne, URS Graf-Verlag.

CHAMOUX 1986 = François Chamoux, *Marc Antoine*, Paris, Arthaud.

CHAMOUX 1987 = François Chamoux, « Compte rendu », *REG* 100, p. 490-491.

CHAUVEAU 1997 = Michel Chauveau, *L'Égypte au temps de Cléopâtre, 180-30 av. J.-C.*, Paris, Hachette.

CHAUVEAU 1998 = Michel Chauveau, *Cléopâtre au-delà du mythe*, Paris, Liana Levi.

CHAUVEAU 1998a = Michel Chauveau, « Une nouvelle déesse Philadelphe », in Willy Clarysse, Antoon Schoors et Harco Willems (éd.), *Egyptian Religion, the Last Thousand Years. Studies dedicated to the Memory of Jan Quaegebeur*, Orientalia Lovaniensia Analecta 85, II, Leuven, Peeters, p. 1263-1276.

CHAUVEAU 1999 = Michel Chauveau, « Bilinguisme et traductions », in Valbelle et Leclant 1999, p. 25-39.

CHRISTMANN 2005 = Kathrin Christmann, « Ptolemaios XII von Ägypten, Freund des Pompeius », in Altay Coskun (éd.), *Roms auswärtige Freunde in der späten Republik und im frühen Prinzipat*, Göttinger Forum für Altertumswissenschaft. Beihefte 19, Göttingen, p. 113-126.

CHUGG 2005 = Andrew Michael Chugg, *Alexandre le Grand. Le tombeau perdu* (traduit de l'anglais, Londres, 2004), Londres, Richmond Editions.

CLARYSSE 1998 = Willy Clarysse, « Ethnic Diversity and Dialect among the Greeks of Hellenistic Egypt », in A.M.F.W. Verhoogt et S.P. Vleeming (éd.), *The Two Faces of Graeco-Roman Egypt. Greek and Demotic and Greek-Demotic Texts and Studies presented to P.W. Pestman (Papyrologica Lugduno-Batava. 30)*, Leyde, E.J. Brill, p. 1-13.

CLARYSSE 1999 = Willy Clarysse, « Ptolémées et temples », in Valbelle et Leclant 1999, p. 25-39.

CLARYSSE 2000 = Willy Clarysse, « The Ptolemies Visiting the Egyptian Chora », in Leon Mooren (dir.), *Politics, Administration and Society in the Hellenistic and Roman World* (Studia hellenistica 36), Leuven, Peeters, p. 29-53.

CLARYSSE ET THOMPSON 2006 = Willy Clarysse et Dorothy J. Thompson, *Counting the People in Hellenistic Egypt*, 2 volumes, Cambridge, Cambridge University Press.

CLARYSSE ET YAN 2007 = Willy Clarysse et H. Yan, « Two Ptolemaic Stelae for the Sacred Lion of Leonton Polis (Tell Moqdam), *CE* 82, p. 77-100.

COLLARD 2007 = Franck Collard, *Pouvoir et poison. Histoire d'un crime politique de l'Antiquité à nos jours*, Paris, Le Seuil.

COLTELLONI-TRANNOY 1997 = Coltelloni-Trannoy, *Le Royaume de Maurétanie sous Juba II et Ptolémée (25 av. J.-C.-40 apr. J.-C.)*, Paris, éd. du CNRS.

COSME 2014 = Pierre Cosme, *Auguste, maître du monde : Actium, 2 septembre 31 avant J.-C.*, Paris, Tallandier.

COUVENHES 2013 = Jean-Christophe Couvenhes, « Le *basilikon symposion* de Cléopâtre à Tarse et Antoine, *neos Dionysos* à Athènes », in Catherine Grandjean, Anna Heller et Jocelyne Peigney (éd.), *À la table des rois. Luxe et pouvoir dans l'œuvre d'Athénée*, Rennes, Tours, PUFR/PUR, 2013, p. 229-250.

COUVENHES ET LEGRAS 2019 = Jean-Christophe Couvenhes et Bernard Legras, *Kállistos Nómos. Scritti in onore di Alberto Maffi*, Barbara Biscotti (éd.), Turin, G. Giappichelli editore, 2018 [2019], p. 55-70.

CRAWFORD 1974 = Michael Crawford, *Roman Republican Coinage (= RRC)*, Londres, New York, Cambridge University Press.

CRIBIORE 2001 = Raffaella Cribiore, *Gymnastics of the Mind. Greek Education in Hellenistic and Roman Egypt*, Princeton, Oxford, Princeton University Press.

CRISCUOLO 2016 = Lucia Criscuolo, « Queens' Wealth », in Tomasz Derda, Adam Łajtar et Jakub Urbanik, *Proceedings of the 27th International Congress of Papyrology* (Varsovie, 26 juillet-3 août 2013), *JJP Suppl. 28*, Varsovie, Faculty of Law and Administration of University of Warsaw.

CUVIGNY 2006 = Hélène Cuvigny, « Les poubelles de la contre-histoire. Ostraca et inscriptions du désert oriental égyptien (Ier-IIIe s. apr. J.-C.), in S. Fellous, C. Heid, M.-H. Jullien, T. Buquet (éd.), *Le Manuscrit dans tous ses états, cycle thématique 2005-2006 de l'Institut de recherche et d'histoire des textes*, Paris : http://aedilis.irht.cnrs.fr/manuscrit/poubelles-ostraca.htm

DAIBROWA 2006 = Edward Dąbrowa, « Marc Antoine, les Parthes et l'Arménie », in Traina 2006, p. 341-352.

DAVID 1992 = Jean-Michel David, *Le Patronat judiciaire au dernier siècle de la République romaine*, Bibliothèque des Écoles françaises d'Athènes et de Rome 277, École française de Rome, Rome.

DE CALLATAŸ 2015 = François de Callataÿ, *Cléopâtre, usages et mésusages de son image*, Bruxelles, Académie royale de Belgique.

DE MEULENAER 1959 = Herman De Meulenaer, « Les stratèges indigènes du nome tentyrite à la fin de l'époque ptolémaïque et au début de l'occupation romaine », *RSO* 34, p. 1-25.

DESSAU 1911 = Hermann Dessau, « Gaius Rabirius Postumus », *Hermes* 46, p. 613-620.

DEVAUCHELLE 2001 = Didier Devauchelle, « La stèle du Louvre IM 8 (Sérapéum de Memphis) et la prétendue date de naissance de Césarion », *Enchoria* 27, p. 41-57.

DILS 1998 = Peter Dils, « La couronne d'Arsinoè II Philadelphe », in Willy Clarysse, Antoon Schoors et Harco Willems (éd.), *Egyptian Religion, the Last Thousand Years. Studies dedicated to the Memory of Jan Quaegebeur*, Orientalia Lovaniensia Analecta 85, II, Leuven, Peeters, p. 1299-1330.

DORANDI 2005 = Tiziano Dorandi, « La tradition papyrologique des stoïciens », in Gilbert Romeyer-Dherbey et Jean-Baptiste Gourinat, *Les Stoïciens*, Paris, Vrin, p. 29-52.

DUNAND 1973 = Françoise Dunand, *Le Culte d'Isis dans le bassin oriental de la Méditerranée*, t. I, *Le culte d'Isis et les Ptolémées* (Études préliminaires aux religions orientales dans l'Empire romain 26), Leyde, E.J. Brill.

DUNAND 1980 = Françoise Dunand, « L'exode rural en Égypte à l'époque hellénistique », *Ktema* 5 (1980), p. 137-150.

DUNAND 1986 = Françoise Dunand, « Les associations dionysiaques au service du pouvoir lagide (IIIe s. av. J.-C.) », in *L'Association dionysiaque dans les sociétés anciennes (table ronde organisée par l'École française de Rome en mai 1984),* Rome, École française de Rome, p. 85-104.

DUNAND 2008 = Françoise Dunand, *Isis, Mère des Dieux*, Arles, Actes Sud.

ECKHARDT 2007 = Benedikt Eckhardt, « Herodes und Rom 40 v. Chr. Vom Nutzen und Nachteil der Königswürde für einen jüdischen Herrscher », in Linda-Marie Günther (dir.), *Herodes und Rom*, Stuttgart, p. 9-26.

ELLER 2011 = Audrey Eller, « Césarion : controverse et précisions à propos de sa date de naissance », *Historia*, 60, p. 474-483.

EMPEREUR 1997 = Jean-Yves Empereur, *Alexandrie, Césaréum : les fouilles du cinéma Majestic : la consommation céramique en milieu urbain à la fin de l'époque hellénistique*, Alexandrie, Centre d'études alexandrines.

EMPEREUR 1998 = Jean-Yves Empereur, *Alexandrie redécouverte*, Paris, Fayard-Stock.

FERRIÈS 2000 = Marie-Claire Ferriès, « La légende noire de P. Canidius Crassus », *Athenaeum* 88, p. 413-430.

FISCHER-BOVET 2014 = Christelle Fischer-Bovet, *Army and Society in Ptolemaic Egypt*, Cambridge, Cambridge University Press.

FISCHER-BOVET 2014a = Christelle Fischer-Bovet, « Un aspect des conséquences des réformes de l'armée lagide : soldats, temples égyptiens et inviolabilité (*asylia*) », in Anne-Emmanuelle Veïsse et Stéphanie Wackenier, *L'Armée en Égypte aux époques perse, ptolémaïque et romaine*, Genève, Paris, Droz, p. 137-170.

FLEISCHER 1996 = Robert Fleischer, « Kleopatra Philantonios », *IstMitt* 46, p. 237-240.

FOLLET 2012 = Simone Follet, « Philostrate d'Égypte », in Richard Goulet, *Dictionnaire des philosophes antiques*, t. V, n° 166, p. 575-576.

FORABOSCHI 2014 = Daniele Foraboschi, « I primi Romani sul Nilo », in M. Chiabà (éd.), *Hoc quoque laboris praemium : scritti in onore di Gino Bandelli*, Trieste, p. 163-171.

FRASER 1972 = Peter M. Fraser, *Ptolemaic Alexandria*, 3 vol., Oxford, Clarendon Press.

FRASS 2006 = Monika Frass, *Antike römische Gärten : Soziale und wirtschaftliche Funktionen der* Horti Romani, Vienne, Horn.

FRITH 1857 = Francis Frith, *Egypt and Palestine* II, Londres, James S. Virtue ; New York, Ivy Lane.

FUCHS 1924 = Leo Fuchs, *Die Juden Ägyptens in ptolemäischer und römischer Zeit*, Vienne, M. Rath Verlag.

FURTWÄNGLER 1900 = Adolf Furtwängler, *Die antiken Gemmen, Geschichte der Steinschneidekunst im klassischen Altertum*, 3 volumes, Leipzig, Giesecke und Devrient.

GAERTNER ET HAUSBURG 2013 = Jan Felix Gaertner et Bianca C. Hausburg, *Caesar and the Bellum alexandrinum. An Analysis of Style, Narrative Technique, and the Reception of Greek Historiography*, Göttingen-Bristol (Conn.), Vandenhoeck & Ruprecht.

GALLAND-FREYBURGER 1987 = Marie-Laure Galland-Freyburger, « Cas particulier d'un emprunt littéraire d'un historien grec à un tragique latin », *De Virgile à Jacob Balde, Hommage à A. Thill*, Études recueillies par G. Freyburger, *Bulletin de la Faculté des lettres de Mulhouse* 15, p. 119-123.

GARA 1984 = Alessandro Gara, « Continuità e trasformazione della politica monetaria di Augusto », *Atti del XVIII Congresso Internazionale di Papirologia (Naples, 19-26 mai 1983)*, III, Naples, p. 1007-1014.

GENTILI 2014 = Giovanni Gentili, *Le mythe Cléopâtre* 2014 = *Le mythe Cléopâtre. Catalogue de l'exposition de la Pinacothèque de Paris (10 avril-7 septembre 2014)*, Paris, Société française de promotion artistique.

GERACI 1983 = Giovanni Geraci, *Genesi della provincia romana d'Egitto*, Bologne, Clueb.

GITLER ET MASTER = Haim Gitler et Daniel M. Master, « Cleopatra at Ascalon : Recent Finds from the Leon Levy Expedition », *INR* 5, p. 67-98.

GODDIO *ET AL.* 1998 = Franck Goddio, André Bernand, Étienne Bernand, Ibrahim Darwisch, Zsolt Kiss et Jean Yoyotte, *Les Quartiers royaux submergés*, Londres, Periplus.

GODON 2018 = Stephen Godon, « Cléopâtre au service des théories raciales aux États-Unis et symbole de l'émergence d'une nouvelle femme américaine dans la seconde moitié du XIXe siècle », in Aufrère et Michel 2018, p. 365-376.

GRAINDOR 1931 = Paul Graindor, *La Guerre d'Alexandrie*, Le Caire, Université égyptienne.

GRANT 1974 = Michael Grant, *The Army of the Caesars*, Londres, Weidenfeld & Nicolson.

GREEN 1997 = Peter Green, *D'Alexandre à Actium : du partage de l'Empire au triomphe de Rome* (traduit de l'anglais, Berkeley (Cal.), 1990), Paris, R. Laffont.

GRIFFITHS 1961 = J. Gwyn Griffiths, « The Death of Cleopatra VII », *JEA* 47, p. 113-118.

GRIMM 1998 = Günter Grimm, *Alexandria. Die erste Königstadt der hellenistischen Welt*, Mayence, Philipp von Zabern.

GROTKAMP 2018 = Nadine Grotkamp, *Rechtsschutz im hellenistischen Ägypten* (Münchener Beiträge zur Papyrusforschung und antiken Rechtsgeschichte 115), Munich, C.H. Beck.

GRUEN 2011 = Eric S. Gruen, « Cleopatra in Rome. Facts and Fantasies », in Margaret M. Miles, *Cleopatra : a Sphinx Revisited*, Berkeley, University of California Press, p. 37-53.

GUIRAUD 1905 = Paul Guiraud, *Études économiques sur l'Antiquité*, Paris, Hachette.

Habicht 2006 = Christian Habicht, *Athènes hellénistique. Histoire de la cité d'Alexandre le Grand à Marc Antoine* (traduit de l'allemand, C.H. Beck, 1995), 2e éd., Paris, Les Belles Lettres.

Hairy 2007 = Isabelle Hairy, « Pharos, l'Égypte et Platon », in Françoise-Hélène Massa-Pairault et Gilles Sauron (dir.), *Images et modernité hellénistiques : appropriation et représentation du monde d'Alexandre à César* (Rome, 13-15 mai 2004), Rome, École française de Rome, p. 61-89.

Hanson 2008 = Ann Ellis Hanson, « The Correspondence between Soranus, Marc Anthony, and Cleopatra », in Véronique Boudon-Millot, Véronique Dasen et Brigitte Maire, *Femmes en médecine en l'honneur de Danielle Gourevitch*, Paris, de Boccard, p. 75-103.

Harker 2008 = Andrew Harker, *Loyalty and Dissidence in Roman Egypt, the Case of the* Acta Alexandrinorum, Cambridge, Cambridge University Press.

Hauben et Van 't Dack 1978 = Hans Hauben et Edmond Van 't Dack, « L'apport égyptien à l'armée navale lagide », in Herwig Maehler et Volker Michael Strocka (éd.), *Das Ptolemäische Ägypten : Akten des internationalen Symposiums, 27-29. September 1976 in Berlin*, Mayence, p. 59-93.

Heilporn 2010 = Paul Heilporn, « Présence romaine en Égypte ptolémaïque », in Nathalie Barrandon et François Kirbihler (dir.), *Administrer les provinces de la République romaine* (Nancy II, 4-5 juin 2009), Rennes, PUR, p. 99-111.

Heinen 1966 = Heinz Heinen, *Rom und Ägypten von 51 bis 47 v. Chr. Untersuchungen zur Regierungszeit der 7. Kleopatra und des 13. Ptolemäers*, Dissertation Tübingen, 1966, in Heinen 2009, p. 13-153.

Heinen 1968 = Heinz Heinen, « Séleucos Cybiosactès et le problème de son identité », in Louis Cerfaux *et al.* (dir.), *Antidorum W. Peremans Sexagenario ab alumnis oblatum*, Studia hellenistica 16, Leuven, Peeters, p. 105-114.

Heinen 1978 = Heinz Heinen, « Aspects et problèmes de la monarchie ptolémaïque », *Ktema* 3, p. 176-195.

Heinen 1998 = Heinz Heinen, « Eine Darstellung des vergöttlichten Iulius Caesar auf eine ägyptische Stele ? Beobachtungen zu einem mißverstandenen Denkmal (SB I 1570 = IG Fay. I 14 », in Peter Kneissl et Volker Losemann, *Imperium Romanum. Studien zu Gechichte und Rezeption. Festschrift zur 75. Geburtstag*, Stuttgart, Franz Steiner.

Heinen 2009 = Heinz Heinen, *Kleopatra-Studien. Gesammelte Schriften zur ausgehenden Ptolemäerzeit*, Constance, UVK Universitätsverlag Konstanz GmbH.

Höber-Kamel 2001 = Gabriele Höber-Kamel, « 'So soll es geschehen'. Kleopatras Original-Handschrift auf einem Papyrus », *Kemet* 10, 1, p. 60-61.

Hölbl 1994 = Günther Hölbl, *Geschichte des Ptolemäerrreiches*, Darmstadt, Wissenschaftliche Gesellschaft.

HOFFMANN, MINAS-NERPEL ET PFEIFFER 2009 = Friedhelm Hoffmann, Martina Minas-Nerpel et Stefan Pfeiffer, *Die dreisprachige Stele des C. Cornelius Gallus. Übersetzung und Kommentar*, *APF Beiheft* 9, Berlin, New York, Walter de Gruyter.

HOHLWEIN 1940 = Nicolas Hohlwein, « Déplacements et tourisme dans l'Égypte romaine », *CE* 15, p. 253-278.

HÜBSCH 1968 = Herbert Hübsch, *Die Personalangaben als Identifizierungsvermerke im Recht der gräko-ägyptischen Papyri*, Berlin, Duncker & Humblot.

HUSS 1990 = Werner Huß, « Die Herkunft der Kleopatra », *Aegyptus* 70, p. 191-203.

HUSS 1999 = Werner Huß, « Le basileus et les prêtres égyptiens », in Valbelle et J. Leclant 1999, p. 117-126.

HUSS 2001 = Werner Huß, *Ägypten in hellenistischer Zeit : 332-30 v. Chr.*, Munich, C.H. Beck.

IJSEWIJN 1961 = Jozef Ijsewijn, *De sacerdotibus sacerdotiisque Alexandri Magni et Lagidarum eponymis*, Verhandelingen van de Koninklijke Vlaamse Academie voor Wetenschappen, Letteren en Schone Kunsten van België. Klasse der Letteren. Verhandelingen 42, Bruxelles.

JOLITON 2018 = Virginie Joliton, « Cléopâtre VII dans les temples indigènes de l'Égypte ancienne : images et réalités du pouvoir », in Aufrère et Michel 2018, p. 191-213.

JÖRDENS 2005 = Andrea Jördens, *Texte aus der Umwelt des Alten Testaments, NF* 2, Gütersloh, Gütersloher Verlagshaus, p. 382.

KEENAN, MANNING ET YIFTACH-FIRANKO 2014 = James G. Keenan, Joseph G. Manning et Uri Yiftach-Firanko, *Law and Legal Practice in Egypt from Alexander to the Arab Conquest*, Cambridge, Cambridge University Press.

KLODT 1992 = Claudia Klodt, *Ciceros Rede Pro Rabirio Postumo : Einleitung und Kommentar*, Stuttgart, B.G. Teubner.

LA'DA 2002 = Csaba A. La'da, *Foreign Ethnics in Hellenistic Egypt* (*Prosopographia Ptolemaica* 10), Leuven, Peeters.

LA ROCCA 1984 = Eugenio La Rocca, *L'Età d'oro di Cleopatra : indagine sulla « Tazza Farnese »,* Rome, L'Erma di Bretschneider.

LAKS 2007 = André Laks, « Plaisirs cyrénaïques : pour une logique de l'évolution interne à l'école », in Laurence Boulègue et Carlos Lévy (éd.), *Hédonismes. Penser et dire le plaisir dans l'Antiquité et à la Renaissance*, Villeneuve d'Ascq, Presses universitaires du Septentrion, p. 17-46.

LANCIERS 2018 = Eddy Lanciers, « The Emergence of the Ptolemaic Honorific Court Title », *AncSoc* 48, p. 49-82.

Launey 1949-1950 = Marcel Launey, *Recherches sur les armées hellénistiques*, 2 vol., Paris, de Boccard (rééd. avec mise à jour 1987).

Legras 1999 = Bernard Legras, Néotês. *Recherches sur les jeunes Grecs dans l'Égypte ptolémaïque et romaine*, Genève, Paris, Droz.

Legras 2002 = Bernard Legras, *Lire en Égypte d'Alexandre à l'Islam*, Paris, Picard.

Legras 2002a = Bernard Legras, « Les experts égyptiens à la cour des Ptolémées », *RH* 624/4, p. 963-991.

Legras 2004 = Bernard Legras, « La réforme du calendrier sous Ptolémée III : l'avènement d'un âge d'or ? », in Claudine Auliard et Lydie Bodiou (dir.), *Au jardin des Hespérides. Histoire, société et épigraphie des mondes anciens. Mélanges offerts à Alain Tranoy*, Presses universitaires de Rennes, p. 191-206.

Legras 2009 = Bernard Legras, *L'Égypte grecque et romaine*, 2e éd., Paris, Armand Colin.

Legras 2011 = Bernard Legras, *Les Reclus grecs du Sarapieion de Memphis. Une enquête sur l'hellénisme égyptien*, Studia hellenistica 49, Leuven, Peeters.

Legras 2014 = Bernard Legras, « Expériences romaines dans le royaume lagide sous Ptolémée XII et Cléopâtre VII, » in Julien Dubouloz, Sylvie Pittia et Gaetano Sabattini, *L'*Imperium romanum *en perspective. Les savoirs d'empire dans la République romaine et leur héritage dans l'Europe médiévale et moderne*, Besançon, p. 269-282.

Legras 2015 = Bernard Legras, « Les cavaliers-clérouques dans l'économie du Fayoum ptolémaïque », in Silvia Bussi et Daniele Foraboschi (éd.), *Continuità e discontinuità nella società, nell' economia e nella cultura dall'età classica a quella ellenistica e romana* (Milan, Università degli Studi, 16 septembre 2013), *Studi ellenistici* XXIX, Milan, p. 391-399.

Legras 2015a = Bernard Legras, « Cléopâtre VII : mourir par le venin du cobra ? », *Les Vénéneuses. Figures d'empoisonneuses de l'Antiquité à nos jours*, in Lydie Bodiou, Frédéric Chauveau et Marie Soria (éd), Rennes, Presses universitires de Rennes, p. 277-291.

Legras 2016 = Bernard Legras, « Une *abasileusia* durant l'an 3 de Cléopâtre VII », *CCG* 27, p. 189-198.

Legras 2019 = « La législation de Cléopâtre VII », in Emmanuelle Chevreau, Carla Masi Doria et Johannes Michael Rainer (dir.), *Liber amicorum. Mélanges en l'honneur de Jean-Pierre Coriat*, Paris, éditions Panthéon-Assas, p. 511-526.

Le Rider et de Callataÿ 2006 = Georges Le Rider et François de Callataÿ, *Les Séleucides et les Ptolémées. L'héritage monétaire et financier d'Alexandre le Grand*, Monaco, Paris, éditions du Rocher.

Levi 1954 = Mario Attilio Levi, « Cleopatra e l'aspide », *PP* 9, p. 293-295.

LICHOKA 2005 = Barbara Lichoka, « Bilan des découvertes monétaires dans les fouilles polonaises d'Alexandrie », in Frédérique Duyrat et Olivier Picard, *L'Exception égyptienne ? Production et échanges monétaires en Égypte hellénistique et romaine (Actes du colloque d'Alexandrie, 13-15 avril 2002)*, Le Caire, Institut français d'archéologie orientale, p. 299-311.

LIPPERT 2004 = Sandra Lippert, *Ein demotisches juristisches Lehrbuch. Untersuchungen zu Papyrus Berlin P233757 rto*, Wiesbaden, Harrassowitz.

LORBER 2005 = Catharine C. Lorber, « Development of Ptolemaic Bronze Coinage in Egypt », in Frédérique Duyrat et Olivier Picard, *L'Exception égyptienne ? Production et échanges monétaires en Égypte hellénistique et romaine* (Actes du colloque d'Alexandrie, 13-15 avril 2002), Études alexandrines 10, Le Caire, Institut français d'archéologie orientale, p. 135-157.

ŁUKASZEWICZ 1998 = Adam Łukaszewicz, « Les activités commerciales et artisanales dans Alexandrie romaine à la lumière des papyrus », in Jean-Yves Empereur (éd.), *Commerce et artisanat dans l'Alexandrie hellénistique et romaine (Actes du colloque d'Athènes, 11-12 décembre 1988)*, Athènes, Paris, de Boccard, p. 107-113.

MACURDY 1932 = Grace Harriet Macurdy, *Hellenistic Queens : A Study of Woman-Power in Macedonia, Seleucid Syria, and Ptolemaic Egypt*, Baltimore, The Johns Hopkins Press.

MAEHLER 1983 = Herwig Maehler, « Egypt in the Last Ptolemies », *BICS* 30, p. 1-15 (Plate 1-3).

MAHAFFY 1899 = John Pentland Mahaffy, *A History of Egypt under the Ptolemaic Dynasty*, Londres, Methuen & Co.

MALAISE 1972 = Michel Malaise, *Les Conditions de pénétration et de diffusion des cultes égyptiens en Italie* (Études préliminaires aux religions orientales dans l'Empire romain 22), Leyde, E.J. Brill.

MANNING 2003 = Joseph Manning, *Land and Power in Ptolemaic Egypt. The Structure of Land Tenure*, Cambridge, Cambridge University Press.

MANNING 2018 = J.G. Manning, *The Open Sea. The Economic Life of the Ancient Mediterranean World from the Iron Age to the Rise of Rome*, Princeton, Oxford, Princeton University Press.

MARASCO 1996 = Gabriele Marasco, « Les médecins de cour à l'époque hellénistique », *REG* 109, p. 435-466.

MARASCO 1998 = Gabriele Marasco, « Cléopâtre et les sciences de son temps », in Gilbert Argoud et Jean-Yves Guillaumin (éd.), *Sciences exactes et sciences appliquées à Alexandrie (IIIe siècle av. J.-C.-Ier siècle apr. J.-C.)*, Centre Jean-Palerne. Mémoires XVI, Publications de l'université de Saint-Étienne, p. 48-52.

MARGANNE 2011 = Marie-Hélène Marganne, « Le dossier des ouvrages médicaux attribués à Cléopâtre dans le fonds M.D. Grmek à l'IMEC », *Histoire des sciences médicales* XLV, 2, p. 149-154.

MÉLÈZE-MODRZEJEWSKI 1982 = Joseph Mélèze-Modrzejewski, « Entre la cité et le fisc : le statut grec dans l'Égypte romaine, in Francisco Javier Fernández Nieto (éd.), *Symposion 1982. Actas de la Societad de Historia del Derecho Griego y Helenístico (Santander, 1er-4 septembre 1982)*, Valence, p. 241-280) (= Joseph Mélèze-Modrzejewski, *Droit impérial et traditions locales dans l'Égypte romaine*, Aldershot, Variorum Reprints, 1990, n° I).

MÉLÈZE-MODRZEJEWSKI 1994 = Joseph Mélèze-Modrzejewski, « Πρόσταγμα περὶ τῆς γεωργίας. Droit grec et réalités égyptiennes en matière de bail forcé », in Schaffik Allam (dir.), *Grund und Boden in Altägypten*, Tubingen, im Sebstverlag des Herausgebers, p. 199-226 (= Mélèze-Modrzejewski 2011, Chapitre IV).

MÉLÈZE-MODRZEJEWSKI 1999 = Joseph Mélèze-Modrzejewski, « La dernière chance des Juifs d'Égypte », *L'Histoire*, n° 238 (décembre 1999), Sophia Publications, p. 48-49.

MÉLÈZE-MODRZEJEWSKI 2006 = Joseph Mélèze-Modrzejewski, « La fiancée adultère. À propos de la pratique matrimoniale du judaïsme hellénisé à la lumière du dossier du *politeuma* juif d'Hérakléopolis (144/3-133/2 av. J.-C.), in Jean-Christophe Couvenhes et Bernard Legras (éd.), *Transferts culturels et politiques dans le monde hellénistique*, Paris, Publications de la Sorbonne, p. 103-118.

MÉLÈZE-MODRZEJEWSKI 2008 = Joseph Mélèze-Modrzejewski, *La Bible d'Alexandrie LXX. 15.3 Troisième livre des Maccabées*, Paris, Les éditions du Cerf.

MÉLÈZE-MODRZEJEWSKI 2011 = Joseph Mélèze-Modrzejewski, *Droit et justice dans le monde grec et hellénistique (JJP Suppl.* 10), Varsovie, Faculty of Law and Administration of University of Warsaw.

MÉLÈZE-MODRZEJEWSKI 2012 = Joseph Mélèze-Modrzejewski, *Le Droit grec après Alexandre*, Paris, Dalloz.

MÉLÈZE-MODRZEJEWSKI 2014 = Joseph Mélèze-Modrzejewski, *Loi et coutume dans l'Égypte grecque et romaine : les facteurs de formation du droit en Égypte d'Alexandre le Grand à la conquête arabe* (*JJP Suppl.* 21) Varsovie, Faculty of Law and Administration of University of Warsaw.

MICHEL 2018 = Anaïs Michel, « Cléopâtre et l'île d'Aphrodite. Enjeux politiques et idéologiques de l'île de Chypre au crépuscule de la dynastie lagide », in Aufrère et Michel 2018, p. 243-265.

MILNE 1916 = Joseph Grafton Milne, « Greek and Roman Tourists in Egypt », *JEA* 3, p. 76-80.

MOND ET MYERS 1934 = Robert Mond et Oliver H. Myers, *The Bucheum, II, The Inscriptions, III, The Plates* (Egypt Exploration Society Memoir 41), Londres.

MOOREN 1975 = Leon Mooren, *The Aulic Titulatur in Ptolemaic Egypt. Introduction and Prosopography*, Verhandelingen van de Koninklijke Vlaamse Academie voor Wetenschappen, Letteren en Schone Kunsten van België. Klasse der Letteren. Verhandelingen 37, 38, Bruxelles.

MOYER 2011 = Ian Moyer, « Court, Chora, and Culture in Late Ptolemaic Egypt », *AJPh* 132, p. 49-72.

NEWMAN 1990 = Robert Newman, « A Dialogue of Power in the Coinage of Antony and Octavian », *AJN* 2, p. 37-64.

NIELSEN 1994 = Inge Nielsen, *Hellenistic Palaces. Tradition and Renewal*, Aarhus, Aarhus University Press.

OGDEN 1999 = Daniel Ogden, *Polygamy, Prostitutes and Death. The Hellenistic Dynasties*, Londres, Duckworth-The Classical Press of Wales.

OLIVIER ET PARISOT-SILLON 2013 = Julien Olivier et Charles Parisot-Sillon, « Les monnayages aux types de Cléopâtre et Antoine. Premiers résultats et perspectives », *BSFN* 68/69, p. 256-268.

OLIVIER ET PARISOT-SILLON 2014 = Julien Olivier et Charles Parisot-Sillon, « Un brockage républicain à l'effigie de Cléopâtre », *BSFN* 68/5, p. 123-125.

PACK 1965 = Roger A. Pack, *The Greek and Latin Literary Texts from Greco-Roman Egypt*, 2e éd. révisée, Ann Arbor, The University of Michigan Press.

PELLING 1988 = Christopher Pelling (dir), *Plutarch : Life of Antony*, Cambridge, Cambridge University Press.

PFEIFFER 2008 = Stefan Pfeiffer, *Herrscher – und Dynastiekulte im Ptolemërreich. Systematik und Einordnung der Kultformen*, Munich, C.H. Beck.

PFROMMER 2001 = Michael Pfrommer, *Alexander der Große. Auf der Spuren eines Mythos*, Mayence, Philipp von Zabern.

PICARD 1922 = Charles Picard, *Éphèse et Claros : recherches sur les sanctuaires et les cultes de l'Ionie du Nord*, Paris, de Boccard.

POLLINI 1992 = John Pollini, « The Tazza Farnese : *Augusto Imperatore "Redeunt Saturnia Regna !"* », *AJA* 96, p. 283-300.

POLYCHRONIS 2018 = Théo Polychronis, « Le portrait de Cléopâtre dans la *Vie d'Antoine* de Plutarque, in Aufrère et Michel 2018, p. 267-301.

PRÉAUX 1978 = Claire Préaux, *Le Monde hellénistique. La Grèce et l'Orient (323-146 av. J.-C.)*, 2 vol., Paris, Nouvelle Clio, PUF.

QUAEGEBEUR 1982 = Jan Quaegebeur, *Lexicon der Ägyptologie*, IV, Wiesbaden, 456s, *s.v.* « Nepheros (Pnepheros) ».

QUAEGEBEUR 1983 = Jan Quaebebeur, « Twee laat-egyptische teksten rond dierenverering. Stèle Ny Carlsberg Glyptotheek 1681 en Papyrus BM 10845 », in Klaas Roelof Veenhof (éd.), *Schrijvend Verleden. Documenten uit het Oude*

Nabije Oosten vertaald en toegelicht, Mededelingen en verhandelingen van het Vooraziatisch-Egyptisch Genootschap 'Ex Oriente Lux', Leyde, Zutphen, p. 263-276.

QUAEGEBEUR 1991 = Jan Quaegebeur, « Cléopâtre VII et le temple de Dendara », *GöttMisz* 120, p. 49-72.

QUEYREL 2006 = « Die Ikonographie Kleopatras VII. Geschichte und Vorgeschichte », in Bernard Andreae *et al.* (éd.), *Kleopatra und die Caesaren* (catalogue d'exposition, Bucerius Kunstforum, Hambourg, 28 octobre 2006-4 février 2007), Munich, Hirmer, p. 158-163.

QUEYREL 2008 = « La pseudo-Cléopâtre de la maison du Diadumène à Délos », in Dominique Gerin, Angelo Geissen et Michel Amandry (éd.), *Aegyptiaca serta in Soheir Bakhoum memoriam. Mélanges de numismatique, d'iconographie et d'histoire*, Paris, Bibliothèque nationale de France ; Milan, edizioni Ennerre, p. 199-210.

QUEYREL 2011 = « Statue », in Odile Cavalier *et al.* (éd.), *Fastueuse Égypte* (catalogue d'exposition, musée Calvet, Avignon, 25 juin-14 novembre 2011), Paris, Hazan, p. 77.

QUEYREL 2019 = François Queyrel, « The Portraits of the Ptolemies », in Olga Palagia (éd.), *Handbook of Greek Scuplture (Ancient Greek and Roman Art and Architecture* 1*)*, Berlin, Boston, Walter de Gruyter, p. 194-224.

RAUBITSCHEK 1946 = Antony Raubitschek, « Octavia Deification at Athens », *TAPhA* 77, p. 146-150.

REDDÉ 1984 = Michel Reddé, *Mare nostrum : les infrastructures, le dispositif et l'histoire de la marine militaire sous l'Empire romain*, Rome, École française de Rome.

REINACH 1928 = Théodore Reinach, « Du rapport de valeur des métaux monétaires dans l'Égypte au temps des Ptolémées », *REG* 41, p. 121-196.

REYMOND ET BARNS 1977 = E.A.E. Reymond et J.W.B. Barns, « Alexandria and Memphis : Some Historical Observations », *Orientalia* 46, p. 1-33.

REYMOND 1981 = E.A.E. Reymond, *From the Records of a Priestly Family from Memphis*, I, Wiesbaden, Harrassowitz.

RICCIARDETTO 2020 = Antonio Ricciardetto, « Nouvelles données sur un papyrus relatif au bilinguisme gréco-égyptien. Réexamen et mise en contexte de l'UP2 I 148 », *Papyrologica Lupiensia* 29, p. 93-125.

RICKETTS 1984 = Linda Ricketts, *The Administration of Ptolemaic Egypt under Cleopatra VII*, Ann Arbor, University Microfilms International.

RICKETTS 1992 = Linda Ricketts, « The Administration of Late Ptolemaic Egypt », in Janet J. Johnson (éd.), *Life in a Multi-Cultural Society : Egypt from Cambyses to Constantine and Beyond* (Studies in Ancient Oriental Civilizations 51), Chicago, The Oriental Institute of Chicago, p. 275-281.

RIGSBY 1996 = Kent J. Rigsby, *Asylia. Territorial Inviolability in the Hellenistic World*, Berkeley, University of California Press.

RITSCHARD ET MOREHEAD 2004 = Claude Ritschard et Allison Morehead (éd.), *Cléopâtre : dans le miroir de l'art occidental (catalogue de l'exposition, musée Rath, Genève, 25 mars au 1er août 2004)*, Genève, musée d'art et d'histoire ; Milan, 5 continents.

ROCHETTE 2021 = Bruno Rochette, « La polyglossie de la reine Cléopâtre VII Philopator. À propos de Plutarque, *Vie d'Antoine*, 27, 4-5 », in Antonio Ricciardetto *et alii* (éd.), *Le Médecin et le Livre. Hommages à Marie-Hélène Marganne*, Lecce, Pensa Multimedia Editore, p. 629-643.

RODRIGUEZ 2010 = Chris Rodriguez, « Pour une relecture du *SB* XXII 15203 », *JJP* 40, p. 205-217.

ROLLER 2003 = Duane W. Roller, *The World of Juba II and Kleopatra Selene. Royal Scholarship on Rome's African Frontier*, New York, Londres, Routledge.

ROLLER 2010 = Duane W. Roller, *Cleopatra. A Biography*, Oxford, New York, Oxford University Press.

ROLLER 2018 = Duane W. Roller, *Cleopatra's Daughter : And other Royal Women of the Augustan Era*, Oxford, New York, Oxford University Press.

ROSSI 2014 = Lucia Rossi, « Les Romains en Égypte et la propriété foncière : contacts et interactions entre deux systèmes économiques différents », in Mathilde Carrive, Marie-Adeline Le Guennec et Lucia Rossi, *Aux sources de la Méditerranée antique. Les sciences de l'Antiquité entre renouvellements documentaires et questionnements méthodologiques* (colloque Aix-en-Provence, 8-9 avril 2011), Aix-en-Provence, Presses universitaires de Provence, p. 187-212.

SAINT-GENIS 1818 = Alexandre de Saint-Genis, « Description d'Alexandrie et de ses environs », *Description de l'Égypte, Antiquités* II, Paris, p. 1-95.

SARTRE 2001 = Maurice Sartre, *D'Alexandre à Zénobie, Histoire du Levant antique, IVe siècle av. J.-C.-IIIe siècle apr. J.-C.*, Paris, Fayard.

SARTRE 2018 = Maurice Sartre, *Cléopâtre. Un rêve de puissance*, Paris, Tallandier.

SAUNERON 1989 = Serge Sauneron, *Un traité égyptien d'ophiologie. Papyrus du Brooklyn Museum n° 47.218.48 et.85*, Le Caire, Institut français d'archéologie orientale.

SAVALLI-LESTRADE 2006 = Ivana Savalli-Lestrade, « Rumeurs et silences autour de la mort des rois hellénistiques », in Brigitte Boissavit-Camus, François Chausson, Hervé Inglebert (éd.), *La Mort du souverain entre Antiquité et haut Moyen Âge* (Nanterre, 2-3 avril 2002), Paris, Picard, p. 65-82.

SBORDONE 1930 = Francesco Sbordone, « La morte di Cleopatra nei Medici greci », *Rivista Indo-greco-italiana* 14, p. 1-20.

SCHÄFER 2006 = Christoph Schäfer, *Kleopatra*, Darmstadt, WBG.

SCHALIT 2001 = Abraham Schalit, *König Herodes : der Mann und sein Werk*, Berlin, de Gruyter.

SCHETTINO 2006 = Maria Teresa Schettino, « La boisson des dieux. À propos du banquet de Cléopâtre », *DHA* 32/2, p. 59-73.

SCHEUBLE-REITER 2012 = Sandra Scheuble-Reiter, *Die Katökenreiter im ptolemäischen Ägypten*, (Vestigia 64), Munich, C.H. Beck.

SCHMID 2009 = S.G. Schmid, « Nabataean Royal Propaganda : a Response to Herod and Augustus », in David M. Jacobson et Nikos Kokkinos, *Herod and Augustus : Papers presented at the IJS conference, 21st-23rd June 2005*, Leyde, Boston, E.J. Brill, p. 325-359.

SCHRAPEL 1996 = Thomas Schrapel, *Das Reich der Kleopatra. Quellenkritische Untersuchungen zu den « Landschenkungen » Mark Antons* (Trierer Historische Forschungen 34), Trèves.

SCHWENTZEL 2010 = Christian-Georges Schwentzel, « Reines commagéniennes : la place des *basilissai* dans les *hiérothésia* et Iotapè Philadelphe », *Res Antiquae* 7, p. 429-440.

SCHWENTZEL 2011 = Christian-Georges Schwentzel, *Hérode le Grand*, Paris, Pygmalion.

SCHWENTZEL 2013 = Christian-Georges Schwentzel, *Juifs et Nabatéens. Les monarchies ethniques du Proche-Orient hellénistique et romain*, Rennes, Presses universitaires de Rennes.

SCHWENTZEL 2014 = Christian-Georges Schwentzel, *Cléopâtre. La déesse-reine*, Paris, Payot.

SCHWENTZEL 2014a = Christian-Georges Schwentzel, « La reine Huldu et la coiffe isiaque », in Laurent Bricault et Miguel John Versluys, *Power, Politics and the Cults of Isis (Proceedings of the Vth International Conference of Isis Studies, Boulogne-sur-Mer, 13-15 octobre 2011)*, Leyde, Boston, E.J. Brill, p. 147-162.

SEAR 1998 = David R. Sear, *The History and Coinage of the Roman Imperators, 49-27 BC*, Londres, Spink.

SÉBILLOTTE 1999 = Violaine Sébillotte, « La *Patris* grecque : essai d'interprétation », *CCG* 10, p. 7-25.

SIANI-DAVIES 1997 = Mary Siani-Davies, « Ptolemy XII Auletes and the Romans », *Historia* 46, p. 334-335.

SIANI-DAVIES 2001 = Mary Siani-Davies. *Marcus Tullius Cicero : Pro Rabirio Postumo*, Oxford, New York, Oxford University Press.

SKEAT 1953 = Theodor C. Skeat, « The Last Days of Cleopatra. A Chronological Problem », *JRS* 43, p. 98-100.

SPIEGELBERG 1925 = Wilhelm Spiegelberg, « Aegyptische Mitteilungen », *Sitzungsberichte der Bayerischen Akademie der Wissenschaften,* 1925, Abt. 1 (session du 10 janvier 1925), p. 5-6.

STANWICK 2002 = Paul Edmund Stanwick, *Portraits of the Ptolemies. Greek Kings as Egyptian Pharaohs*, Austin, University of Texas Press.

STRAUS 2009 = Jean A. Straus, « La "signature de Cléopâtre" », site *Culture* de l'université de Liège : http://culture.ulg.ac.be/jcms/prod_63000/cleopatre-et-la-medecine?portal=jn55, mai 2009.

STROOTMAN 2005 = Rolf Strootman, « Kings against Celts. Deliverance from Barbarians as Theme in Hellenistic Royal Propaganda », in Karl A.E. Enenkel et Ilja L. Pfeijffer (éd.), *The Manipulative Mode. Political Propaganda in Antiquity. A Collection of Case Studies*, Leyde, Boston, E.J. Brill, p. 101-142.

SULLIVAN 1990 = Richard D. Sullivan, *Near Eastern Royalty and Rome, 100-30 BC*, Toronto, Buffalo, Londres, University of Toronto Press.

THIERS 2012 = Christophe Thiers, « Souvenirs lapidaires d'une reine d'Égypte. Cléopâtre Philopatôr à Tod », in Annie Gasse, Frédéric Servajean et Christophe Thiers (éd.), Et in Aegypto et ad Aegyptum. *Recueil d'études dédiées à Jean-Claude Grenier* IV (*CENiM* 5), Montpellier, p. 743-754.

THIERSCH 1909 = Hermann Thiersch, *Pharos. Antike Islam und Occident*, Leipzig, Berlin, B.G. Teubner.

THIERSCH 1910 = Hermann Thiersch, « Die alexandrinische Königsnekropole », *JDAI* 25, p. 55-97.

THOMAS 1978 = John David Thomas, « Aspects of the Ptolemaic Civil Service : the Dioiketes and the Nomarch », in Herwig Maehler et Volker Michael Strocka (dir.), *Das Ptolemäische Ägypten. Akten des internationalen Symposions 27-29 September 1976 in Berlin*, Mayence, p. 189-191.

THOMPSON 1994 = Dorothy H. Thompson, « Egypt, 146-31 B.C. », *The Cambridge Ancient History* IX, 2e éd., Cambridge.

THOMPSON 1998 = Dorothy H. Thompson, « Demeter in Graeco-Roman Egypt », in Willy Clarysse, Antoon Schoors et Harco Willems (éd.), *Egyptian Religion, the Last Thousand Years. Studies dedicated to the Memory of Jan Quaegebeur*, Orientalia Lovaniensia Analecta 84, I, Leuven, Peeters, p. 699-707.

THÜR 1990 = Hilke Thür, « Arsinoe IV, eine Schwester Kleopatras VII, Grabinhaberin des Oktogons von Ephesos ? », *JÖAI* 60, p. 43-56.

TRAINA 2003 = Giusto Traina, *Marco Antonio*, Rome, Bari, Laterza.

TRAINA 2006 = Giusto Traina (éd.), *Studi sull'età di Marco Antonio, Rudiae. Ricerche sul mondo classico* 18, Lecce, Congedo editore.

TREGGIARI 1969 = Susan Treggiari, *Roman Freedmen during the Late Republic*, Oxford, Clarendon Press.

TZAMTZIS 2006 = Ioannis E. Tzamtzis, « Antoine, Cléopâtre et la Crète. À propos de Dion Cassius, 49, 32, 4-5 », in Traina 2006, p. 353-375.

VALBELLE ET LECLANT 1999 = Dominique Valbelle et Jean Leclant, *Le Décret de Memphis (colloque de la Fondation Singer-Polignac à l'occasion de la célébration du bicentenaire de la découverte de la pierre de Rosette)*, Paris, de Boccard.

VALLET 2015 = Matthieu Vallet, *Ptolémaïs en Haute-Égypte. Une cité grecque au cœur de la Thébaïde (IVe s. av. J.-C. – IIIe s. apr. J.-C.)*, thèse dactylographiée, université Paris 1 Panthéon-Sorbonne, 2015 (à paraître, Leuven, Peeters, Studia hellenistica).

VAN HENTEN 2014 = Jan Willem Van Henten, *Flavius Josephus. Translation and Commentary* (éd. Steve Mason). Volume 7B. *Judean Antiquities 15*, Leyde, Boston, E.J. Brill.

VAN HOOFF 1990 = Anton J.L. Van Hooff, *From Autothanasia to Suicide. Self-killing in Classical Antiquity*, Londres, New York, Routledge.

VAN MINNEN 2000 = Peter Van Minnen, « An Official Act of Cleopatra (with a Subscription in her Own Hand) », *AncSoc* 30, p. 29-34.

VAN MINNEN 2000-2001 = Peter Van Minnen, « De papyrus van Berlijn », *Kleio* 30, p. 92-93.

VAN MINNEN 2001 = Peter Van Minnen, « Royal Ordinance on papyrus of Cleopatra VII, Granting Tax Privileges to Publius Canidius », in Walker et Ashton (éd.) 2003, p. 35-44.

VAN'T DACK 1988 = Edmond Van 't Dack, « Notices chypriotes », *Ptolemaica Selecta. Études sur l'armée et l'administration lagides* (Studia hellenistica 29), Leuven, Peeters, 1988, p. 175-184 (= *Studia Paulo Naster oblata, II. Orientalia antiqua*, Leuven, 1982, p. 321-326).

VAN'T DACK 1988 = Edmond Van 't Dack, « L'armée lagide de 55 à 30 av. J.-C. », *Ptolemaica Selecta. Études sur l'armée et l'administration lagides* (Studia hellenistica 29), Leuven, Peeters, 1988, p. 214-228 (= *JJP* 19, 1983, p. 77-86).

VAN'T DACK 1988 = Edmond Van 't Dack, « La date de C. Ord. Ptol. 80-83 = BGU VI 1212 et le séjour de Cléopâtre à Rome », *Ptolemaica Selecta. Études sur l'armée et l'administration lagides* (Studia hellenistica 29), Leuven, Peeters, 1988, p. 229-246 (= *AncSoc* 1, 1970, p. 53-67).

VÉRILHAC ET VIAL 1998 = Anne-Marie Vérilhac et Claude Vial, *Le Mariage grec du VIe siècle av. J.-C. à l'époque d'Auguste (BCH, Suppl.* 32), Athènes, Paris, de Boccard.

VERSLUYS 2002 = Miguel John Versluys, *Aegyptiaca Romana. Nilotic Scenes and Roman View of Egypt* (Religions in the Graeco-Roman World 144), Leyde, Boston, E.J. Brill.

VEYMIERS 2014 = Richard Veymiers, « Le *basilieion*, les reines et Actium », in Laurent Bricault et Miguel John Versluys, *Power, Politics and the Cults of Isis (Proceedings of the Vth International Conference of Isis Studies, Boulogne-sur-Mer, 13-15 octobre 2011)*, Leyde, Boston, E.J. Brill, p. 195-236.

VIAUD GRAND MARAIS 1887 = Ambroise Viaud Grand Marais, « Étude sur la mort de Cléopâtre », *Annales de la société académique de Nantes et du département de la Loire-Inférieure*, p. 11-30.

VIDAL-NAQUET 1977 = Pierre Vidal-Naquet, « Flavius Josèphe ou du bon usage de la trahison », in Flavius Josèphe, *La Guerre des Juifs*, traduit du grec par Pierre Savinel, Paris, éditions de Minuit, 1977, p. 7-115.

WACKENIER 2009 = Stéphanie Wackenier, *Recherches sur l'administration du nome Hérakléopolite au temps des rois lagides*, 2 vol., thèse (dactyl.), université Paris 1 Panthéon-Sorbonne.

WALKER ET ASHTON 2003 = Susan Walker et Sally-Ann Ashton (éd.), *Cleopatra Reassessed* (The British Museum Occasional Paper 103), Londres.

WASSERSTEIN 2014 = David J. Wasserstein, « Cleopatra's Tongues », *SCI* 33, p. 275-284.

WEILL GOUDCHAUX 2013 = Guy Weill Goudchaux, « Ritratto di Ottavia in corso di rilavorazione come Cleopatra VII », in Giovanni Gentili (éd.), *Cleopatra. Roma e l'incantesimo dell'Egitto*, Milan, Skira, p. 278, n° 93.

WEILL GOUDCHAUX 2014 = Guy Weill Goudchaux, « La subtile stratégie religieuse de Cléopâtre », in *Le Mythe Cléopâtre*, 2014, p. 73-80.

WHITEHORNE 1994 = John Whitehorne, *Cleopatras*, Londres, New York, Routledge.

WHITEHORNE 2001 = John Whitehorne, « Cleopatra's Carpet », in I. Andorlini, G. Bastianini, M. Manfredi et G. Menci, *Atti del XXII Congresso Internazionale di Papirologia* (Florence, 23-29 août 1998), vol. II, Florence, Istituto Papirologico « G. Vitelli », p. 1287-1293.

WILL 1979-1982 = Édouard Will, *Histoire politique du monde hellénistique*, 2 vol., 2e éd., Nancy, université Nancy-II.

WOLFF 1978 = Hans Julius Wolff, *Das Recht der griechischen Papyri Ägyptens in der Zeit der Ptolemäer und des Prinzipats*, Munich, C.H. Beck.

YIFTACH-FIRANKO 2003 = Uri Yiftach-Firanko, *Marriage and Marital Arrangements. A History of the Greek Marriage Document in Egypt. 4th Century BCE-4th Century CE*, Munich, C.H. Beck.

YOYOTTE, CHARVET ET GOMPERTZ 1997 = Jean Yoyotte, Pascal Charvet et Stéphane Gompertz, *Strabon. Le Voyage en Égypte*, Paris, Nil Éditions.

YOYOTTE 1998 = Jean Yoyotte, « Pharaonica. I. Réflexions à propos des *pharaonica* d'Alexandrie », in Goddio *et al.* 1998, p. 199-220.

ZIMMERMANN 2002 = Klaus Zimmermann, « P. Bingen 45 : eine Steuerbefreiung für Q. Cascellius, adressiert an Kaisarion », *ZPE* 138, p. 133-139.

Index des sources

1. Sources littéraires

1.1 Sources littéraires grecques et latines

1.1 Sources bibliques, néo-testamentaires et prophétiques

2. Sources épigraphiques

2.1 Inscriptions grecques et latines

2.2 Inscriptions hiéroglyphiques et démotiques

3. Sources papyrologiques

3.1 Sources papyrologiques grecques et latines

3.2 Sources papyrologiques hiéroglyphiques et démotiques

4. Sources numismatiques

5. Sources iconographiques

Index des personnes

TABLE DES ILLUSTRATIONS

*

Table des matières

Composition et mise en pages
Nord Compo, Villeneuve-d'Ascq

Ce volume,
le dixième
de la collection « Mondes anciens »
publié aux Éditions Les Belles Lettres
a été achevé d'imprimer
en septembre 2021
sur les presses de l'imprimerie SEPEC numérique
01960 Péronnas, France

N° d'éditeur : 10029
N° d'imprimeur : 000000
Dépôt légal : octobre 2021

PEFC 10-31-3532 / Certifié PEFC / Ce produit est issu de forêts gérées durablement et de sources contrôlées. / pefc-france.org